Die Seele ist ein Feld

Rupert Sheldrake / Matthew Fox

Die Seele ist ein Feld

Der Dialog zwischen
Wissenschaft und Spiritualität

Aus dem Englischen
von Michael Schmidt

O. W. Barth

Dem Andenken von Pater Bede Griffiths, O. S. B.

Erste Auflage 1998

Inhalt

Vorwort

Wir sind beide daran interessiert, die Grenzen der institutionalisierten Wissenschaft und einer mechanisch gewordenen Religion zu überschreiten, und wir glauben, daß beim Anbruch eines neuen Jahrtausends eine neue Sehweise erforderlich ist, die Naturwissenschaft, Spiritualität und einen Sinn für das Heilige zusammenbringt. Auf deren Trennung ist unsere gegenwärtige Krise, geprägt von Umweltzerstörung, Verzweiflung und Ohnmacht, zurückzuführen. Wie sonst läßt sich die Hoffnung auf ein neues Sinngefühl wecken, wenn nicht durch das Zusammenkommen jener beiden mächtigen Traditionen, die im 17. Jahrhundert voneinander getrennt wurden? Wir brauchen eine neue Kosmologie, die unser Herz ebenso wie unseren Verstand anspricht.

Die Dialoge in diesem Buch stellen vorläufige Erkundungen in diesem Neuland dar. Wir hoffen, daß unsere Bemühungen anderen dabei helfen werden, darüber hinauszugehen und sich genauso daran zu erfreuen.

Die hier in Buchform präsentierten Dialoge sind aus unseren Gesprächen im öffentlichen wie privaten Rahmen in London und Sheffield in England, im kalifornischen Berkeley und auf Cortes Island in Britisch-Columbia in Kanada hervorgegangen. Wir sind unseren jeweiligen Zuhörern an diesen Orten dankbar für ihren Zuspruch wie für ihre Fragen und Kommentare, die zur Klärung unserer Gedanken beitrugen.

Dankbar sind wir auch unserem beiderseitigen Freund Pater

Bede Griffiths, der 1993 starb und dem wir dieses Buch in stillem Gedenken widmen. Er hat uns und viele andere Menschen inspiriert durch seine Neugier und seine umfassende Kenntnis der Naturwissenschaften, der Theologie und der spirituellen Traditionen in Ost und West.

Zunächst einmal wollen wir uns vorstellen und etwas über unseren jeweiligen Background sagen. Im ersten Kapitel skizzieren wir die gegenwärtige Situation in den Naturwissenschaften und in der Religion aus unserer Sicht. In den daran anschließenden Kapiteln greifen wir einiges von dem auf, was sich aus dem Erkennen der lebendigen Natur und den Wegen der Gnade ergibt.

Einführungen

Matthew Fox

Ich bin in Madison, Wisconsin, im Mittleren Westen der USA, geboren und groß geworden. Wisconsin ist ein wunderschönes Land für einen Heranwachsenden. Seit meiner Kindheit hatte ich die Träume eines amerikanischen Ureinwohners. Die Geister der Indianer sind in Wisconsin noch lebendig, und das hatte großen Einfluß auf mich. Mit zwölf bekam ich Kinderlähmung – die Ärzte hatten keine Ahnung, ob ich je wieder würde laufen können. Und als ich nach ein oder zwei Jahren wieder meine Beine spürte, war ich voller Dankbarkeit für etwas, das ich zwölf Jahre lang für selbstverständlich gehalten hatte. Dieses Erlebnis hat mich gelehrt, nichts für selbstverständlich zu halten, und das ist etwas Mystisches.

Ein Mystiker ist jemand, für den nicht einmal ein Atemzug etwas Selbstverständliches ist – besonders ein Atemzug nicht. Irgendwann gelangen wir alle an diesen Punkt. Leider lernen manche erst am Ende ihres Lebens, den Atem, die Beine oder andere unserer Gaben nicht für selbstverständlich zu halten.

Als Teenager kam mir das Leben sehr geheimnisvoll vor. Ich erinnere mich noch an einen Augenblick aus dieser Zeit: Ich ging gerade ins Wohnzimmer. Jemand aus meiner großen Familie (ich hatte noch sechs Geschwister) hatte eine Aufnahme von Beethovens Siebter Symphonie aufgelegt. Die Schönheit der Musik erfaßte mich, und meine Seele wollte nichts weiter als tanzen.

Etwas Ähnliches habe ich bei der Shakespeare-Lektüre auf der High School erlebt, vor allem aber bei Tolstois *Krieg und Frieden*, als ich sechzehn war. Ich sagte zu einem Freund: «Das hat meine Seele so richtig geöffnet», und dann wollte ich dieses Erlebnis genauer untersuchen. Damals hatte ich eigentlich kein Wort dafür, aber es war etwas Mystisches. Darum bin ich nach der High School dem Dominikanerorden beigetreten und zwei Jahre aufs College gegangen, um das spirituelle Erleben zu erkunden.

Das war um 1960 herum, und damals war Johannes XXIII. Papst – ein ganz anderer Mensch als der, der heute das Sagen in der Kirche hat. Johannes XXIII. hat mich bewegt. Er hat mich als Mensch bewegt, er hat, glaube ich, alle bewegt, die ihn gekannt oder von ihm gehört haben. Für seine geistige Sehweise habe ich mich engagiert, und als er Papst war, habe ich meine ersten Gelübde als Dominikaner abgelegt. Und dann hat er das Zweite Vatikanische Konzil einberufen, das für mich als jungen Theologiestudenten sehr aufregend war. All diese neuen Ideen von Menschen wie Teilhard de Chardin und anderen, die zuvor jahrelang von der Kirche verdammt worden waren, rückten nun machtvoll in den Mittelpunkt.

Die sechziger Jahre, die Zeit, in der ich volljährig wurde, waren in meinem Land auch die Zeit der Bürgerrechtsbewegung und des Kampfes gegen den Vietnamkrieg. Ich empfand mein Leben während der Ausbildung zum Dominikaner als sehr mystisch, und doch haben wir die Mystiker gar nicht studiert. Zum Beispiel habe ich in den zwölf Jahren meiner Ausbildung kein einziges Mal den Namen «Meister Eckhart» gehört. Der größte Mystiker des Westens – und er war Dominikaner! Wir hatten keinen einzigen Kurs über die Mystiker oder über Spiritualität als solche. Man erwartete wohl, daß man sie gleichsam osmotisch mitbekam. Wir praktizierten solche Dinge wie Vegetarismus, Fasten, Zölibat und geistlichen Gesang – aber kein Gedanke wurde darauf verwendet, warum wir dies tun sollten oder was es bedeutete.

Ich sagte zu meinen Oberen, jemand solle doch hingehen und Spiritualität studieren. Ich erklärte ihnen, daß meine Generation nicht an Religion interessiert sei, sondern an Spiritualität. In dem

Jahr, da ich meine Priesterweihen erhielt, durfte ich nach Europa gehen und meinen Doktor in Spiritiualität machen. Ich fragte meine Oberen: «Wohin soll ich denn gehen?» Sie erwiderten: «Geh nach Spanien.» Darauf ich: «Ausgeschlossen! Wir brauchen nicht noch mehr spanische Spiritualität.» – «Geh nach Rom», sagten sie. – «O nein! Rom ist doch gerade das Problem», widersprach ich, und schlug vor, an Thomas Merton zu schreiben und ihn zu fragen, wohin ich gehen solle. Sie meinten zwar, das sei doch töricht, aber ich schrieb an Merton, und er schrieb zurück, ich solle nach Paris gehen. Also bin ich dank Merton nach Paris gegangen, und dort habe ich meinen Mentor kennengelernt, Père Chenu, einen großartigen französischen Dominikaner, der regelmäßig nach Ottawa in Kanada kam, um zu unterrichten, und der als einer der Großväter der Befreiungstheologie gilt.

Père Chenu hat mich auf die schöpfungszentrierte spirituelle Tradition verwiesen, als ich bei ihm in Paris studierte. Es war sehr wichtig für mich, daß ich ihm begegnet bin. Er machte mir den Weg frei, indem er mir die Augen öffnete für die spirituelle Tradition des Westens, die Mystik und Prophetie, Spiritualität, Kunst und soziale Gerechtigkeit in sich vereint. Denn dies war die einzige wirklich dringende Frage, mit der ich nach Paris gekommen war: Wie, wenn überhaupt, können wir Spiritualität und soziale Gerechtigkeit miteinander in Einklang bringen? Gustavo Guttierez, ein lateinamerikanischer Theologe, der für die Befreiungstheologie Bahnbrechendes geleistet hat, zitiert Chenu oft. Chenu war ein wunderbarer Mensch, der die Suche nach Gerechtigkeit mit dem Sinn für Kunst und Spiritualität sowie einem wunderbaren Humor und großer Zuneigung verband. Er starb im Alter von fünfundneunzig Jahren – an dem Tag, als Mandela aus dem Gefängnis kam, und das war für ihn, glaube ich, genau der richtige Todestag. Chenu hatte selbst zwölf Jahre lang in einer Art Gefängnis verbracht, nachdem Papst Pius XII. ihn wegen seiner Beteiligung an der Arbeiterpriesterbewegung in Frankreich mit einem Veröffentlichungsverbot belegt hatte.

Nach meiner Rückkehr in die USA begann ich zu unterrichten

und zu schreiben, und Anfang der siebziger Jahre engagierte ich mich für die feministische Bewegung. Vier Jahre lang unterrichtete ich an einem Frauencollege, und diese Erfahrung – dort zu sein und mir die Geschichten von Frauen anzuhören – hat mich zum Feministen gemacht. Damals las ich eine Menge über feministische Theologie – von Mary Daly und Rosemary Ruether –, und ich fand, diese Leute würden die wirklich interessanten Fragen stellen. Die ganze patriarchalische Theologie kannte ich im Schlaf, und sie langweilte mich größtenteils. Die Fragen der Feministinnen standen meinen Fragen, etwa nach den Gottesbildern, den Symbolen und Metaphern, viel näher. Sie drangen tief zu den seelischen Dingen vor, die die patriarchalische Theologie für mein Gefühl meist ignorierte.

Und dann kamen die Schwulen- und Lesbenbewegung und die Ökologiebewegung der siebziger Jahre. Die Frage, die ich seit fünfundzwanzig Jahren stelle – und die in jedem meiner fünfzehn Bücher auftaucht –, lautet: Wie bringt man soziale Gerechtigkeit und Mystik unter einen Hut? Gibt es da überhaupt einen Zusammenhang? In den sechziger Jahren habe ich niemanden gefunden, der sie miteinander in Verbindung gebracht hätte, das heißt, bis auf die Studentenbewegung. Aber die ist auf beiden Gebieten zusammengebrochen. Im Hinblick auf die Mystik wandten sich viele den Drogen zu und verloren sich darin. Und was die soziale Gerechtigkeit angeht, so begnügten sich die meisten mit moralischer Empörung und engagierten sich nicht für eine kreative, wohlüberlegte und effektive soziale Veränderung.

Ich erwarte nun, daß die neunziger Jahre eine Art reifer sechziger Jahre sein werden. Ich hoffe, dies sowohl im Hinblick auf die Mystik als auch auf den Kampf um Gerechtigkeit. Wenn man beides zusammenbringt, hat man Mitgefühl: Mitgefühl sei dort, wo «Gerechtigkeit und Friede sich küssen», sagt der Psalmist. Und mir scheint, das ist genau das, was uns alle mystischen Traditionen bereits gelehrt haben. Wir sind göttlich; beginne göttlich zu handeln – das heißt, beginne mitfühlend zu handeln. Es ist wirklich nicht kompliziert.

1973 war mir klargeworden, daß man im Rahmen des westlichen

Erziehungssystems Spiritualität nicht lehren kann. Sie wird einem als solche weder in Seminaren noch sonstwo vermittelt, denn unsere Bildungsmodelle, die an Descartes und der Aufklärung orientiert sind, befassen sich nur mit der linken Gehirnhälfte. Sie gelangen nicht bis zum Herzen, lassen den Körper außer acht und berücksichtigen nicht die rechte Gehirnhälfte, in der es um Ehrfurcht und Staunen geht.

Nachdem ich zu dieser Schlußfolgerung gelangt war, schrieb ich einige Bücher und gründete in Chicago eine Schule, das ICCS (Institute in Culture and Creation Spirituality). Im ICCS versuchen wir, die rechte und die linke Gehirnhälfte zusammenzubringen, legen Wert auf körperliche Arbeit, beschäftigen uns mit der Spiritualität der Ureinwohner, mit der neuen Naturwissenschaft sowie mit Kunst und Meditation. 1982 sind wir mit dem Institut nach Kalifornien, nach Oakland, umgezogen.

Im Laufe meiner Arbeit nahm der Vatikan an meiner Lehre Anstoß, und im März 1993 haben sie mich aus dem Dominikanerorden ausgeschlossen, dem ich vierunddreißig Jahre lang angehört habe. Dies ist die Politik des gegenwärtigen Vatikan. Wenn man von diesen Herren angegriffen wird, befindet man sich in einem immer weniger exklusiven Club. Leonardo Boff, ein Freund von mir in Brasilien, der meistgelesene katholische Theologe in Lateinamerika, mußte den Franziskanerorden verlassen, und Eugen Drewermann, der meistgelesene katholische Theologe in Deutschland, wurde die Lehrerlaubnis entzogen. Vor kurzem wurden sechs spanische Theologen ausgeschlossen. Aber sie wurden von einem wunderbaren Bischof aufgenommen: von Bischof Casigalida, der bei den Amazonasindianern in Brasilien tätig ist und den ich vor ein paar Jahren eine Woche lang besucht habe. Heute ist er der Bischof dieser sechs spanischen Theologen, und so gehen sie in Madrid noch immer ihrer Arbeit nach.

Ich meine, daß mich der Vatikan zu einem postkonfessionellen Priester in einer postkonfessionellen Zeit gemacht hat. Ich glaube, Konfessionen sind passé. Die heute Zwanzigjährigen kennen nicht einmal mehr den Unterschied zwischen einem lutherischen und einem anglikanischen Protestanten sowie einem Katholiken, geschweige denn, daß sie sich dafür interessieren.

Heute müssen wir die Religionen mehr denn je auf ihr Wesen zurückführen – und das ist nicht die Religion, sondern die Spiritualität. Zum spirituellen Erleben gehört ein Gottesdienst, der die Menschen erweckt, statt sie zu langweilen, der sie mündig macht, der die Gaben der Gemeinschaft herausstellt, der heilt und der Heiler wie die Künstler und die für Gerechtigkeit Sorgenden wieder in den Mittelpunkt der Gemeinschaft rückt. Das steht für das dritte Jahrtausend auf der Tagesordnung. Natürlich sind es die Mühe und Plage der Schöpfung, Gaias Kreuzigung, der apokalyptische Augenblick, die uns zu neuen Formen des spirituellen Ausdrucks aufrufen, die teils ganz alt sein werden und teils von unserer Generation aus Not geschaffen werden.

Zum Glück arbeite ich seit vierzehn Jahren eng mit Naturwissenschaftlern zusammen, allen voran mit dem Physiker Brian Swimme. Rupert und ich haben Gespräche miteinander geführt, die sehr bereichernd waren. An Rupert schätze ich besonders seine Einfachheit, seine Poesie und sein Wissen über Philosophie und Theologie. Aber ich bewundere auch seinen Mut. Er ist als Naturwissenschaftler mindestens so verrückt, wie ich es als Theologe gewesen bin. Ich denke, wir beide haben vergleichbare Wunden. Es gefällt mir, daß er sein erstes Buch in Bede Griffiths' Aschram in Südindien geschrieben hat und nicht in Cambridge, woher er kommt. Ich glaube, es gehört zu seinen Verdiensten als Mensch und Wissenschaftler, daß er seinen Kopf und seine Seele riskiert, um zuzugeben, daß er erstens eine Seele hat und daß zweitens innere und äußere Arbeit wirklich miteinander vereinbar sind. Dies führt zu einer viel interessanteren Art und Weise, Wissenschaft zu betreiben.

Rupert Sheldrake

Ich bin in Newark-on-Trent in Nottinghamshire, in Mittelengland, geboren und aufgewachsen. Meine Eltern waren fromme Methodisten. Ich ging auf ein anglikanisches Internat. Eine Zeitlang war ich zwischen diesen beiden ganz verschiedenen Traditionen hin- und hergerissen – dem Protestantismus und dem Anglokatholizismus mit Weihrauch und allem Drum und Dran.

Aber in erster Linie beschäftigte mich alles Lebendige. Von klein auf interessierte ich mich für Pflanzen und Tiere. Mein Vater war Hobby-Naturforscher und Mikroskopierer, und er hat dieses Interesse gefördert. Meine Mutter hat sich damit abgefunden. Ich hielt zu Hause jede Menge Tiere, und sie sagte, wie Mütter eben zu sagen pflegen: «Alles schön und gut – aber wer füttert sie?» Und natürlich hat letztlich immer sie es getan.

Ich habe schon ziemlich früh gewußt, daß ich Biologe werden wollte, und mich in der Schule auf Naturwissenschaften spezialisiert. Dann ging ich nach Cambridge und studierte Biologie und Biochemie. Doch im Laufe meines Studiums tat sich eine große Kluft auf zwischen dem, was mich ursprünglich dazu inspiriert hatte – nämlich ein Interesse am Leben, an lebendigen Organismen –, und der Art von Biologie, die man mich lehrte: der orthodoxen, mechanistischen Biologie, die im Grunde das Leben von Organismen leugnet und sie wie Maschinen behandelt. Ich mußte lernen, daß man nicht emotional auf Tiere und Pflanzen reagieren darf. Man darf sich auf sie nur mit dem distanzierten, objektiven Verstand einlassen, indem man sie seziert oder manipuliert. Es gab anscheinend kaum einen Zusammenhang zwischen dem direkten Erleben von Tieren und Pflanzen und dem, was ich über sie erfuhr. Ich zerlegte sie in immer kleinere Teile, bis hinunter zur molekularen Ebene, und sah, wie sie sich durch blinden Zufall und blinde Kräfte der natürlichen Auslese entwickelten.

Nun, dieses Zeug konnte ich natürlich lernen – darin war ich ziemlich gut. Aber der Widerspruch wurde immer größer. Im Fachbereich Biochemie in Cambridge gab es eine Stoffwechselkarte, die die verschiedenen chemischen Reaktionen im Körper zeigte. Und jemand hatte ganz oben in Großbuchstaben hingeschrieben: «ERKENNE DICH SELBST». Dadurch wurde mir klar, welch riesige Kluft zwischen diesen enzymischen Reaktionen und meinem eigenen Erleben bestand. In der Biochemie brachten wir zuerst die Organismen, die wir studierten, um und zermahlten sie dann, um die DNS, die Enzyme und so weiter herauszuholen. Ich hatte zunehmend den Eindruck, daß da irgend etwas nicht stimmte, aber ich konnte nicht genau sagen, was. Niemand sonst schien Probleme dieser Art zu haben. Dann lieh mir ein Freund, der Literaturwissenschaft studierte, ein Buch über deutsche Philosophie, das einen Aufsatz über die dichterischen und botanischen Werke von Goethe enthielt. Ich erfuhr, daß Goethe am Ende des 18. und zu Beginn des 19. Jahrhunderts eine ganz andere Art von Wissenschaft vorschwebte, eine ganzheitliche Wissenschaft, die das unmittelbare Erleben und Verstehen in sich vereinte. Sie verlangte nicht, daß man alles in seine Teile zerlegte und die Beweiskraft der eigenen Sinne leugnete.

Das versetzte mich in große Erregung – sich vorzustellen, es könnte eine andere Art von Naturwissenschaft geben! Bei dieser Aussicht war ich so Feuer und Flamme, daß ich beschloß, die Geschichte der Wissenschaft und der Philosophie zu studieren, um zu erfahren, warum die Wissenschaft das geworden war, was sie nun war. Ich hatte das Glück, ein Forschungsstipendium in Harvard zu bekommen, wo ich ein Jahr lang Philosophie und Geschichte studierte. Gerade war Thomas S. Kuhns Buch *Die Struktur wissenschaftlicher Revolutionen* erschienen, und dieses Werk hatte großen Einfluß auf mich. Es machte mir klar, daß die mechanistische Theorie des Lebens das war, was Kuhn ein Paradigma nennt, ein kollektives Wirklichkeitsmodell, ein Glaubenssystem. Kuhn zeigt, daß in Zeiten revolutionärer Veränderungen alte wissenschaftliche Paradigmen stets durch neue ersetzt wurden. Und wenn sich die Wissenschaft in der Vergangenheit radikal gewandelt hatte, dann konnte sie das in der Zukunft ja auch wieder tun. Das fand ich sehr aufregend.

In Harvard fühlte ich mich sehr wohl. Schon bald hatte ich gemerkt, daß man Studenten in den USA wie Kinder behandelte, ihnen genau sagte, was sie lesen sollten, und sie dann prüfte, um sicherzugehen, daß sie dies auch getan hatten. In England war mir das nicht mehr passiert, seit ich fünfzehn war. Mir gefiel dieses System überhaupt nicht. Daher kam ich zu dem Schluß, daß ich den Master-Titel, den ich hier erwerben sollte, gar nicht brauchte. (Ich konnte mir sowieso einen von der Universität Cambridge kaufen. Wenn man einen BA von Cambridge hat, muß man nur zwei Dinge tun, um einen MA zu bekommen: drei ein Drittel Jahre am Leben bleiben und fünf Pfund sparen – denn soviel kostet der Titel.) Infolgedessen verbrachte ich ein wunderbares Jahr in Harvard, frei von der Tyrannei der Examen, Tests und so weiter. Ich konnte genau das tun, was mir gefiel, mir alle Vorlesungen über sämtliche Themen anhören, alles lesen. Es war großartig. Leider machen nur ganz wenige Menschen diese Erfahrung an Universitäten, weil sie sich fast immer in die Tretmühle begeben.

Harvard verhalf mir zu einem neuen Blick auf die Dinge. Ich sah, daß die Wissenschaft historisch bedingt war, daß sie sich in der Vergangenheit gewandelt hatte und sich wieder wandeln konnte. Dann ging ich nach Cambridge in England zurück und promovierte über die Entwicklung der Pflanzen, unter besonderer Berücksichtigung der in ihnen wirksamen Hormone. Um diese Zeit lernte ich eine Gruppe kennen, die sich Epiphany Philosophers nannte und mit einem anglikanischen Kloster zusammenhing, das Community of Epiphany hieß. Diese aus Philosophen, Physikern und Mystikern bestehende Gruppe erforschte gemeinsam – und sie tut das noch immer – die Gebiete zwischen mystischer Erfahrung, Philosophie und Naturwissenschaft. Das war genau das, was mich interessierte, darum fand ich diese Gruppe sehr hilfreich und anregend.

Allerdings war dies eine überwiegend christliche Gruppe, und ich war kein Christ. Ich war Atheist. Als ich etwa vierzehn war, hatte mich mein Biologielehrer davon überzeugt, daß die Religion ein Stück Vergangenheit war – die Zukunft gehörte der Wissenschaft. Die Religion fesselte den Menschen an den Aberglauben, an

Priester und Dogmen, die Wissenschaft hingegen befreite ihn und befähigte ihn dazu, in eine neue Ära des Wohlstands und der Brüderlichkeit voranzuschreiten. Der technische Fortschritt würde diese Art von Himmel auf Erden herbeiführen, mit Hilfe des menschlichen Verstandes und nicht durch blinden Glauben und sonstigen Hokuspokus.

Nun, es war eine schöne Vorstellung, daß ich zur Vorhut dieser heroischen Befreiungsbewegung gehörte. Ich machte mir eine optimistische, atheistische und humanistische Haltung zu eigen, und zwar für lange Zeit. Es handelt sich dabei um eine sehr fest verankerte Geisteshaltung, wenn man sich einmal auf sie eingelassen hat. Daher interessierte mich, als ich mich den Epiphany Philosophers anschloß, der christliche Aspekt nicht besonders, um so mehr taten dies die neuen Ideen in der Quantentheorie, der Wissenschaftsphilosophie, der Parapsychologie, der alternativen Medizin und der holistischen Naturphilosophie. Dies waren einige der Themen, über die wir in den sechziger Jahren diskutierten. Wir lebten eine Woche lang wie eine Art Kommune in einer alten Windmühle an der Küste von Norfolk, und dies viermal im Jahr. Wir bildeten eine interessante Mischung aus Studenten, Hippies und Heilern, exzentrischen Professoren, Physikern und Mönchen, die alle in der Lage waren, miteinander zu reden und diese gemeinsamen Erkundungen vorzunehmen.

Ich fuhr mit meinen Studien zur Entwicklung der Pflanzen fort und wurde Forschungsstipendiat am Clare College in Cambridge sowie bei der Royal Society. Ich bin sehr dankbar für die ungeheure Freiheit, die mir das verschaffte. Sieben Jahre lang lebte ich in Räumen aus dem 17. Jahrhundert, die sich um einen wunderschönen Innenhof gruppierten. Alle Mahlzeiten wurden für mich zubereitet. Ich mußte nur warten, bis eine Glocke läutete, dann ging ich einfach über den Hof, legte meinen akademischen Talar an und bekam an einer langen Tafel köstliches Essen serviert, mit hervorragendem Wein aus den gutbestückten Collegekellern. Nach dem Essen tranken wir Portwein in einem holzgetäfelten Raum, dem sogenannten Combination Room, und unterhielten uns stundenlang. Da die Stipendiaten allen möglichen Fachrichtungen angehörten, gab es viele Gelegenheiten zu interdisziplinären Diskussionen.

Es war völlig mir überlassen, welchen Forschungen ich mich widmete. Im ersten Jahr ging ich nach Malaysia, weil ich Pflanzen in Regenwäldern studieren wollte. Auf dem Weg dorthin machte ich in Indien und Sri Lanka Station, und das hat mir eigentlich die Augen geöffnet. Das Leben in Asien erschloß mir völlig neue Möglichkeiten, die Welt zu betrachten. Als ich wieder in Cambridge war, fuhr ich mit meiner Arbeit über die Entwicklung der Pflanzen fort. Dabei war ich immer mehr davon überzeugt, daß die mechanistische Methode im Hinblick auf das Verstehen der Entwicklung lebendiger Organismen einfach nicht funktionieren kann.

Ich begann, mich mit der holistischen Tradition in der Biologie zu befassen, einer Minderheitsposition, die es aber immer gegeben hat. Dann fing ich an, die Theorie der morphischen Resonanz zu formulieren, der Grundlage des Gedächtnisses in der Natur, an der ich seither hauptsächlich arbeite. Die Idee dazu kam mir blitzartig, und das Ganze war äußerst aufregend. Einige meiner Kollegen am Clare College interessierten sich dafür – die Philosophen, Linguisten und Altphilologen waren da ziemlich aufgeschlossen. Aber bei meinen Kollegen in den naturwissenschaftlichen Laboratorien dagegen kam die Idee von geheimnisvollen, telepathieartigen Verbindungen zwischen Organismen und von einem kollektiven Gedächtnis innerhalb einer Spezies nicht sehr gut an. Sie verhielten sich keineswegs feindselig – sie machten sich einfach darüber lustig. Immer, wenn ich zum Beispiel sagte: «Ich muß rasch mal telefonieren gehen», meinten sie: «Ha, ha, warum dieser Aufwand? Mach's doch mit morphischer Resonanz!»

Ich erkannte, daß eine neue Art von Wissenschaft vonnöten war, und es ermutigte mich, als ich zu entdecken begann, wie sie aussehen könnte. Mir wurde klar, daß mein künftiges Interesse nicht der Biochemie gelten würde. Ich wollte etwas ganz anderes machen, mit vollständigen Organismen arbeiten und vor allem etwas tun, was auch nützlich war. Ich gab mein Stipendium in Cambridge auf und nahm einen Job in einem internationalen Landwirtschaftsinstitut in Hyderabad in Südindien an, wo ich mich rund sechs Jahre lang mit der Physiologie tropischer Gemüsepflanzen befaßte und dabei letztlich die Erträge für die Bauern in Indien verbesserte. Dies war eine großartige Gelegenheit, auf den Feldern zu arbeiten, Pflanzen kennenzulernen, die draußen das ganze Jahr über wuchsen. Es war eine Erfahrung, die sich völlig von der Arbeit mit kleinen Teilchen im Laboratorium unterschied, wo man sie von all den realen Lebensfaktoren isolieren kann, die in der Welt der Landwirtschaft nur zu offenkundig sind.

Doch ich nahm den Job in Hyderabad hautpsächlich deshalb an, weil ich in Indien sein wollte. Ich interessierte mich inzwischen schon für indische Philosophie und begann, mich mit Transzendentaler Meditation zu befassen. Ich fühlte mich zu den Hindutraditionen hingezogen. Daher ging ich nach Indien, lebte dort und arbeitete in der Landwirtschaftsforschung. Und es gefiel mir.

Dabei dachte ich weiter über meine ketzerischen Ideen im Hinblick auf die Biologie nach, bis ich meiner Meinung nach soweit war, ein Buch darüber zu schreiben. Ich wollte Indien zwar nicht verlassen, aber ich mußte meinen Job aufgeben, der mich den ganzen Tag in Beschlag nahm, so daß ich keine Zeit hatte zu schreiben. In dieser Phase begegnete ich jemandem, der eine große Rolle in meinem Leben spielen sollte – Pater Bede Griffiths, einem englischen Benediktinermönch, der in einem kleinen christlichen Aschram tief im Süden von Indien lebte und die christliche mit der östlichen Tradition verband.

Während meiner Zeit in Indien hatte ich es mit verschiedenen Hindu-Gurus und -Aschrams zu tun, ebenso mit Sufis in Hyderabad, das seit vielen Jahrhunderten eine Hochburg des Sufismus ist. Ein sehr guter Freund von mir war ein Sufi, ein alter, ganz reizender Mann, der mein Lehrer war. Aber merkwürdigerweise fühlte ich mich trotz allem wieder zur christlichen Tradition hingezogen. Mir wurde klar, daß ich nie wirklich ein Sufi werden konnte, weil man ein Moslem werden muß, um ein Sufi zu werden, und diese Rolle war für mich undenkbar. Ich konnte kein Hindu werden, weil ich kein Inder sein konnte.

Doch gleichzeitig begann ich einen neuen Sinn in der christlichen Tradition zu entdecken, die ich so lange abgelehnt hatte.

Als ich Pater Bede Griffiths kennenlernte, erleichterte er es mir sehr, die Brücke zwischen den beiden Traditionen zu überschreiten. Ich ging in seinen Aschram und lebte dort eineinhalb Jahre lang, dann schrieb ich mein erstes Buch, *Das schöpferische Universum*, das ihm, der 1993 in Indien starb, gewidmet ist.

Anschließend nahm ich eine Teilzeitbeschäftigung in meinem alten Beruf in Indien an und befaßte mich daneben mit morphischer Resonanz und ganzheitlichen Ideen in der Biologie. Seither mache ich nichts anderes. Ich habe meine Frau Jill in Indien kennengelernt, und wir haben viele gemeinsame Interessen. Einige Forschungsarbeiten haben wir gemeinsam unternommen. Mit unseren beiden Söhnen emigrieren wir jedes Jahr nach Nordamerika.

Inzwischen habe ich drei weitere Bücher geschrieben: *Das Gedächtnis der Natur*, worin das Konzept des Gedächtnisses auf die Natur ausgeweitet wird; *Die Wiedergeburt der Natur*, worin gezeigt wird, wie wir uns die Natur wieder als lebendig vorstellen können statt als tot und mechanisch; und *Sieben Experimente, die die Welt verändern könnten*. In diesem letzten Buch konzentriere ich mich auf Gebiete, auf denen einfache, kostengünstige Forschung Entscheidendes bewirken kann. Ich glaube nämlich, daß nur durch Unabhängigkeit der wahre Forschergeist wiederzubeleben ist. Die Naturwissenschaft wurde in der Vergangenheit hauptsächlich von Amateuren betrieben. Heute ist sie vollkommen professionalisiert, aber das muß nicht so bleiben.

Eines meiner Hauptinteressen gilt der Öffnung der Wissenschaft, ein anderes der Erkundung der Zusammenhänge zwischen Wissenschaft und Spiritualität, und ich bin besonders dankbar für die Gelegenheit, mich dem zusammen mit Matthew Fox zu widmen.

1 *Lebendige Natur und schöpferische Spiritualität*

RUPERT: Wenn wir über die Beziehung zwischen Gott und Natur nachdenken, hängt vieles davon ab, wie wir uns die Natur vorstellen. Derzeit findet in der Wissenschaft ein Wechsel im Verständnis der Natur statt. Wir erleben gerade eine entscheidende Phase der Veränderung in den Naturwissenschaften, einen Paradigmenwechsel von der Vorstellung einer unbelebten und mechanischen Natur hin zu der einer organischen und lebendigen Natur. Der Gott einer lebendigen Natur unterscheidet sich sehr vom Gott einer Weltmaschine.

Während des größten Teils ihrer Geschichte war es für die überwiegende Mehrheit der Menschheit selbstverständlich, daß die Natur lebendig ist. In unserer Kultur ist man es gewohnt, von Mutter Natur und Mutter Erde zu sprechen. Diese Anschauung war in der Antike unter anderem bei den Juden und auch bei den Griechen gang und gäbe. Letztere erblickten im gesamten Kosmos einen riesigen lebendigen Organismus, so etwas wie ein Riesentier mit einem Körper, einer Seele und einem Geist. Alles in der Welt hatte teil an diesem Leben des Kosmos. Heute würden wir das eine ganzheitliche Anschauung nennen. Die Griechen haben sich klarer dazu geäußert als die meisten anderen Kulturen, und sie haben diese Vorstellung dem Mittelalter überliefert, insbesondere durch die Philosophie des Aristoteles.

Offiziell galt im Europa des Mittelalters die Doktrin, daß die Welt lebendig sei. Tiere und Pflanzen hatten Seelen, waren also belebt. Die Welt war erfüllt von allen möglichen spirituellen und psychischen Wesen. Dies war eine ganz andere Weltanschauung als die gegenwärtig vorherrschende und hatte viel gemein mit dem animistischen Denken der alten Völker. Die Religion des Mittelalters war eine Art christlicher Animismus, also ein Glaube, der von der Vorstellung ausgeht, daß alles in der Natur lebendig ist.

Dieser Animismus war einerseits eine komplexe Philosophie, die an den mittelalterlichen Universitäten gelehrt wurde, und fand andererseits seine Bestätigung im volkstümlichen Brauchtum. Das ist großenteils auf das Weiterbestehen vorchristlicher Traditionen zurückzuführen, etwa der Anerkennung der Heiligen Mutter, der Verehrung heiliger Quellen und Brunnen, Pilgerfahrten zu Stätten überirdischer Kräfte und der Feier jahreszeitlicher Feste, die die Menschengemeinschaft mit den Zyklen der Natur verknüpften.

In Nordeuropa hat sich während der Reformation vieles verändert, als Heiligenschreine, Pilgerfahrten, der Kult der Heiligen Mutter und viele große Feste als Relikte des Heidentums angeprangert wurden, was sie ja auch waren. In den protestantischen Ländern haben diese Veränderungen die Welt der Natur praktisch entheiligt. Die Religion befaßte sich nun fast ausschließlich mit dem Zusammenspiel zwischen Mensch und Gott und dem Drama von Sündenfall und Erlösung. Die Welt der Natur war bar jeder spirituellen Kraft und bildete bestenfalls einen neutralen Hintergrund.

Die entheiligte Natur konnte auf eine neue Weise betrachtet werden. Gegen ihre Eroberung und Ausbeutung gab es keine religiösen Schranken mehr. Alles war zu haben.

Im frühen 17. Jahrhundert formulierte Sir Francis Bacon am unverhülltesten ein Programm für die menschliche Vorherrschaft mittels Wissenschaft und Technik, wobei er die Notwendigkeit einer organisierten empirischen Forschung betonte. Indem der Mensch an die geheimsten Orte der Natur vordringe, schrieb er, könne er ihre Rätsel lösen, um sie noch effektiver zu unterjochen und Macht über sie auszuüben.

Für die Feministinnen war diese Art von Sprache ein gefundenes Fressen, wie du dir vorstellen kannst. Mutter Natur hatte keinen

Wert an sich mehr, sondern war einfach für den Menschen da, damit er von ihr Gebrauch machen konnte, wie es ihm paßte. Bacon trug dazu bei, den Weg für die mechanistische Revolution in der Wissenschaft zu bereiten, und diese Revolution wurde erstmals bewußt artikuliert in einer Vision, die René Descartes am 10. November 1619 hatte. Descartes behauptete, seine Vision habe ihm der Engel der Wahrheit eingegeben – heute würden wir von Channelling sprechen. Es war die Vision einer maschinenartigen Welt, die gänzlich von universalen mathematischen Gesetzen regiert wurde und in der es keine Spontaneität oder Freiheit gab. Dies war das Grundprinzip der mechanistischen Theorie der Natur.

Die Seele, das belebende Prinzip, war der gesamten Natur und damit auch dem menschlichen Körper entzogen. Die Welt wurde buchstäblich entseelt, sie war ohne spontanes Leben. Tiere und Pflanzen wurden zu seelenlosen Maschinen, genau wie der menschliche Körper. Der einzige davon ausgenommene Teil war ein kleiner Bezirk des menschlichen Gehirns, die Zirbeldrüse, wo der rationale, bewußte Verstand des Menschen irgendwie mit der Nervenmaschine interagierte. Nach der alten Anschauung war die Seele nicht im Leib, sondern der Leib in der Seele. Nun überlebte die Seele nur noch im Kopf des Menschen.

Diese Vorstellung einer entheiligten, entseelten Natur wurde die Grundlage der modernen Naturwissenschaften und in der wissenschaftlichen Revolution des 17. Jahrhunderts zum Paradigma. Mutter Natur wurde nunmehr als tote Materie angesehen, die ausschließlich mechanischen Kräften unterliege und von mathematischen Gesetzen beherrscht wurde.

Ich werde nun kurz auf die wesentlichen Merkmale der mechanistischen Weltansicht eingehen, die als offizielle Philosophie noch immer die Naturwissenschaften, die Medizin und die Landwirtschaft beherrscht, in den Medien, in der Politik und im Schulwesen für selbstverständlich erachtet wird und der Ideologie der wirtschaftlichen Entwicklung und des technischen Fortschritts zugrunde liegt. Zunächst will ich die Grundzüge der mechanistischen Betrachtungsweise der Natur verdeutlichen und dann aufzeigen, wie jeder einzelne von den Fortschritten in der Wissenschaft überwunden oder abgelöst wurde, die uns heute zu einer postmechanistischen Weltsicht hinführt.

Der Wissenschaftsphilosoph Sir Karl Popper hat es treffend formuliert, als er erklärte, durch die moderne Physik habe der Materialismus sich selbst überwunden. Das ist ein ganz wichtiger Punkt, über den sich nur wenige im klaren sind. Das Bild, das sich die meisten Menschen von der Wissenschaft machen, hinkt den wahren Verhältnissen fünfzig, oft hundert Jahre hinterher. Es ist nichts weiter als eine schlechte Gewohnheit, daß wir Schulkindern weiterhin eine überholte Wissenschaftsideologie beibringen.

Neue wissenschaftliche Vorstellungen brauchen viel länger, um ins allgemeine Bewußtsein einzudringen, als Ideen in den Künsten, der Mode oder der Politik. Das dauert eher Jahrzehnte als Monate. So hat beispielsweise die Quantenrevolution in der Physik bereits 1927 stattgefunden, aber erst Ende der siebziger Jahre wurde sie ein Thema, das in der feinen englischen Gesellschaft diskutiert werden konnte, und zwar nach dem Erscheinen von Fritjof Capras Buch *Das Tao der Physik* im Jahre 1974. Inzwischen gibt es eine Fülle populärer Sachbücher über die Quantentheorie, aber sie hinken doch fürchterlich hinter der wissenschaftlichen Wirklichkeit her. Nach dem üblichen Lauf der Dinge werden die wissenschaftlichen Veränderungen, von denen ich hier sprechen werde, ins allgemeine Bewußtsein irgendwann um 2030 eingehen. Das ist vielleicht zu spät.

Der erste Grundzug der mechanistischen Weltsicht besteht darin, daß die Maschine ihre zentrale Vorstellung bildet: die Welt als Maschine, Tiere und Pflanzen als Maschinen, menschliche Körper als Maschinen. Aufgabe der Wissenschaft ist es dann, herauszufinden, wie ihre Mechanismen funktionieren. Im Gegensatz dazu sahen alle vorangegangenen Weltanschauungen in Organismen die Hauptquelle für ihre Metaphern und Mythen. Die Mechanisten lehnen derartige organische Metaphern als subjektiv oder anthropozentrisch ab. Aber ironischerweise ist die Maschine eine der anthropozentrischsten Metaphern überhaupt, denn nur Menschen machen Maschinen, und zwar erst in neuerer Zeit. Die Mechanisten projizieren also das Fasziniertsein des modernen Menschen von Maschinen auf die gesamte Natur.

Das mechanistische Universum ist unbeseelt und sinnlos. «Unbeseelt» bedeutet buchstäblich seelenlos. Sinnlos heißt ohne jeden inneren Sinn und Zweck. Der ganze Lauf der Natur wird angeblich von dahinterstehenden Ursachen angetrieben, statt daß er sich auf bestimmte Ziele zubewegt und von vorausliegenden Attraktionen oder Motivationen angezogen wird.

Im 17. Jahrhundert galt die Materie als toter, unbewußter Stoff, bestehend aus unbeweglichen Atomen. Die Erde wurde als eine in Dunst gehüllte Gesteinskugel betrachtet, die in Übereinstimmung mit den Newtonschen Bewegungsgesetzen um die Sonne raste. Sie hatte kein Eigenleben.

Die gesamte Natur galt als determiniert. Alles lief unaufhaltsam, mechanisch ab und war im Prinzip völlig vorhersagbar. Für den mathematischen Verstand der Wissenschaftler ließ sich die ganze Natur prinzipiell vom Wissen her erschließen.

Das spezifische Wissen, das die Naturwissenschaftler von der Welt hatten, war im Prinzip körperlos. Es war, als ob der Wissenschaftler mit dem, was er tat, nichts zu tun habe, als ob er die Welt von außen betrachte. Dies war ein Grundzug der kopernikanischen Revolution im 16. Jahrhundert. Die Vorstellung, daß sich die Erde um sich selbst drehte *und* um die Sonne bewegte, statt daß die Sonne die Erde umkreiste, bedingte, daß man die Erde gewissermaßen von außen betrachtete. Dies entspricht eher den visionären Reisen von Schamanen, die ihren Körper verlassen und die Erde von außen sahen. Der Globus in unseren Schulklassen ist ein vertrauter Hinweis auf eine solche Sichtweise. Erst als Astronauten ins Weltall gelangten, wurde diese Weltanschauung zur konkreten Erfahrung. Die phantasievolle Entkörperlichung war grundlegend für die wissenschaftliche Revolution.

Die Vorstellung, Wissenschaftler seien irgendwie körperlos – das heißt, in das, was sie tun, physisch oder emotional nicht einbezogen –, ist bis heute ein Merkmal der Wissenschaft. Wenn man einen wissenschaftlichen Aufsatz liest, stößt man auf Formulierungen wie

«Es wurde beobachtet . . .», und unsere Kinder lernen, in ihren Schulheften in diesem sogenannten objektiven Stil zu schreiben: «Ein Reagenzglas wurde genommen . . .» Da tut niemand etwas selbst – die Dinge geschehen einfach vor dem beobachtenden, distanzierten Wissenschaftler. Natürlich ist die Wirklichkeit wissenschaftlicher Forschung ganz anders, wie jeder weiß, der in einem Laboratorium gearbeitet hat.

Im 17. Jahrhundert glaubte man, daß die ganze Natur zwar von Gott erschaffen, selbst aber unschöpferisch sei. Letztlich schien sie ausschließlich von unveränderlichen Gesetzen beherrscht, die man für ewige mathematische Ideen im Verstand eines mathematischen Gottes hielt.

In dem Gott der Weltmaschine sah man einen Baumeister, Ingenieur und Mathematiker – Gott wurde also nach dem Bild des Menschen geschaffen. Dieser Wechsel in der Weltsicht hin zur mechanistischen Philosophie wurde von vielen Theologen nachvollzogen. Newton und Descartes interessierten sich ihrerseits sehr für die Theologie und schufen die Grundlagen für deren mechanistische Ausrichtung. Insbesondere haben protestantische Theologen die Vorstellung unwidersprochen übernommen, daß Tiere, Pflanzen und die Welt als ganze Maschinen seien. Dann haben sie versucht, Gott in dieses mechanistische Bild als den großen Maschinenbauer zu integrieren.

Dieses Gottesbild hat eine ganze Tradition der Natur-Theologie auf eine mechanistische Weltanschauung verpflichtet. Indem man Tiere und Pflanzen als Maschinen ansah, erblickte man in ihrer wunderbaren Anpassungsfähigkeit einen Beweis für eine intelligente Konstruktion durch einen externen, Maschinen herstellenden Gott.

Diese Anschauung wurde im wesentlichen durch die wissenschaftliche Revolution des 17. Jahrhunderts begründet und ist noch immer die Basis der Wissenschaftsideologie. Das Wort «mechanistisch» wird zwar in den meisten Kreisen in einem pejorativen Sinne verwendet, ist aber in den modernen Naturwissenschaften, insbesondere in der Biologie, durchaus positiv besetzt. Die Guten sind die Mechanisten – die Bösen die Vitalisten oder Animisten. Man darf nicht vergessen, daß sich die Naturwissenschaften unterschiedlich entwickelt haben, und die Veränderungen, auf die ich gleich zu sprechen komme, haben sich hauptsächlich in der Physik abgespielt. Die akademische Biologie und Medizin dagegen befinden sich noch immer im Banne der mechanistischen Weltanschauung und wirken wie lebende Fossilien einer älteren Denkweise.

Zunächst einmal wurde die Vorstellung vom Kosmos als einer Maschine vom Bild des Kosmos als einem Organismus abgelöst. Die Urknalltheorie, die seit etwa 1966 als Standard gilt, erklärt uns, daß das Universum anfangs ganz klein war und seither immer größer wird. Während es wächst, tauchen nacheinander neue Strukturen und Formen darin auf. Dies hat nichts mehr mit irgendeiner uns bekannten Maschine zu tun, sondern eher mit der Art und Weise, wie sich ein Embryo entwickelt oder wie ein Baum aus dem Samen wächst. Implizit heißt das, daß die Kosmologie sich das Bild eines sich entwickelnden Organismus zu eigen gemacht hat, das Gegenteil einer Maschine.

Mechanistisches Universum	*Lebendiger Kosmos*
• Maschine	• sich entwickelnde Organismen
• unbeseelt	• Felder
• ziellos	• Attraktoren
• unbewegte Atome	• Aktivitätsstrukturen
• die tote Erde	• Gaia
• determiniert	• nicht determiniert, chaotisch
• durch Wissen erfaßbar	• dunkle Materie
• abstraktes Wissen	• partizipatorisches Wissen
• unkreativ	• kreative Evolution
• ewige Gesetze	• Gewohnheiten

Kosmologien spiegeln im allgemeinen soziale Anliegen wider, und in den sechziger Jahren haben wir angenommen, daß der Kosmos unendlich wachsen würde, ganz im Einklang mit der Vorstellung vom unendlichen Wachstum von Wirtschaftssystemen. Inzwischen haben wir Zweifel am unbegrenzten Wirtschaftswachstum, und in der Kosmologie gibt es heute jedenfalls etwas, das man dunkle Materie nennt und sich im Hintergrund zusammenbraut. Niemand weiß, was sie ist, aber falls genügend davon da ist, wird sie bewirken, daß sich die Ausdehnung verlangsamt, so daß sich das Universum schließlich zusammenzieht, bis alles im Gegensatz zum Urknall, dem «Großen Zusammenbruch», ausgelöscht wird.

Die Vorstellung von der unbeseelten Natur ist von der Vorstellung einer durch Felder organisierten Natur abgelöst worden. Felder wie Seelen sind unsichtbare Organisationsprinzipien. Von der griechischen Antike bis zum 17. Jahrhundert glaubte man, daß Magneten eine Seele hätten. Die Seele war das unsichtbare Ding im und um den Magneten, das für seine Anziehungs- und Abstoßungskräfte verantwortlich war. Heute glauben wir, daß Magneten Felder besitzen.

Auf einem naturwissenschaftlichen Gebiet nach dem anderen ist die alte Vorstellung von der Seele als einem unsichtbaren Organisationsprinzip vom Begriff des Feldes abgelöst worden. Daher würde ich sagen, daß die Natur durch Felder wiederbeseelt wird, die viele traditionelle Rollen von Seelen im prämechanistischen Paradigma übernommen haben.

Vor dem 17. Jahrhundert haben Seelen die Organismen durch Anziehung motiviert. Nach Aristoteles und Thomas von Aquin zog die Seele der Eiche den wachsenden Sämling zu seiner reifen Form hin. Diese Vorstellung von Motivation durch Attraktion wurde zwar von den Naturwissenschaften im 17. Jahrhundert verabschiedet, aber vor kurzem durch den Begriff der Attraktoren wieder eingeschmuggelt. Sie sind für die moderne Wissenschaft der Dynamik von zentraler Bedeutung und ermöglichen es, Prozesse im Hinblick auf ihr Ziel zu beschreiben, statt im Hinblick auf die Art und Weise, wie sie angestoßen werden. Ich kann hier und jetzt nicht auf die technischen Details eingehen, möchte aber betonen, welch großen Einfluß dieser Begriff auf das wissenschaftliche Denken gewonnen hat.

Die Vorstellung unbeweglicher Atome ist von der Vorstellung von Atomen als Aktivitätsstrukturen abgelöst worden. Sie bestehen nicht aus festem, unbeweglichem Stoff, sondern vielmehr aus Energie, die sich innerhalb von Feldern bewegt und schwingt. Damit hat sich erwiesen, daß die Materie nicht von grundlegender Bedeutung ist – Felder und Energie bilden das Fundament.

Die Vorstellung, daß die Erde tot ist, wird von der Gaia-Hypothese abgelöst. Was die moderne Naturwissenschaft gerade wiederentdeckt, ist laut James Lovelock im Endeffekt der Begriff der Erde als lebender Organismus. Für manche Menschen im Westen ist dies etwas Neues – aber für die meisten Menschen auf der ganzen Welt ist es das nicht. Ich habe mit indischen Dorfbewohnern darüber zu reden versucht, und sie waren davon nicht im geringsten beeindruckt. Wenn du ihnen erklärst, daß die moderne Naturwissenschaft gerade entdeckt, daß die Erde ein lebendiger Organismus namens Mutter Erde ist, dann sagst du ihnen etwas, was sie längst wissen. In gewisser Weise haben wir alle dies die ganze Zeit gewußt, aber inzwischen gibt es eine Möglichkeit, diese alte Vorstellung wissenschaftlich zu formulieren. Die Gaia-Hypothese ist ein entscheidender Schritt zur Wiedergewinnung des Sinns für eine lebendige Welt.

Die Doktrin, wonach alles determiniert und im Prinzip total vorhersagbar ist, wurde entschieden in Frage gestellt durch die Entwicklung der Quantentheorie in den zwanziger Jahren, als man erkannte, daß es auf der Ebene des mikroskopisch Kleinen so etwas wie Indeterminismus gab. In neuerer Zeit ist die alte Vorstellung vom Determinismus durch die Entdeckung des Chaos und der Chaosdynamik unhaltbar geworden, und zwar nicht nur im Quantenbereich, sondern auch beim Wetter, bei der Wellenbrechung, der Gehirntätigkeit, kurz, bei den meisten natürlichen Systemen. Sogar die Dynamik des Sonnensystems – das klassische Beispiel der Newtonschen Mechanik – erweist sich langfristig als chaotisch. Somit vermitteln Chaos und Indeterminismus ein größeres Gefühl von Freiheit und Spontaneität in der Natur als alles, was über drei Jahrhunderte Bestand gehabt hat, als die Naturwissenschaften der Illusion der totalen Vorhersagbarkeit erlagen.

Auch die Vorstellung, die ganze Natur sei für unser Wissen total erschließbar, hat eine fürchterliche Schlappe erlebt, nämlich durch die Entdeckung der dunklen Materie. Inzwischen hat sich herausgestellt, daß neunzig bis neunundneunzig Prozent der Materie im Universum für uns völlig verborgen sind – als ob die Physik das kosmische Unbewußte entdeckt hätte. Die dunkle Materie entscheidet über die Struktur und das Schicksal des Universums, und doch haben wir nicht die geringste Ahnung, was sie ist.

Die Vorstellung vom körperlos abstrakten Wissen des Wissenschaftlers wird von der Einstellung abgelöst, daß Wissenschaft partizipatorisch ist. Der Beobachter hängt mit dem zusammen, was er beobachtet. Das, wonach man Ausschau hält, und die Art und Weise, wie man dies tut, hat Einfluß auf das, was man findet. Ja, sogar die Erwartungen des Experimentierenden beeinflussen das, was beobachtet wird, wie dies beim Placeboeffekt in der Medizin oder beim Experimentiereffekt in der Psychologie der Fall ist. Wir sind gerade dabei, zu einer eher partizipatorischen Einstellung gegenüber unserem Wissen über die Natur zu gelangen.

Die Vorstellung, die Natur sei unkreativ, wird von der Vorstellung der schöpferischen Evolution abgelöst. Darwin verhalf uns zu der Erkenntnis, daß die Natur selbst neue Lebensformen im Reich der Biologie hervorbringt, und im Lichte der Urknalltheorie sehen wir nunmehr im gesamten Kosmos ein schöpferisches Entwicklungssystem. Damit stellt sich natürlich die Frage nach dem Wesen des Schöpferischen auf eine völlig neuartige Weise. In einer evolutionären Welt ist das Schöpferische ein immerwährendes Merkmal des sich entwickelnden Kosmos.

Und was schließlich die ewigen Gesetze betrifft, so sind sie nur sinnvoll in einer ewigen Welt. Aber ich glaube nicht, daß ewige Naturgesetze in einer sich entwickelnden Welt sehr sinnvoll sind. Man muß sich entweder sich entwickelnde Gesetze vorstellen oder sich, besser noch, von dieser ganz anthropozentrischen Metapher verabschieden. Wie C. S. Lewis einmal bemerkt hat: «Wenn man sagt, daß ein Stein auf die Erde fällt, weil er einem Gesetz gehorcht, macht man ihn zu einem Menschen, ja sogar zu einem Staatsbürger.»

Ich stelle mir lieber vor, daß die Natur von Gewohnheiten bestimmt wird. Dies ist das Hauptanliegen meiner wissenschaftlichen Arbeit. Die Gewohnheiten werden durch einen Prozeß aufrechterhalten, den ich morphische Resonanz nenne – den Einfluß von Gleichem auf Gleiches. Wenn zum Beispiel Ratten in London einen neuen Trick erlernt haben, dann sollten überall Ratten den gleichen Trick schneller erlernen können, als sie es zuvor vermochten. Je mehr Ratten ihn erlernen, desto leichter sollte er überall erlernbar sein. Oder, angenommen, eine neue chemische Verbindung wird in New York zum erstenmal in Kristallform erzeugt, dann gilt: Je öfter dies anschließend geschieht, desto leichter sollten sich diese Kristalle auf der ganzen Welt bilden können. Wenn Kinder in Japan ein neues Videospiel erlernen, dann sollte es Kindern in anderen Ländern leichter fallen, es auch zu erlernen. Diese Effekte sollten sich sogar ohne jede normale Kommunikation einstellen.

Diese Hypothese ist natürlich umstritten und wird noch überprüft. Die meisten bisherigen Ergebnisse deuten allerdings an, daß diese Effekte real sind. Es scheint also so zu sein, daß die Natur eher ein inneres Gedächtnis besitzt, als daß sie von ewigen Gesetzen beherrscht würde.

Alles in allem führen diese Veränderungen zu einem gewaltigen Wechsel in der Weltbetrachtung. Wir fallen damit aber nicht auf den prämechanistischen Standpunkt des Animismus zurück. Vielmehr befinden wir uns jetzt, wenn du so willst, in einem postmechanistischen Status, auf einer höheren Windung der Spirale. Der neue Animismus unterscheidet sich vom alten dadurch, daß die lebendige Natur nun als eine sich entwickelnde Natur gesehen wird, die voller Kreativität ist. Die prämechanistische Sehweise erblickte im Universum einen reifen, ja, einen alternden und dekadenten Organismus. Wir sehen in ihm heute einen noch immer wachsenden und sich entwickelnden Organismus.

Diese neue Ansicht von der «lebendigen» Natur erfordert auch einen neuen theologischen Ansatz. Er unterscheidet sich gewaltig von der Art und Weise, wie wir über die Beziehungen zwischen Gott und der Natur denken, weil wir alle mit der Vorstellung aufgewachsen sind, daß die Natur mechanisch, unbelebt und seelenlos ist. Die meisten Menschen sind zwar nie völlig zur mechanistischen Philosophie bekehrt worden, aber sie neigen dazu, sie von Montag bis Freitag zu akzeptieren. An den Wochenenden setzt sich dann eine andere Naturanschauung durch, wenn Millionen in ihren Autos zur Natur zurückzukehren versuchen. An den Wochenenden, im Urlaub und in ihren Phantasien vom Rentenalter trachten viele Menschen danach, sich auf andere Weise mit der Natur zu verbinden, indem sie eine Ich-du-Beziehung eingehen statt der Ich-es-Beziehung, die typisch ist für die mechanistische Einstellung. Die Vorstellung von der lebendigen Natur ist von den romantischen Dichtern bewahrt worden und entspricht der direkten, intuitiven Erfahrung vieler Menschen im Umgang mit der Welt der Natur. Kindern gilt sie als selbstverständlich. Sie ist also keineswegs unbekannt – sie wird einfach nur in den Bereich unseres subjektiven Erlebens und unseres Privatlebens abgeschoben, während der mechanistischen Einstellung die Autorität wissenschaftlicher Objektivität zugeschrieben wird. Aber inzwischen führt uns die Wissenschaft selbst zu einem neuen Verständnis vom Leben der Natur.

MATTHEW: Ähnlich wie du, Rupert, dich mit deiner Arbeit bemüht hast, die alte wissenschaftliche Seh- und Denkweise durch etwas abzulösen, das heutzutage für uns relevant ist, habe ich mich mit Problemen befaßt, die unsere religiösen Traditionen im Westen betreffen. Auch ich habe unter den Ansichten der reduktionistischen Wissenschaft gelitten, als ich anfing, Biologie zu studieren. Ich habe meinem Professor die Frage gestellt: «Was ist Leben?» Er erwiderte, man könne eine derartige Frage nicht in einem Biologieseminar stellen, sondern nur in Philosophiekursen. Das war's dann, ich hatte die Nase voll von der Naturwissenschaft.

Ich erinnere mich noch gut an das Jahr nach meinem Eintritt in den Dominikanerorden. Wir befanden uns an diesem herrlichen Ort in den Hügeln über dem Mississippi, und ich schlug an einem wunderschönen Frühlingstag meinen Mitbrüdern vor, wir sollten doch nicht bloß in der Kapelle meditieren, sondern dazu auch nach draußen gehen. Sie hielten das nicht für angebracht, und daher tat ich dies in meiner Freizeit. Und dabei fällt mir ein, wie ich einmal intensiv in Gegenwart einer Knospe, die im Frühling aus einem Baum sproß, über die Frage nachdachte: «Was ist Leben?» Wenn ich mir mein Bemühen um schöpferische Spiritualität so ansehe, wird mir klar, daß dabei das Thema der Heiligkeit des Lebens, des Geheimnisses des Lebens und seiner Offenbarung einen mächtigen Grundton darstellt. Beispielsweise habe ich in meinem Buch *On Becoming a Musical Mystical Bear* – in dem ich mich zum erstenmal richtig darum bemüht habe, das Wesen der Spiritualität zu ergründen – die Frage gestellt: «Was ist Beten?» Am Ende habe ich dargelegt, daß Beten eine radikale Reaktion auf *Leben* ist. Ich weiß noch, wie ich zum erstenmal diese Ideen einigen Mitbrüdern vortrug und einer von ihnen sagte: «Leben? Leben ist doch so abstrakt.» Aber als ich vor einiger Zeit die Werke der Mystiker Hildegard von Bingen und Thomas von Aquin las, stand da: «Gott ist Leben.» Es bedarf schon des Mystikers in jedem von uns, es bedarf des Kindes, des verletzlichen Kindes, das im Universum spielen will, um spielerisch und fröhlich auf das Leben zu reagieren. Genau das ist Mystik. Sie ist im Grunde das Prinzip Freude, unser «Ja» zum Leben.

Die andere radikale Reaktion ist die des Propheten in uns, und das ist unser «Nein» im Leben. Wie du, Rupert, dich erhebst und «nein» zu einem mechanistischen System sagst, das sich unserer Naturwissenschaft und unserer Kultur bemächtigt hat, so erhebt sich auch immer der Prophet, wie Rabbi Heschel sagt, um sich mit den Mächten der Ungerechtigkeit anzulegen und einen klaren Standpunkt zu beziehen. Ich habe mit dieser Dialektik von Mystik und Prophetie, von Ja und Nein gespielt, der Kernenergie der spirituellen Reise.

In dem, was du gerade gesagt hast, Rupert, erkenne ich viel Verwandtes. Das ist etwa dein Hinweis darauf, daß wir zum letztenmal im Mittelalter ein animistisches Christentum im Westen hatten. Das ist wichtig. Bei meinen Bemühungen, eine Spiritualität zu finden, die die tiefen Bedürfnisse unserer Zeit anspricht, bin ich zum Mittelalter hingezogen worden. Natürlich liegt das zum Teil an meiner dominikanischen Erziehung, denn Dominikus und Thomas und Meister Eckhart gehörten alle zu dieser mittelalterlichen Renaissance, die du noch in europäischen Kathedralen wie in Lincoln und Chartres erkennen kannst.

Dies ist der Sinn der kosmischen Mutter und der Göttin, die in der ganzen Natur gegenwärtig ist, und dies ist auch der Sinn des kosmischen Christus. Du hast mich an ein Zitat von Thomas von Aquin erinnert, Rupert, und das lautet: «Ein Fehler im Hinblick auf die Schöpfung führt zu einem Fehler im Hinblick auf Gott.»

All diese Fehler auf der linken Seite der von dir aufgestellten Tabelle wurden in den letzten 300 Jahren auch von den theologischen, akademischen, religiösen und geistlichen Einrichtungen übernommen. Wenn du all diese Begriffe auf der linken Seite aufführst – Maschine, unbelebt, ziellos, unbewegt, tote Erde, determiniert, unschöpferisch und ewige Gesetze –, dann hört sich das für mich fast wie eine Beschreibung von fünfundneunzig Prozent des Gottesdienstes an, wie er heutzutage im Westen abgehalten wird.

«Ein Fehler im Hinblick auf die Schöpfung führt zu einem Fehler im Hinblick auf Gott.» Der Paradigmenwechsel, den du, Rupert, und andere Wissenschaftler ausmachen, kann einen spirituellen Durchbruch auslösen, einen Augenblick der spirituellen Renaissance, eine Wiedergeburt der Göttlichkeit. Damals, Ende der sechziger Jahre, haben wir gesagt, Gott sei tot, und das hieß natürlich nichts anderes, als daß wir Gott getötet hatten. Nun sagen wir, unser Planet sei tot, und das heißt natürlich nichts anderes, als daß wir eifrig dabei sind, ihn zu töten. Ich behaupte auch, daß der Gottesdienst tot ist.

Aber das Problem besteht selbstverständlich nicht darin, daß Gott tot ist, daß die Erde oder der Gottesdienst tot ist. Das Problem sind wir. Es sind unsere Seelen, wie du gesagt hast. Können wir wieder lebendig werden? Gibt es eine Wiederauferstehung? Thomas von Aquin hat gesagt, daß es zwei Wiederauferstehungen gebe, und die erste sei das Erwachen in diesem Leben. Das überträgt er dann auf alle Wiederauferstehungstexte, zum Beispiel, wenn Paulus von der Trompete spricht, die erschallen wird. Thomas erklärt, dies meine unser Erwachen im Jetzt. Er sagt, wenn wir nur auf die erste Wiederauferstehung in diesem Leben reagieren würden, dann würde sich die zweite von selbst einstellen. Thomas hat auch gesagt, die Offenbarung sei in zwei Büchern enthalten: in der Bibel und im Buch der Natur.

Diese Dimension der Offenbarung der Natur ist im Westen in den letzten vierhundert Jahren verlorengegangen. Rupert, du gehst ziemlich hart ins Gericht mit der Reformation und dem Protestantismus in deinem Buch *Die Wiedergeburt der Natur.* Ich denke, deine Kritik beruht darauf, daß der Protestantismus eigentlich eine prophetische Bewegung gegen eine korrupte Kirche war, daß aber seine Stärken und seine Schwächen aus ein und derselben Quelle stammten. Er kam zur Zeit der Erfindung der Druckerpresse auf, zur Zeit der Wiederentdeckung und der Wiederherstellung des geschriebenen Wortes. In vielerlei Hinsicht gingen Religion und Theologie im Westen den Weg des Kopfes, besonders der linken Hirnhälfte – durch das Lesen und mechanische Sezieren der Texte. Man glaubte, irgendwie zur Erlösung zu gelangen, indem man die richtigen Texte erhielt, was nun wirklich ganz töricht ist, weil die Bibel zuerst gesprochen und nicht geschrieben wurde. Die Menschen, die die Bibel vortrugen, waren Analphabeten und konnten sicher keine sieben biblische Sprachen.

Die westliche Religion ist vier Jahrhunderte lang in der verbalen Theologie steckengeblieben und entspricht dem akademischen Grundmodell, das wir unkritisch von Descartes und Kant übernommen haben. Die Vorstellung, daß die Wahrheit irgendwie nur vom Hals aufwärts zu finden sei, ist sehr patriarchalisch.

Und daher stellt Thomas uns vor diese Herausforderung: zwei Bücher, Natur und Bibel. Dir, Rupert, und anderen Naturwissenschaftlern unserer Zeit zuzuhören bedeutet, auf die Offenbarung der Natur zu achten. Dies führt zu anderen Modi, unsere spirituelle Praxis und unsere Theologie auszuüben. Thomas hat gesagt: «Gott ist *per se* Leben.» Gott ist das lebendigste aller Wesen und teilt diese Teilhabe am Leben mit allen Wesen. Thomas hat weiterhin gesagt: «Jede Kreatur hat teil an der Würde der Kausalität, die Gott mit allen Kreaturen teilt.» Jedesmal, wenn ich diese Formulierung gebrauche – die Würde der Kausalität – richte ich mich auf. Du bist stolz darauf, da zu sein. Jeder Grashalm hat teil an der Würde der Kausalität: Er kann andere Grashalme hervorbringen, und er kann die Ursache dafür sein, daß Kühe Milch geben und glücklich und zufrieden sind. Jede Galaxis und jede Supernova hat teil an der Würde der Kausalität.

Und dann haben wir noch eine starke Tradition, die von Meister Eckhart fortgeführt wurde, der gesagt hat: «Jede Kreatur ist ein Wort Gottes und ein Buch über Gott.» Wir müssen den Mut haben, uns zu öffnen, und die Bereitschaft, still zu sein, die Weisheit der Kreaturen und die Weisheit dieses Universums aufzunehmen. Dieses Gleichgewicht zwischen der Offenbarung der Heiligen Schrift und der Offenbarung der Natur ist etwas, wonach sich unsere Generation sehnt.

Heute erleben wir einen Wechsel in der Theologie vom Theismus zum Pantheismus. Wenn wir uns die linke Seite deiner Tabelle anschauen, Rupert, sprechen wir von einem Gott, der sich über den Dingen und jenseits der Dinge befindet. Newton hat Gott mehr oder weniger als jemanden dargestellt, der mit einer Ölkanne hinter der Maschine des Universums steht, um ab und zu dafür zu sorgen, daß sie in Gang gehalten wird. Das ist Theismus: Wir sind hier, und Gott ist irgendwo dort draußen. Pantheismus ist die mystische Tradition. Der Pantheismus lehrt, daß alle Dinge in Gott sind, daß Gott in allen Dingen ist und daß Gott durch alle Dinge wirkt. Wir müssen heute diesen Wechsel vom Theismus zum Pantheismus in unserer ganzen spirituellen Praxis, in unserer ganzen Theologie vollziehen. Das kann allerdings nicht von Theologen geleistet werden, die seit Jahren im akademischen Betrieb stecken. Auch sie müssen sich einer Wandlung weg von einer theistischen Ideologie unterziehen, die eine Parallele zum Maschinenuniversum darstellt, aber nicht den Geist anspricht.

Der Westen hat keine Theologie des Geistes entwickelt. Wir reden zwar von einer dreieinigen Gottheit, lassen aber in Wirklichkeit in einer übertrieben an der Erlösung und an Jesus orientierten

Theologie Gott, den Schöpfer, aus, der per se Leben ist, der in allen lebendigen Dingen anwesend ist und darum tiefer verstanden wird, wenn wir das Geheimnis der lebendigen Dinge verstehen. Gott, der Schöpfer! Der erste Artikel des Glaubensbekenntnisses wird in unserer theologischen Ausbildung oft außer acht gelassen, ebenso der dritte Artikel, der von Gott, dem Geist und der Heiligung, und von Gott als unserer Vergöttlichung handelt. Wie viele von uns, sofern wir im Westen überhaupt praktische religiöse Erfahrungen besitzen, haben jemals Predigten über unsere Göttlichkeit gehört oder darüber, was es bedeutet, göttlich zu sein. Doch Thomas von Aquin hat gesagt: «Gott wurde Mensch, damit die Menschen göttlich werden konnten.» Das gleiche hat Clemens von Alexandria erklärt: «Der Logos wurde Mensch, damit die Menschen wissen können, was es heißt, göttlich zu sein.»

Ein Verständnis unserer Vergöttlichung und unserer Heiligung ist noch nicht entwickelt worden, und wir haben noch keine Theologie des Geistes. Darum erklären Fundamentalisten, es gehe nur darum, ob man an Jesus glaube oder nicht. Ich bin ein trinitarischer Christ, und das heißt, daß ich den Gott der Schöpfung und den Gott unserer Vergöttlichung, den Gott des Geistes, erfahre. Was ist unsere Vergöttlichung? Sie ist unsere Kreativität und unsere Fähigkeit, diese Kreativität für das Mitgefühl zu nutzen. Nach dem Ebenbilde Gottes geschaffen zu sein bedeutet, daß wir zu einer gottähnlichen Art von Kreativität und zu einer gottähnlichen Art von Mitgefühl fähig sind (und das ist ein Heilen mittels des Herbeiführens von Gerechtigkeit *und* mittels der Verherrlichung).

Und darum reicht die Vorstellung von Jesus als Erlöser wirklich nicht aus. Wir müssen den kosmischen Christus einbeziehen. Weil der kosmische Christus jene kosmische Weisheit – Sophia – ist, die alle Lebewesen und das Universum durchdringt. Wie es im Buch der Weisheit Salomons heißt: «Der Erdkreis ist erfüllt vom Geist des Herrn.» Die ersten Hymnen in der christlichen Liturgie im ersten Jahrhundert waren keine Hymnen über unsere persönliche Erlösung. In keiner ist von Erlösung die Rede oder davon, welch erbärmliche Wichte die Menschen waren, bevor sie Jesus begegneten.

All diese Hymnen handeln, wie es im Kolosserbrief heißt, von Christus, der alle Dinge im Himmel und auf Erden und dazwischen miteinander verbindet. Die erste Reaktion auf das Ereignis Jesus provozierte eine kosmische Vision. Doch dieses Feuer des «kosmischen Christus» ist im Westen zu einem flackernden Flämmchen verkümmert, wie es der lutherische Theologe Joseph Sittler formuliert hat.

Ich will damit nicht den historischen Jesus herabsetzen, sondern vielmehr darauf hinweisen, daß das Unternehmen Theologie während der Aufklärung all seine Eier ins Körbchen des historischen Jesus gelegt und den kosmischen Christus abgesetzt hat. Der kosmische Christus stellt die rechte Seite deiner Tabelle dar, und man ist nicht gut angesehen, wenn man sich während eines mechanistischen Zeitalters der Mystik hingibt. Man kann keine Mystiker in einer Maschine gebrauchen – sie würden sie ganz bestimmt versauen. Man kann keine Kinder in einer Maschine gebrauchen, weil ein Kind auf den Weiden und Feldern des Universums wie ein Lamm spielen will. Wie es in der Offenbarung des Johannes heißt: Sie haben das kosmische Lamm gekreuzigt. Warum nicht das kosmische Schaf? Christus war ein Lamm, weil er den *puer* und die *puella* darstellt, das göttliche Kind, das in jedem von uns spielen will.

Wir kreuzigen Christus immer wieder, wenn wir Gottes Schöpfung unterdrücken, die Gottes Garten, die Gott selbst ist. Der kosmische Christus ist ein Ausdruck des göttlichen Christus. Gott ist nicht dort draußen, von wo er uns zu Verwaltern der Schöpfung beruft, als ob wir hier nur dazu da wären, die schmutzige Arbeit eines nicht ortsansässigen Haus- und Grundbesitzers zu verrichten. Göttlichkeit ist vielmehr in der Schöpfung. Wenn die Schöpfung blüht und gedeiht, blüht und gedeiht auch die Göttlichkeit. Wenn die Schöpfung gekreuzigt wird, stirbt Christus immer wieder.

Ich bin entschieden für eine Rückkehr zu allen drei Glaubensartikeln: Schöpfung, Erlösung (oder Befreiung) und Vergöttlichung oder Heiligung. Ich verlange, daß wir alle drei Beteiligten der Trinität annehmen: Schöpfer, Sohn und Heiliger Geist. Und ich fordere uns zur Wiederbelebung der Tradition des kosmischen Christus auf, zum Ausgleich für dieses übertriebene Bekenntnis zum historischen Jesus, weil diese Ära vorbei ist. Bei der Suche nach dem historischen Jesus während der letzten zwei-, dreihundert Jahren haben wir viele nützliche Dinge entdeckt, etwa, wie alt die Gleichnisse sind, die direkt aus dem Munde Jesu kamen, und wie sehr die frühchristliche Gemeinschaft ihrer mystischen Erfahrung Christi vertraut hat. Ja, sie hat dieser Erfahrung so sehr vertraut, daß sie nicht gezögert hat, in den Geschichten der Evangelien Jesus viele Worte in den Mund zu legen. Aber diese Ära der Suche nach dem historischen Jesus ist eben vorbei. Wir müssen jetzt die Tradition unseres kosmischen Christus wiederbeleben. Auf diese Weise bringen wir den prophetischen Jesus mit dem mystischen Christus ins Gleichgewicht.

Vor einigen Jahren tat sich eine Gruppe gelehrter Theologen in Amerika zusammen, die sich Jesus-Seminar nannte und 1992 im ganzen Land für Schlagzeilen sorgte. Sie behaupteten, achtzig Prozent der Worte Jesu im Neuen Testament seien gar nicht die seinen und kein Wort im Johannesevangelium stamme von ihm. Ein Fernsehteam kam nach Kalifornien, um Theologen dazu zu interviewen, und obwohl viele von ihnen mit dem Jesus-Seminar einer Meinung waren, wollten sie sich nicht äußern. Sie hatten Angst, mit dem Vatikan oder sonst jemandem Ärger zu bekommen. Ich habe mich zu einem Interview bereit erklärt. Meine erste Reaktion auf diese großartige Erkenntnis bestand darin, daß ich die Frage aufwarf, ob irgend jemand irgendwann behauptet habe, daß jedes Wort im Evangelium aus dem Mund Jesu stamme. Darum geht es ja gar nicht! *Christus* ist im Neuen Testament genauso wichtig wie Jesus. Das Johannesevangelium handelt ausschließlich von Christus. Paulus ist Jesus nie begegnet. Der erste Name Jesu im Neuen Testament stammt von Paulus, weil seine Briefe vor den Evangelien geschrieben wurden, und dieser Name lautet Sophia – Frau Weisheit.

Frau Weisheit wandelt umher in der Person Jesu. Meinst du, das hat das Römische Reich und die Synagoge nicht erschüttert? Es ist eine so radikale Vorstellung, daß unsere patriarchalischen Theologen sie zwei Jahrhunderte lang nicht in ihrem Wortschatz hatten.

Das erste Kapitel des Johannesevangeliums handelt nicht in erster Linie vom *logos* – das ist erst die zweite Generation. Die Matrix für Johannes stammt direkt aus dem Buch Sirach, in dem es um Sophia, die Weisheit, geht, die sich bemüht, ihr Zelt in unserer Mitte zu errichten.

Die Theologie an sich und die Religion an sich müssen sich von der Religion verabschieden. Wir müssen uns von unseren theologischen Denkweisen der letzten drei- oder vierhundert Jahre verabschieden. Wir müssen unser Vorurteil gegenüber Mystik überwinden, wenn wir ein Teil der Lösung und nicht Teil des Problems der ökologischen Krise sein sollen, der Krise einer verzweifelten Jugend und – wie du es so treffend formuliert hast, Rupert – der seelenlosen und leblosen Seelen unserer Spezies. Bede Griffiths war ein britischer Mönch, der fünfzig Jahre lang in Indien gelebt hat. Ich hatte die Ehre, ihn mehrere Jahre vor seinem Tod im Jahre 1993 kennenlernen zu dürfen. In einer unserer Unterhaltungen hat er folgendes gesagt: «Wenn das Christentum nicht in der Lage ist, seine mystische Tradition wiederzubeleben und zu lehren, sollte es einfach einpacken und aufhören, dann hat es nichts zu sagen.» Und dazu sage ich amen.

Nur aus der mystischen Tradition heraus wird unsere Arbeit an der Umwandlung der Gesellschaft authentisch radikal und verwurzelt sein. Authentisches Handeln entsteht aus Nicht-Handeln. Es entsteht aus dem Respekt vor dem Geheimnis und dem Wunder, dem Geschenk und der herrlichen Überraschung, daß wir hier sind. Daher glaube ich, daß die Hinwendung zu einer gesunden, erdbewußten, gerechtigkeitsorientierten Mystik dazu beiträgt, in theologischen Begriffen einige der Themen zu benennen, die du auf der rechten Seite deiner Tabelle erwähnt hast, Rupert.

Denken wir einmal nur über einen deiner Beiträge nach, der ungeheure Auswirkungen auf unsere Theologie und unsere spirituelle Praxis hat: deine Erkenntnis und dein beharrlicher Hinweis darauf, daß das richtige Wort für Seele Feld sein könnte. Die Frage, was die Seele sei, hat mich lange beschäftigt. Vor mehreren Jahren habe ich ein Buch des Philosophen Charles Fair gelesen, der erklärt hat, wenn eine Zivilisation nicht mehr wisse, was Seele bedeutet, sei sie am Ende. Ich meine, daß unsere Zivilisation schon vor einiger Zeit vergessen hat, was Seele bedeutet. Wir gebrauchen das Wort jedenfalls nicht gerade mit großer Zuversicht.

Aber das ist natürlich nur die schlechte Nachricht. Die gute lautet: Wenn wir zu neuen Bildern der Seele gelangen können, starten wir eine Zivilisation. Als ich mich auf die Suche nach der Seele begab, ging ich zu den Mystikern zurück. Ich studierte einundfünfzig Bilder der Seele bei Meister Eckhart und ebenso viele bei Teresa von Ávila. Die Mystiker befassen sich mit Bildern. Auf diese Weise rettet man die Sprache – man kehrt zur Erfahrung zurück. In der Mystik geht es daher darum, seiner Erfahrung zu vertrauen. Und der Erfahrung am nächsten kommen nicht Worte, sondern Bilder. Wir bringen aus unserer Erfahrung Bilder hervor, und dann kommen die Dichter und retten die Sprache für uns. So läuft das ab. Aber ich meine, all dies geschieht auch in deiner Arbeit, Rupert, besonders in dem reizvollen Bild, daß unsere Seelen Felder sind.

Auf deine Anregung, die Seele könnte ein Feld sein, möchte ich gern mit einer kurzen Meditation reagieren. Ich bin, wie gesagt, in Wisconsin aufgewachsen, einem Agrarstaat mit endlos wogenden Feldern und Hügeln und Seen. Manchmal liegt auf einem Feld Schnee, und dann ist es ganz still. Dann wieder ist es grün und üppig und voller Leben. Es gibt gepflügte und ungepflügte Felder. Felder verweisen uns auf Horizonte. Zuweilen kannst du auf einem Feld stehen und hast das Gefühl, es gäbe kein Ende oder es gäbe ein Ende, das dir winkt. Das nennen wir einen Horizont. Und dann gelangst du dorthin, und es geht immer weiter – vielleicht hat ein Feld etwas an sich, das nie zu Ende geht. Felder sind erdig. Du, Rupert, sagst: «Felder sind grundlegender als Materie.»

Jesus hat vom Säen auf einem Feld gesprochen. Und Meister Eckhart hat einmal wie du, Rupert, geredet, als er erklärte: «Die Seele ist ein Feld.» Jesus hat gesagt, manchmal falle der Same auf Steine oder unter die Dornen und gehe nicht auf, dann wieder falle er auf etwas gute Erde und gedeihe. Wie reagieren wir auf die Felder, die wir in den anderen vorfinden, wie interagieren wir mit ihnen? Wenn sich Menschen zum Beispiel lieben, legen sie dann ein neues Feld der Beziehung an? Meister Eckhart hat gesagt: «Wenn ich hier in Deutschland sitze, kann ich jemandem, den ich liebe und der in Jerusalem ist, näher sein als jemandem, der gleich hier neben mir ist.»

Der Begriff des Feldes führt den Gedanken einer Vorstellung von Raum und Zeit ein, die sich erheblich von unserer buchstäblichen oder Newtonschen Vorstellung unterscheidet. Felder können flach oder gekrümmt sein – sie sind voller Potential. Felder sind so tief, daß wir nicht einmal wissen, wo das Feld endet und die Erde in neuer Form anfängt. Jedes Feld braucht viel Zeit, um sich zu entwickeln. Soviel ich weiß, benötigen Gott und die Natur zehntausend Jahre, um ein paar Zentimeter Ackerkrume entstehen zu lassen. Ein Feld hat etwas Geduldiges an sich. Felder sind auch unsichtbar, und von diesen Feldern sprichst du wohl am liebsten, Rupert – von diesen unsichtbaren Feldern, in die wir eintreten, den heiligen Räumen. Wie steht es mit der Kraft in Chartres, die immer noch die Menschen anzieht? Wie mit der Anziehungskraft des Feldes, das es dort gibt, und anderer heiliger Räume in unserem Leben? Im Grunde ist ein Feld, wie mir scheint, ein Ort, zu dem wir gerufen werden, um dort Wurzeln zu schlagen. Damit sind wir wieder beim Sinn von Wurzeln, von radikal, was ja nichts anderes bedeutet, als fähig zu sein zur Verwurzelung.

Daher glaube ich, daß der Begriff «Feld» die Psyche und den Kosmos wieder miteinander verbindet. Paul Ricœur, der französische Philosoph, hat gesagt, Psyche und Kosmos seien das gleiche. Mit anderen Worten: Die Welt, in der wir leben, und die Welt, die wir uns aussuchen, um darin zu leben, ist unsere Seele. Daher sind die Felder, die wir uns aussuchen, um darin zu spielen, zu kämpfen und zu erlösen, unsere Seele. Wie du gesagt hast, Rupert, als du eine ganz alte Überlieferung zitiert hast: Unsere Seelen sind nicht in unseren Körpern, unsere Körper sind in unseren Seelen. Thomas von Aquin hat dies gesagt, ebenso Hildegard von Bingen und Meister Eckhart. Vielleicht waren sie die letzten im Westen, die erklärt haben, daß unsere Körper in unseren Seelen sind. Vielleicht sollten wir nun sagen, daß unsere Körper in den Feldern sind. Welche anderen Bilder erwachen in uns, wenn wir diese Metapher von der Seele als Feld hören? Wie steht es mit der Vorstellung, daß Göttlichkeit das Feld durchdringt? Die Weide des Göttlichen ist bei uns, wie Jesus gesagt hat: «Das Reich Gottes ist inwendig in euch.» Die Felder sind in uns. Menschen wie du, Rupert, helfen uns vielleicht dabei, uns dessen bewußt zu werden, was dies alles impliziert.

RUPERT: Es ist eine historische Tatsache, daß der moderne Begriff des Feldes den alten Begriff der Seele abgelöst hat. Die *anima mundi*, die Seele des Universums, die nach der prämechanistischen Kosmologie die Sterne an Ort und Stelle hielt und für die Bewegungen der Planeten verantwortlich war, ist nun durch das universale Gravitationsfeld als das allumfassende, unsichtbare Organisationsprinzip ersetzt worden. Anstelle der alten elektrischen und magnetischen Seelen gibt es nun elektromagnetische Felder. In der Biologie haben morphogenetische Felder, die organisierenden formbildenden Felder des Embryos und des sich entwickelnden Organismus, die vegetative Seele von Aristoteles und der mittelalterlichen Philosophen abgelöst.

Ich glaube, der Begriff der Felder trägt dazu bei, einige Aspekte des älteren Wortsinns von Seele zu erhellen oder gar zu entmystifizieren. Heutzutage ist es für uns sehr schwer nachzuvollziehen, was die Menschen einst mit dem Wort Seele verbanden. Andererseits gelten Felder, wie sie gewöhnlich vom mechanistischen Verstand begriffen werden, als völlig unbewußt. Die Aufgabe besteht somit darin, zu erkennen, wie Felder zum Bewußtsein in Beziehung gesetzt werden können. Nach dem alten Verständnis von Seele waren die meisten Seelen unbewußt. Die animalischen und vegetativen Aspekte der menschlichen Seele waren nicht bewußt. Die alte Ansicht von der Psyche erforderte nicht, daß diese bewußt war. Wir sitzen heute in der Klemme, weil unsere Worte so beschränkt sind: Wenn wir Geist sagen, meinen wir damit zugleich Bewußtsein.

Doch viele Menschen seit Descartes, vor allem Freud und Jung, haben darauf hingewiesen, daß unser Geist großenteils unbewußt ist. Wir müssen also die unbewußten Aspekte der Psyche wiederentdecken. Weil sie unbewußt sind, wissen wir nicht, wo sie anfangen und enden. Ist meine unbewußte Psyche auf meinen eigenen Geist beschränkt, oder verbindet sie mich auch mit allen anderen Menschen im kollektiven Unbewußten, wie Jung sagen würde? Wie hängt das kollektive Unbewußte mit den Seelen oder Feldern anderer Tiere, Pflanzen, der Gaia und des Kosmos zusammen? Wir wissen es nicht.

Ein theologischer Aspekt, der mir dabei in den Sinn kommt, betrifft das Wesen von Energie und Feldern. Nach dem gegenwärtigen Verständnis der Wissenschaft besteht die Natur aus Energie, die jede Form annehmen kann, und aus Feldern, die die formbildenden Prinzipien in allen Bereichen der Natur sind. Wenn wir sie auf theologische Begriffe beziehen wollen, ist dies in östlichen Traditionen relativ leicht möglich: Im Tantrismus beispielsweise ist das Energieprinzip Shakti, das bewegende, dynamische Prinzip, und das formbildende Prinzip ist Shiva. Shakti ist feminin und Shiva maskulin. Ich denke, in der christlichen Tradition wäre das Energieprinzip der Geist, der ja stets als Bewegung, als Wechsel dargestellt wird, als der wehende Wind, der Atem, das Feuer, der fliegende Vogel – all dies sind Bilder der Bewegung –, und das Feld wäre das formbildende Prinzip, der Logos, der formbildende Aspekt der Schöpfung. Hast du jemals an Felder im Zusammenhang mit diesen Begriffen gedacht?

MATTHEW: Nun, das habe ich tatsächlich, und zwar kurz bevor du dargelegt hast, daß der Geist die richtige Metapher wäre. In theologischer Hinsicht habe ich genau das gedacht. Ich sagte ja schon, daß wir im Westen eine ganz unterentwickelte Theologie des Geistes haben. Zum Teil stammt unsere Theologie des Geistes aus dem Johannesevangelium: «Der Geist [Wind] weht, wo er will.» (Joh. 3,8) Das ist die zufällige, chaotische Dimension der Überraschung, auf die du zuvor angespielt hast. Aber für mich ist das zeitgemäße Wort für Transzendenz nicht *oben* – in einem gekrümmten Universum gibt es kein Oben, wie Buckminster Fuller erklärt hat. Es gibt nur innen und außen – und für mich bedeutet das Wort Transzendenz Überraschung. Es ist das, was der Geist bringt. Der Geist fließt durch alle Religionen, alle Kulturen und durch uns alle. Er ist nicht so leicht unter Kontrolle zu bekommen. Ein Erwachen des Geistes ist etwas, wovor unsere kirchlichen Bürokratien ein wenig Angst haben. Aber ich denke, nur darum geht es bei einer Renaissance.

RUPERT: Der Geist ist somit eine Quelle des Schöpferischen. Im Gegensatz dazu sind die morphischen Felder, von denen ich spreche, ihrem Wesen nach gewohnheitsmäßig. Es sind formbildende Prinzipien, die auf dem basieren, was zuvor geschehen ist. Es sind die Träger der Gewohnheit, die Träger des Erbes, von Gut und Böse. Ich sehe im Universum ein Zusammenspiel zwischen dem Gewohnheitsprinzip, das durch Felder repräsentiert wird, und einem Kreativitätsprinzip, das durch den fortlaufenden Fluß der Dinge repräsentiert wird, der stets für Überraschungen sorgt. Ja, unser eigenes Leben ist anscheinend ein Zusammenspiel von Gewohnheit und Kreativität. Vielleicht paßt das zu dem, was du gerade gesagt hast.

MATTHEW: Und ob! Ein anderes Wort für Gewohnheit ist Tradition. Aber es ist gefährlich, wenn wir sie allzu wichtig nehmen. Ich habe einmal in Cardiff in einer großen protestantischen Kirche über keltische Spiritualität gesprochen, und anschließend kam ein junger Mann von Mitte Zwanzig zu mir und sagte: «Wissen Sie, ich gehe hier in die Kirche, und das ist das erste Mal, daß sie voll ist. Am Sonntag kommen hier nicht mehr als dreißig Leute her, und es ist so langweilig. Sie bieten einem nur ein leeres Ritual an. Wie können wir hier den Gottesdienst beleben?» Ich erwiderte: «Ihr müßt damit anfangen, alle Bänke zu entfernen, und euch das Feld als gekrümmt vorstellen, denn das ist die Art von Universum, an die wir glauben. Ihr müßt den Atem strömen lassen, denn ihr könnt nicht ohne den Körper und den Atem beten. Der Körper und das Herz gehören zusammen.» – «Na ja», meinte er, «diese Kirche ist 150 Jahre alt. Sie hat eine gewisse Tradition, und sie würden es nicht dulden, wenn man die Bänke verrückt.» Aber ich erklärte ihm, das Universum sei 15 Milliarden Jahre alt, und schon bald müsse sich die Menschheit entscheiden: zwischen 150 Jahren Menschentradition und 15 Milliarden Jahren Schöpfungstradition. «Vielleicht verliert ihr die Hälfte der Gemeinde, aber dafür könnt ihr eine ganze Generation von Gottesdienstbesuchern gewinnen, die sich nur zu gern in gekrümmtere Räume einladen lassen.» Dies benennt das Feld und bringt das morphische Gedächtnis hervor, denn wenn wir in Kreisen beten, in den Kreisen unserer Ahnen und den Kreisen unseres gekrümmten Universums, regen wir dieses Gedächtnis an, ebenso wie die Wiederauferstehung, die damit einhergeht: ein neues Leben.

RUPERT: Dabei fällt mir eine Frage ein, die mir letzte Woche mein dreijähriger Sohn gestellt hat. Wir hatten zusammen ein Lied gesungen, über Blätter im Frühling und Mutter Natur. Das hat ihn fasziniert, und immer wieder wollte er wissen: «Wer ist Mutter Natur?» Ich versuchte, es ihm zu erklären. Er schwieg eine Zeitlang und fragte dann: «Ist Mutter Natur Maria?» Er weiß über Maria Bescheid, weil er ein Bild von ihr in seinem Zimmer hat und wir ziemlich oft das Ave-Maria sprechen, wenn er zu Bett geht. Ich dachte einen Augenblick nach und sagte dann: «Ja», womit ich eine theologische Revolution vorwegnahm.

Mir scheint, daß Maria in vielerlei Hinsicht eine Menge Eigenschaften von Mutter Erde angenommen hat, insbesondere, wenn ihre Schreine sich in Grotten und Höhlen befinden und wenn sie mit heiligen Quellen in Verbindung gebracht wird. Die derzeitige Praxis der Marienverehrung in vielen Teilen der Welt legt die Vermutung nahe, daß sie eine christliche Form der alten Muttergöttin ist.

Ich weiß, daß die offizielle Theologie eine viel vorsichtigere und beschränktere Vorstellung von Maria hat. Wir benötigen gewiß ein neues Bild der lebendigen Natur mittels des kosmischen Christus, wie du so anregend in deinen Büchern dargelegt hast, aber wir brauchen auch einen neuen Sinn für Mutter Natur. In welcher

Form, glaubst du, läßt sich dieses Mutterbild oder dieser Archetypus am besten begreifen? Maria ist ja nicht die einzige Möglichkeit. Auf manchen griechischen Ikonen gibt es wunderbare Bilder von Maria mit Jesus auf dem Knie, wobei Maria ihrerseits auf dem Schoß ihrer Mutter, der heiligen Anna, sitzt. Maria also vor dem Hintergrund der Großen Mutter, der Großmutter. Aber vielleicht ist ja auch die heilige Anna nicht die beste Kandidatin. Was meinst du?

MATTHEW: Damit öffnest du eine ganze Kiste von wunderbaren Metaphern, und wie du ja selbst sagst, ist – wie stets bei Metaphern – keine einzige ganz befriedigend, und das ist das Wundervolle daran – wir machen weiter. In Europa gibt es eine berühmte Schwarze Madonna, die allem Anschein nach eine Übernahme von Isis, der Muttergottheit aus Nordafrika, ist. Vielleicht geht sie auch auf Indien und die dortige Muttergottheit zurück.

Die Tatsache, daß der Westen im Augenblick des kosmologischen Erwachens im 12. Jahrhundert die Schwarze Madonna ins Zentrum der Kathedralen gestellt hat, ist von großer Bedeutung. Das Wort Kathedrale wurde im 12. Jahrhundert erfunden. Heute wissen wir, daß es ein griechisch-lateinisches Wort für Thron ist, und man hat uns beigebracht, daß dies der Sitz ist, auf dem der Bischof seinen Hintern plaziert. Aber das ist Klerikalismus, es ist patriarchalisch, und es ist nicht wahr. Im 12. Jahrhundert hatte Kathedrale die Bedeutung des Throns, auf dem die Muttergöttin sitzt und über das Universum herrscht, mit Weisheit und Mitgefühl und voller Gerechtigkeit für die Armen und Unterdrückten.

Wann immer du die Göttin wiederentdeckst, entdeckst du in Wirklichkeit die schöpferische Kraft der Gemeinschaft und des Individuums wieder. Die Tradition der Göttin im Christentum ist die gleiche wie die Tradition des kosmischen Christus, sie ist ein Synonym, weil sie Sophia, kosmische Weisheit, ist: Frau Weisheit. Der Marienarchetypus ist sehr machtvoll. Seine Tiefen erschließen sich gerade, und auch die Entdeckung des Grünen Mannes, der zusammen mit der Göttin kommt, ist von großer Bedeutung. Männer sind also keineswegs ausgeschlossen. Tatsächlich hat Hildegard von

Bingen im 12. Jahrhundert Maria eine Göttin genannt. Auch Mechthild von Magdeburg bezeichnet Maria im 13. Jahrhundert als Göttin, und sie nennt unsere Seelen Göttinnen. Somit steckt der Marienarchetypus in jedem von uns, in Männern wie Frauen.

Dann gibt es noch den einfachen Archetypus von Gott als Mutter und sogar von Christus als Mutter. Ich war schockiert, als ich bei der Lektüre von Thomas von Aquin entdeckte, daß selbst er, den man immer als großen Rationalisten darstellt, Christus bei mehreren Gelegenheiten «Mutter» nennt. Dies ist eine alte Überlieferung. Juliane von Norwich hat die Mutterschaft Gottes besser dargelegt als irgend jemand sonst in der westlichen Christenheit. Aber man darf sich das Ganze nicht als etwas Einseitiges vorstellen. Eckhart sagt: «Alle Bilder, die wir uns von Gott machen, kommen aus unserem Selbstverständnis.» Das ist so wichtig. Wenn wir in einem Zeitalter leben, das die Mutterschaft Gottes und die Göttin zusammen mit der Vaterschaft Gottes nicht ehrt, dann sind unsere Seelen verarmt. Dann sind wir die Verlierer. Denn bei diesen Metaphern geht es ja darum, daß wir die Erlaubnis bekommen, ganz wir selbst zu sein, dieses Feld mit etwas Köstlichem und Kraft Spendendem, mit etwas Wiederbelebendem und Starkem zu erfüllen, in Form von Heilung und Kreativität.

Somit lehrt uns der Augenblick der Wiederbelebung der Göttinnentradition im Prinzip, daß die schöpferischen Energien des Universums und dessen Schöpfer in allen Dingen sind. Es ist ein Augenblick der Feier der Kreativität. Soweit wir wissen, sind aus jener fünftausend Jahre währenden Epoche, in der man in Europa die Muttergöttin verehrte, keinerlei Hinweise auf irgendwelche militärische Artefakte bekannt. Statt dessen haben wir zigtausend Figürchen von schwangeren Frauen gefunden. Als die Archäologen sie zu Gesicht bekamen, haben sie natürlich von Fruchtbarkeitsriten und Orgien gesprochen!

Feministische Archäologen dagegen erklären uns, daß dies eine Zeit war, in der der Schöpfungsprozeß (und die Geburt in einer seiner Archetypen) verehrt wurde. Daher paßt die Wiederbelebung dieses Sinns für die Ehrung des Schöpfungsprozesses in all seinen

Formen genau zu deinem Thema, bei dem es um Kreativität, Gewohnheit und die sich entwickelnden Gesetze des Universums geht.

Rupert: Darf ich das ein wenig weiter ausführen? In der ersten Schöpfungsgeschichte im Buch Genesis gibt es das Bild, wie Gott Pflanzen und Tiere aus der Erde hervorruft. Nicht Gott bringt sie hervor, sondern die Erde. Die Erde ist die Mutter. Hier haben wir es also mit einem Bild der Schöpfung durch wechselseitige Beziehung zu tun. Die Polarität zwischen Himmel und Erde, Vater Himmel und Mutter Erde, ist uralt und weit verbreitet, und ich denke, wir sollten versuchen, einen gewissen Sinn für diese schöpferische Polarität wiederzubeleben, ebenso einen Sinn für eine Quelle von Vater und Mutter, die über beide hinausgeht.

Matthew: Richtig – sofern wir stets daran denken, daß wir es mit Metaphern zu tun haben. Aber die Vorstellung, daß das Göttliche von unten und nicht nur von oben kommt, ist ganz sicher ein Teil der Göttinnentradition und der alten Überlieferungen. Daher sagt Eckhart: «Gott ist ein großer unterirdischer Fluß, den niemand eindämmen und aufhalten kann.» Es ist ein durch und durch feministisches Bild, daß Gott nicht bloß im Himmel ist. Und dann gibt es ja auch noch die Tradition der Schlange, die als Weisheitsgestalt angesehen wird und die Göttin darstellt. Es ist äußerst interessant, wie Hildegard von Bingen mit dem schlechten Ruf der Schlange im Buch Genesis umgeht. Sie war eine Christin und mußte sich mit der bösen Geschichte über die Schlange begnügen. Aber als eine Frau, die noch in Kontakt zur alten Tradition der Göttin stand, hat sie gesagt, die Schlange sei nur deshalb dazu auserwählt worden, Adam zu täuschen, weil niemand glauben würde, daß diese weiseste Kreatur von allen daherkommen und ihn täuschen würde. Daher sind Bilder von ihr sehr oft von einer Schlangenlinie umrahmt – stets hat sie die Schlange erlöst.

Die Ureinwohner Amerikas, zum Beispiel die Hopi, beten in Gegenwart der Klapperschlange. Ich weiß noch, wie ich mich einmal in einer Kiva befand, während ein Hopi betete, und ich ihn fragte, ob die Klapperschlange nicht sehr nervös würde. Er erwiderte, ja, am Anfang schon, aber dann singst du vor ihr, und sie nimmt die Wärme deines Gesangs und die Wärme deines Herzens auf, und dann beruhigt sie sich, und ihr könnt drei Tage und drei Nächte lang zusammen beten. Aber weil sich die Stadt, wo er lebe, immer mehr ausbreite, sagte er, seien Klapperschlangen sehr selten geworden. Es sei schwierig, überhaupt noch ein gutes Gebet zu haben.

Am nächsten Tag hielt ich einen Vortrag, bei dem er zugegen war. Er sagte: «Ich muß dir sagen, daß eine Stunde nachdem du gegangen warst, eine Klapperschlange an meine Haustür kam. Wir werden also in den nächsten drei Tagen gute Gebete beten, und ich bin sicher, das kommt von unserer Unterhaltung.»

Dieser auf der ganzen Welt verbreitete alte Glaube besagt, daß die Lebewesen unter der Erde ein besonderes Wissen bringen. Es beeinflußt unsere Einstellung gegenüber unserem Körper. Der Westen versucht uns immer wieder einzureden, daß der Geist irgendwo oben in unserem Kopf sei. Darum wollen wir so rasch wie möglich durch die Chakras nach oben schießen, um in unseren Kopf zu gelangen. Aber tatsächlich geht es bei dem Archetypus und den Metaphern über die Göttlichkeit in der Erde auch darum, daß wir die Göttlichkeit in unserem Körper finden, in unserer Sinnlichkeit, in unserer Sexualität und in den ersten beiden Chakras, die uns mit all den Schwingungen der Felder des Universums verbinden. Daher sind wir dazu aufgerufen, zum Gebet zurückzukehren, das aus unseren Eingeweiden kommt und dann unser Herz und schließlich auch unseren Verstand erreicht, also keineswegs bloß oben in unserem Kopf sitzt.

Du sprichst von den Tiefen des Feldes und der Finsternis und wie wir herausgefunden haben, daß das Universum zu neunzig bis neunundneunzig Prozent aus dunkler Materie besteht. Diese ganze Feier der Finsternis gehört, meine ich, zur Wiederbelebung eines Sinns für die Gebärmutterenergie, für die Finsternis der Erde. Eckhart sagt: «Der Grund der Seele ist dunkel.» Immer, wenn wir uns in Tiefen begeben, ist es finster – in den Tiefen unserer Seele, unserer

Felder, unserer Psyche oder des Universums. Wir finden dort draußen soviel Finsternis vor!

In unserer Tradition gibt es ein Wort, das wir seit Jahrhunderten vernachlässigt haben: die «Gottheit». Immer reden wir nur von Gott, der dieses und jenes sei, aber wie viele theologische Wälzer werden geschrieben, wie viele Predigten hören wir über die Gottheit?

Eigentlich gibt es zwei Gesichter des Göttlichen. Gott ist der Gott des Lichts: «Es werde Licht.» Er ist der Gott der Schöpfung und der Erlösung, der im Licht wirkt, wie man sagen könnte, und in der Geschichte. Aber die Gottheit ist der Gott des Geheimnisses. Eckhart sagt: «Der Gott wirkt, die Gottheit wirkt nie.» Die Gottheit ist reines Sein. Mir schwebt das Bild einer großartigen gewaltigen kosmischen Mama vor, in deren Schoß alle Dinge existieren. Eckhart sagt, daß unsere Geburt aus der Gottheit fließt und unser Tod eine Rückkehr zur Gottheit ist. Wenn wir sterben, wird uns niemand fragen, wo wir gewesen sind oder was wir getan haben. Es gibt kein Gericht, weil in der Gottheit eine derart totale Einheit herrscht, daß uns niemand vermißt hat. Denk mal darüber nach! In der Gottheit herrscht vollkommene Stille – sie ist der Abgrund. In der Finsternis werden wir nicht gerichtet, können wir nicht gerichtet werden. Das analytische Gehirn muß in der Finsternis ein Nikkerchen machen. Wir werden gespürt, und wir nehmen vielleicht etwas von der Feldenergie auf, die wir nicht erhaschen, wenn die Lichter zu hell sind oder wenn wir die Nase in Bücher stecken.

Die Gottheit ist eine Mann-Frau-Metapher, weil Gott im Lateinischen und im Deutschen, Eckharts Sprache, maskulin ist. Aber *Gottheit* und *deitas* sind im Deutschen und im Lateinischen feminin. Daher würde ich vorschlagen, daß die Kirche und unsere religiösen Traditionen das tun müssen, was Eckhart gesagt hat: «Ich bete zu Gott, um mich von Gott zu befreien.»

Ebenso empfahl er, aufzuhören, nach Gott zu lechzen. Ich meine, wir sollten nun zur Gottheits-Sprache, zur Gottheits-Metaphorik und zur Gottheits-Erfahrung übergehen und das Gleichgewicht zwischen dem Licht und der Finsternis, dem Handeln und der Stille wiederherstellen. All das nennen die Mystiker die *via negativa*. Was hältst du davon?

RUPERT: Erstens: Die Vorstellung von Licht und Finsternis ist sicher eine geeignete Metapher, denn die beiden hängen miteinander auf eine polare Weise zusammen. Licht hat eine Wellennatur, und jede Welle hat einen positiven Berg und ein negatives Tal (siehe auch die Abbildungen 2 und 3 in Kapitel 5). Die Dunkelheit im Licht wird ganz klar im Phänomen der Beugung sichtbar gemacht, bei dem Licht, das durch zwei schmale Schlitze dringt, eine Reihe heller und dunkler Streifen ergibt. Im Licht ist also merkwürdigerweise gleichviel Dunkelheit enthalten.

Zweitens sprechen wir in einem anderen Sinne von Dunkelheit in Verbindung mit Tod und Vernichtung. Auch hier haben wir es mit einer Polarität zu tun. In den meisten traditionellen Religionen kann das oberste Prinzip nicht einfach ein Prinzip von Schöpfung und Leben sein, weil wir auch Tod und Verfall erklären müssen. Mir scheint, daß die christliche Vorstellung von Gott und von Maria beides enthält. Maria ist nicht nur die Leben gebende Mutter, sie hat auch, wie die archetypische Große Mutter, etwas mit dem Tod zu tun. Die Pietà, das Bild Marias mit dem toten Jesus, ist wie dieser Todesaspekt der Göttin. Ja, die letzte Zeile des Ave-Maria spricht vor allem vom Tod: «Bitte für uns, jetzt und in der Stunde unseres Todes.»

Somit weist Maria in einem gewissen Sinn, insbesondere in der Form der Schwarzen Madonna, einige Aspekte der dunklen Göttin auf. In Indien heißt sie Kali. Die dunkle Materie in der modernen Physik ist – in mythische Begriffe übersetzt – ein weiterer Aspekt der dunklen Mutter. Ich meine, der Materialismus ist generell ein unbewußter Kult der Großen Mutter. Materie und Mutter kommen aus der gleichen Wurzel – im Lateinischen heißen sie *materia* und *mater* –, und im ganzen Denken von Materialisten kann man Archetypen der Großen Mutter am Werke sehen: die Große Mutter als die Wirtschaft, die uns ernähren und ruinieren kann, und die Darwinsche Evolution als Mutter Natur, die sowohl verschwenderisch fruchtbar als auch rücksichtslos zerstörerisch ist.

Und dann gibt es ja noch dieses Bild vom schöpferischen und zerstörerischen Gott. Der biblische Gott ist nicht nur reine Liebe – er hat auch etwas Furchterregendes, Zorniges. So sind beispielsweise die Segnungen, die den Juden zur Zeit des Auszugs aus Ägypten zuteil werden, die andere Seite der Münze der Flüche, die die Ägypter treffen. Diese gegen die Ägypter verhängten Flüche werden sodann in den furchtbaren Plagen gespiegelt, die die Erde am Jüngsten Tag heimsuchen, wie es die Offenbarung des Johannes darstellt.

Fast jeder steht heute auf Katastrophenszenarien. Wir alle können uns unser eigenes Szenario zurechtbasteln, indem wir auf verschiedene Kombinationen aus Überbevölkerung, AIDS, atomarer Bedrohung, Umweltverschmutzung, Treibhauseffekt, Hunger, sozialer Desintegration und so weiter zurückgreifen. Ich würde gern wissen, wie du all diese dunklen Kräfte siehst, die in der Welt um uns herum am Werke sind.

Vielleicht sollte ich noch einen Schritt weitergehen. Ich habe dein Werk gelesen, in dem du sagst, daß zunächst der Ursegen da war, und zwar fünfzehn Milliarden Jahre lang, bis die Menschen kamen, und dann geschah die Ursünde. Aber in der Offenbarung und sonstwo in der westlichen Tradition sowie in anderen Traditionen weltweit gibt es nicht nur Finsternis in einem kosmischen Maßstab, sondern auch das Böse. Der Sündenfall fand nicht nur auf Erden, sondern auch im Himmel statt, mit der Verstoßung Satans. In der Apokalypse erhält durch die große Schlacht zwischen Michael und seinen Engeln einerseits und Satan und den gefallenen Engeln andererseits etwas eine Art kosmische Dimension, was nicht nur dunkel im physikalischen Sinn oder im Sinn von Schattenseite ist, sondern eine Kraft des Bösen. Wie interpretierst du denn all diese Dinge?

MATTHEW: Zunächst möchte ich ein wenig näher auf das eingehen, was du über die Gestalt der Maria gesagt hast, nämlich, daß sie leidensfähig sei (die Mater dolorosa). Die Verletzlichkeit des Göttlichen ist im Westen oft heruntergespielt worden. Wir haben vom «unbewegten Beweger» und so fort gesprochen, als ob das Göttliche nicht bewegt wäre. Rabbi Heschel sagt, Gott sei der am meisten bewegte Beweger, der Verletzlichste überhaupt, und daher sei unser Leiden das göttliche Leiden. Dies ist eine ganz wichtige Dimension der Tradition des kosmischen Christus: Christus ist nicht nur das Licht in allen Dingen, sondern auch die *Wunde* in allen Dingen. Dies ist der bedeutendste Beitrag des Christentums zum Weltthema des kosmischen Christus. Wie Jesus in Matthäus 25,40, sagt: «Was ihr getan habt einem von diesen meinen geringsten Brüdern, das habt ihr mir getan.» Wenn also der Regenwald getötet wird, dann töten wir Christus. All das hat mit dem Thema der Mater dolorosa zu tun: Die *via negativa*, der negative Weg des spirituellen Lebens ist ein Weg des Entleerens, des Eintritts ins Dunkel und des Vertrauens ins Dunkel. Aber es geht dabei auch um den Weg des Leidens, um das Loslassen und das Erreichen des Tiefpunkts. Bede Griffiths hat gesagt, für viele Menschen sei die Verzweiflung ein Yoga. Die Verzweiflung ist ein spiritueller Weg, und sie gelangen erst zum spirituellen Erleben, wenn sie den Weg der Verzweiflung und der Desillusionierung betreten.

Ich habe gesehen, daß die Verzweiflung ein spiritueller Weg bei Menschen ist, denen ich begegnet bin und die zu den Anonymen Alkoholikern gegangen sind. Durch die AA haben sie ein spirituelles Leben gefunden, und natürlich ist das ein sehr schwieriger Weg. Oft wird daraus die Erfahrung eines absoluten Tiefpunkts, das äußerste Loslassen, das zum mystischen Weg gehört. Das Leben fängt nach dem Absinken und Loslassen neu an.

Die Dimension der kosmischen Finsternis und der Kräfte des Bösen in der apokalyptischen Literatur ist ganz real. Paulus sagt im Epheserbrief, daß wir nicht gegen Abstraktionen kämpfen, sondern gegen die Gewalten und Mächte. Gewalten und Mächte sind Fachbegriffe für Engel in der antiken Literatur. Er sagt, wir würden mit Engelskräften ringen, die Schattenkräfte sind. Wir ringen beispielsweise mit den Sünden unserer Väter. Mir scheint, daß wir mit dem ganzen Erbe der industriellen Mechanisierung ringen, mit deren Folgen, die gegenwärtig die Sünde über den gesamten Planeten ergießen. Wir ringen mit etwas, das größer ist als ein einzelner. Wir können zwar über Newton oder Descartes oder Augustinus sprechen, aber wir können nicht die Schuld einem einzelnen Menschen aufhalsen – es ist eine Kraft, die größer ist als jeder von uns.

Das gleiche gilt für den Rassismus und den Sexismus, für den Militarismus und den Menschenhaß. Thomas von Aquin hat gesagt, die größten Sünden seien nicht die Sünden des Fleisches, sondern die Sünden des Geistes. Der Geist wird in unserer apokalyptischen Tradition oft als Engel – gute und böse Engel – bezeichnet. Es ist immer gefährlich, wenn man die apokalyptischen Bilder wörtlich nimmt – das darf man eigentlich nie tun. Satan ist nicht irgend etwas dort draußen: Wir haben alle teil an potentiell satanischen, dämonischen Mächten. Ich würde sagen, entscheidend ist, ob wir das Göttliche in uns durch die engelhafte Seite unserer Kreativität oder durch deren dämonische Seite ausdrücken. Wir sind eine Spezies, die mit ihrer Kreativität ungeheure Dinge tun kann. Wale gibt es sechsundfünfzig Millionen Jahre länger als uns, und sie erachten es nicht für notwendig, Kernwaffen zu erfinden oder die Regenwälder abzuholzen. Aber wir halten dies für notwendig, und wir können aufgrund unserer ungeheuren Kreativität riesige Regenwaldgebiete innerhalb von ein paar Tagen abholzen. Das ist eben das Dämonische: Wir zapfen die schöpferische Kraft Gottes an, verwenden sie aber nicht für das Leben, sondern für die Zerstörung.

Im Markusevangelium gibt es eine Geschichte von Jesus, in der er hinausgeht in die Wüste und in die Wildnis und mit den Dämonen ringt. Es ist die Suche nach einer Vision. Aber wir erfahren, daß die wilden Tiere und die guten Engel kommen, um ihm beizustehen, und zusammen gewinnen sie die Schlacht gegen die Dämonen. Auch das ist in seiner Metaphorik apokalyptisch. Ich denke, es ist wichtig, daß wir die apokalyptischen Wahrheiten unserer Zeit erschließen, die Naturwissenschaftler wie du, Thomas Berry und andere, uns erklären. Wir leben in einem ganz realen Sinn in der Endzeit, nämlich in dem Sinn, daß dieser Planet in seiner gegenwärtigen Form nicht überleben wird, wenn unsere Generation ihr Tun und Treiben nicht ändert. Aber das ist ja gerade das Zentrum der Lehre des Evangeliums, daß wir fähig sind, unser Tun und Treiben zu ändern. Das ist die Wiederauferstehung, von der ich früher gesprochen habe – mit neuen Bildern, neuen Wissenschaften, neuen Paradigmen, einem tieferen Gebet, das unser Herz stärkt und uns daher tapfer und mutig macht, so daß wir unser Tun und Treiben ändern und loslassen und von neuem beginnen können. Darum geht es eigentlich beim Ringen mit den Dämonen, das zu jeder spirituellen Reise gehört.

RUPERT: Die Sünde Satans ist im Grunde die Sünde des Stolzes, und der Sturz Satans hat etwas mit dem Stolz zu tun. Ist dies, wie du darlegst, eine Quelle des Bösen, das nur bei Menschen auftritt? Bevor du nicht eine gewisse Bewußtseinsebene erreichst, kannst du nicht stolz sein, zumindest nicht in irgendeinem Sinn, den wir erkennen würden. Verlaufen also der Sturz der Engel und der Ursprung des Bösen in einem gewissen Sinn parallel zur Entwicklung des menschlichen Bewußtseins? Sind wir die Quelle des Bösen, der Sünde und der gefallenen Engel?

Oder sehen wir ein Element des Dämonischen in der ganzen Natur am Werk, das vor dem Ursprung der Menschheit schon da war? Wenn wir uns zum Beispiel einige der entsetzlicheren evolutionären Entwicklungen des Parasitentums und der Krankheit in der Welt der Natur anschauen, sehen wir diese dann als Teil eines destruktiven oder trennenden Prinzips, das aller Schöpfung innewohnt? Unser Grundmodell der Schöpfung in der Urknalltheorie hat es mit zwei einander entgegengesetzten Kräften zu tun. Da ist zum einen der Urknall selbst, die kosmische Explosion, die alles aus einer Ureinheit herauslöst zu einer nach außen gerichteten Expansion. Dies ist buchstäblich eine diabolische Kraft, denn diabolisch bedeutet wörtlich «durcheinanderwerfen». Und dann ist da die vereinigende Kraft der Gravitation, die stets alle Dinge zueinander hinzieht. Diese Vorstellung einer Polarität von destruktiven oder trennenden Kräften und vereinigenden Kräften ist seit dem Beginn unserer modernen naturwissenschaftlichen Weltanschauung da.

MATTHEW: Das muß ich doch in Frage stellen. Irre ich mich, oder war dieses Auseinanderziehen der Dinge ein notwendiges Element in der Evolution des Universums, wie wir es kennen? Mit anderen Worten: Diesen Planeten würde es nicht geben, wenn jene Trennung nicht stattgefunden hätte. Darum habe ich so meine Schwierigkeiten, dies überhaupt diabolisch zu nennen. In der Sprache der Theologie ist das, wovon du sprichst, etwas, das ich das eucharistische Gesetz des Universums nennen würde: Alles in diesem Universum ißt und wird auf die eine oder andere Weise gegessen. So war beispielsweise die Supernovaexplosion vor fünfeinhalb Milliarden Jahren, die die Elemente unseres Körpers hervorbrachte, ein eucharistisches Ereignis. Dinge sterben, geben aber ihre Nahrung und ihre Nährstoffe für andere Augenblicke der Evolution weiter.

Wenn ich den christlichen Archetypus der Eucharistie aufgreife, scheint es mir daher, daß das Göttliche im Vergehen gekreuzigt, gegessen, aber auch verkörpert wird. Das einfache Mutterbild hat etwas mit einholen zu tun: Es kann sogar das Leiden und die losen Enden und die Parasiten unserer Welt verkörpern. Ist es nicht zum Beispiel so, daß wir Parasiten in unserem Körper benötigen, die unsere Nahrung für uns verarbeiten? Ich glaube, es ist gefährlich, die biologische Welt in Gut und Böse einzuteilen. Wir können sie vielleicht in Angenehm und Unangenehm einteilen. Falls wir gerade ein Picknick am Fuße des Mount St. Helen abhalten, wenn der Vulkan ausbricht, haben wir die Vorstellung, daß ein Vulkan etwas Böses ist. Aber in Wahrheit gibt ein Vulkan bestimmte Chemikalien an den Boden ab, so daß dieser über Generationen hinweg reichhaltiger wird, und das kann auf keine andere Weise geschehen.

Mutter Erde hat ein Recht darauf, genauso wie wir ihren Dampf abzulassen. Wir sollten darüber nicht moralisieren. In dieser Hinsicht besteht die Gefahr, daß wir zu schnell mit unserem Urteil über Gut und Böse bei der Hand sind. Was die Engel betrifft, so leben sie nicht in unserer Zeit und unserem Raum. Ihr Sturz ist sicher eine Möglichkeit, über unseren eigenen Sturz zu sprechen. Es ist ein anderes Drama, das von den Tiefen, den Wurzeln und der Radikalität unseres Daseins hier handelt. Wir können wählen, ob wir an der Vernichtung oder am Leben teilhaben wollen.

2 *Gnade und Lobpreis*

MATTHEW: Das Thema Gnade ist für ein ökologisches Bewußtsein von zentraler Bedeutung, denn es stellt uns vor die Frage, wie wir uns unsere Beziehung zur Natur vorstellen. Die Gnade ist für die westliche Theologie oft ein Stolperstein gewesen. Im vierten Jahrhundert hat Augustinus nicht nur den Begriff Ursünde geprägt, der nicht gerade zu meinen bevorzugten theologischen Kategorien zählt, sondern auch die Natur von der Gnade getrennt. Diesen Dualismus, diese Wende ist die westliche Religion seit eintausendsechshundert Jahren nicht mehr losgeworden. Die Tradition der schöpferischen Spiritualität stellt einen Versuch dar, Natur und Gnade wieder zusammenzubringen.

Was geschieht nun, wenn wir die Natur von der Gnade trennen? Zunächst einmal liefern wir die Natur der Zerstörung aus. Die ökologische Krise hat ihren Ursprung in einer Theologie, die die Natur von der Gnade trennt, denn wenn wir der Natur ihre Gnade verweigern, dann ist sie schutzlos – sie besitzt keinen eigenständigen inneren Wert mehr, wenn die Menschen sich daran machen, sie für ihre eigenen Zwecke zu zerstören. Wenn wir die Natur von der Gnade trennen, kommt es außerdem zu einer *Gnadenkrise*, einer Knappheit und Rationierung von Gnade. Wenn die Menschen versuchen, einander nur noch Rationen von Gnade zuzuteilen, werden der Anthropozentrismus und der institutionalisierte Bürokratismus in Gang gesetzt. Und dann sind wir einem klerikalen System ausgeliefert, das erklärt: «Wir sind die von Gott berufenen, einzigen

Spender der Gnade. Geht in die Knie, dann bekommt ihr vielleicht ein wenig Gnade von uns.» Die Institution Kirche wird zu ihren Sünden eindeutig durch eine Theologie der Gnadenknappheit ermutigt, eine Ideologie, die die Natur von der Gnade trennt. Unter solchen Umständen treibt die Religion ein gefährliches Spiel mit den Versuchungen, ihre eigene Bedeutung zu übertreiben: Dann ist sie nicht mehr Diener, sondern Herr und erliegt leicht einem aufgeblähten Ego hinsichtlich der Exklusivität ihrer Stellung in der Welt. Und dann kommt es auch zu einer *Lobpreiskrise*, denn wenn die Gnade knapp ist, sind es auch Freude und Lobpreis.

Ich denke, wir sind uns darin einig, daß die Art und Weise, wie wir mit der Natur und der Gnade umgehen, ein wichtiges Thema ist in diesem Augenblick des ökologischen Ablebens und der Krise der Kirche. Deshalb möchte ich mit dir über die Gnade sprechen. Meister Eckhart hat im 14. Jahrhundert schlicht erklärt: «Natur ist Gnade.» Er bildet den Höhepunkt der Tradition der Schöpfungsmystik, die bei Hildegard von Bingen im 12. Jahrhundert begonnen hat, dann von Franz von Assisi im frühen 13. Jahrhundert, von Thomas von Aquin und Mechthild von Magdeburg fortgeführt wurde – bis hin eben zu Eckhart. Eckhart bringt wieder zusammen, was Augustinus getrennt hat.

Was bedeutet eigentlich Gnade? Gnade hat etwas mit Schenken zu tun. Gnade ist bedingungslose Liebe. Gnade hat darum etwas mit Segnen zu tun, denn Segen ist das theologische Wort für Güte, und ein Geschenk ist wohl etwas Gutes. Eine Gnade ist etwas Gutes, sie ist ein Segen, ein Geschenk. Wenn ich also den Begriff Ursegen verwende, dann meint er nichts anderes als «Urgnade». Das Universum ist fünfzehn Milliarden Jahre ein Segen und eine Gnade gewesen. Während des ganzen erstaunlichen Dramas, das diesem Planeten zu seinem erstaunlichen Dasein und unserer Spezies zu ihrer Existenz verholfen hat, ebenso wie allen anderen Arten, mit denen wir den Planeten teilen, hat das Universum fünfzehn Milliarden Jahre lang Entscheidungen treffen müssen – und all das war Gnade. Es war bedingungslose Liebe. Keiner von uns mußte den Beweis antreten, daß wir ein Recht haben, hier zu sein, damit der Urfeuerball die richtige Temperatur und die richtige Ausdehnungsgeschwindigkeit aufwies innerhalb eines Millionstels einer Millionstelsekunde, um uns hervorzubringen. Es ist so, wie es die Mystikerin Juliane von Norwich im 15. Jahrhundert gesagt hat: «Wir sind vor allem Anfang geliebt worden.» Das ist Gnade, das ist bedingungslose Liebe. Schöpfung ist Gnade. Und sie kam nicht von uns. Jemand anderes hat den Tisch für uns gedeckt.

Und dann gibt es einen Zusammenhang zwischen Gnade und Dankbarkeit. Das Lateinische kennt dafür ein Wort: *gratia*. *«Gratias agamus tibi»*, heißt es in der Messe – wir sprechen dir unseren Dank aus. Dankbarkeit ist also auf komplexe Weise mit Gnade verbunden. Meister Eckhart hat gesagt: «Wenn das einzige Gebet, das du in deinem ganzen Leben sprichst, ‹ich danke dir› lautete, dann würde das genügen.» Gnadenbewußt zu sein heißt, dankbar zu sein.

Die Reaktion auf die Gnade ist das Lobpreisen. Als Zivilisation befinden wir uns in einer Lobpreiskrise, wir lechzen nach Gründen zu lobpreisen. Jill Purce, die den liturgischen Gesang in Tibet erforscht hat und ihn den Leuten im Westen vermittelt, sagt, daß wir eine Zivilisation sind, die nicht singt. Anscheinend haben wir nichts, dessentwegen wir Lobgesänge anstimmen können, weil wir den Sinn für die Gnade und das Lobpreisen verloren haben. Das liegt nicht zuletzt daran, daß unsere Religion so anthropozentrisch ist, daß sie ständig über Sünde und Erlösung reden muß, was uns ziemlich bedrückt. Menschliche Sünde ist real und eine Beleidigung der Gnade. Aber das ist ein Grund mehr, daß wir eine Kosmologie benötigen – eine Beziehung zu anderen Wesen als uns selbst –, wenn wir uns in der Gnade fühlen sollen. Alle anderen Wesen sind in der Gnade. Vor kurzem bin ich mit einigen Freunden in der Nähe von Cortes Island in Britisch-Columbia Kanu gefahren, und unterwegs trafen wir auf vier Otter auf einem Felsen, die uns dann die ganze Zeit gefolgt sind. Wir entdeckten einen Specht, der sich fünfzehn Meter von uns entfernt an einem Baum zu schaffen machte, und dann sahen wir noch drei Hirschkühe. All das ist Gnade, es ist alles ein Geschenk. Die Natur ist Gnade.

Jemand hat mich heute gefragt: Ist der Heilige Geist etwas anderes als Gnade? Nun, von Eckhart gibt es dazu ein großartiges Zitat. Ich weiß zwar nicht, was es bedeutet, aber hier ist es: «Der Heilige Geist trägt die Gnade auf seinem Rücken.» Der Geist erweist uns Gnade. Der Geist könnte die Quelle der Gnade sein. Gnade ist die Bevorzugung der Schönheit, des Segens und der Güte durch den Heiligen Geist. Gnade ist göttliches Leben, das durch die Geschichte und die Schöpfung und durch uns strömt.

Onye Onyemici ist ein spiritueller afrikanischer Trommler, der bei uns in Oakland arbeitet, und er sagt: «Wenn du lobpreist, halte nichts zurück.» Wenn ich sage, daß wir uns in einer Lobpreiskrise befinden, meine ich, daß unsere Zivilisation von Verhaltung geprägt ist. Und für nichts gilt das so sehr wie für den Gottesdienst. Überprüf das mal. In unserem förmlichen Gottesdienst im Westen hält sich fast jeder zurück. Unser Körper ist nicht da, wir halten uns zurück; der Atem ist nicht da, der Geist ist nicht da. Lobpreis ist etwas ganz Praktisches. Wenn wir den Lobpreis zurückbekommen, dann bekommen wir unseren Atem zurück, unsere Energie und unsere Fähigkeit, loszulassen, das Vermögen, uns zu freuen, und Seelengröße.

Da ist noch ein Punkt: Ich spreche zwar gern über Ursegen, Urgnade und Urlobpreis, will damit aber keineswegs das Leiden, das Böse oder den Kampf ignorieren. Ganz im Gegenteil, ich möchte vielmehr die Möglichkeit schaffen, damit umzugehen. Bevor wir uns nicht in der Gnade fühlen – psychologisch gesprochen: ein starkes Selbstwertgefühl besitzen –, sind wir nicht in der Lage, unsere Wunden oder die von irgend jemand anderem richtig zu behandeln. Da geht uns ganz schnell die Puste aus, und wir geben den Kampf auf. Ich glaube, der Dichter Rilke hat dies wunderbar formuliert: «Nur im Raum der Rühmung darf die Klage gehn.» Ich sage, wir dürfen nur im Raum der Rühmung mit der Klage umgehen, mit dem Kummer unserer Zeit, dem Kummer über den Kampf der Erde, der Geschöpfe der Erde, dem Kummer über die Verzweiflung unserer jungen Menschen oder dem Kummer über unsere eigenen Wunden aufgrund des Rassismus oder des Kolonialismus, des Sexismus oder des Menschenhasses oder irgendeines anderen Schattens in unserer kollektiven Geschichte.

Darum ist der Lobpreis nicht nur um seiner selbst willen wichtig, sondern auch, damit die Arbeit mit dem Schatten, die dunkle Arbeit, getan wird. Wenn wir imstande sind, den Sinn für die Gnade zurückzugewinnen, erhalten wir den Kontext, in dem wir einander «begnaden» können – und dazu gehören ganz sicher die Arbeit des Heilens und die Kämpfe, zu denen wir in den neunziger Jahren aufgerufen sind.

RUPERT: Gnade ist schwer zu definieren, aber ich denke, sie hat etwas mit einem Sinn für Verbundenheit, Offenheit, Gesegnetsein zu tun. Sie ist eine Offenheit für das und eine Verbundenheit mit dem, was um einen herum ist. Als ich kürzlich in einem Obstgarten unter einem Apfelbaum in der Abendsonne saß, ging mir auf, daß ich mich in einem Zustand der Gnade befand. Ich begann über die verschiedenen Gelegenheiten nachzudenken, bei denen ich dieses Gefühl des Gesegnetseins verspürt hatte. Einige hatten etwas mit Musik zu tun, in anderen Fällen hatte ich mich an einem schönen Ort aufgehalten und ein Gefühl der Verbundenheit mit der Natur empfunden; oder ich war verliebt und war mit Menschen zusammen, bei denen ich mich glücklich und ruhig fühlte; schließlich hatte ich dieses Gefühl in Gottesdiensten und bei Ritualen erlebt. Für mich sind manche christlichen Gottesdienste wirklich ein Mittel der Gnade. Ich habe ähnliche Empfindungen auch in Hindutempeln und an heiligen Stätten anderer Traditionen gehabt. Oder bei der Einnahme von psychoaktiven Drogen – gelegentlich habe ich LSD oder halluzinogene Pilze ausprobiert und durch sie ein erstaunliches Gefühl von Schönheit erlebt. Andere derartige Empfindungen kamen mir beim Gebet und bei der Meditation.

Viele verschiedene Dinge sind anscheinend Ereignisse der Gnade in meinem Leben gewesen. Zufällig lese ich gerade Charlene Spretnaks Buch *States of Grace* («Zustände der Gnade»). Darin legt sie dar, daß sich im Zentrum vieler unterschiedlicher religiöser Überlieferungen – der der amerikanischen Ureinwohner, der Traditionen der Göttin, der christlichen, der buddhistischen Überlieferung – die mystische Erfahrung der Gnade befindet. Ich denke, sie macht sehr einleuchtend klar, daß Menschen in all diesen Traditionen durch Zustände der Gnade dieses Gefühl der Verbundenheit mit einem größeren Ganzen gehabt haben.

Es ist klar, daß einem Gnade unter vielerlei Umständen und auf unterschiedliche Weise zuteil werden kann. Mir widerfährt sie beispielsweise auch durch das Ave-Maria, das ich jeden Tag spreche: «Ave Maria, voll der Gnaden.» Ich habe entdeckt, daß diese Fülle der Gnade in Maria tatsächlich ein Mittel der Gnade sein kann.

Angesichts all dieser vielfältigen Möglichkeiten möchte ich dich, Matthew, gern fragen, wie weit deiner Ansicht nach Gnade auf die Menschheit und die menschliche Erfahrung beschränkt ist. Wenn beispielsweise Vögel, wie die Amseln, in England fröhlich singen, dann tun sie das mit großer Schönheit. Mir kommt es nicht plausibel vor, daß sie nur singen, damit wir sie hören – schließlich haben sie das ja schon Jahrmillionen lang getan, bevor sich Menschen auf der Erde entwickelt hatten. Und wenn du die Schönheit von Blumen betrachtest, an den köstlichen Geschmack von Früchten denkst und über Landschaften staunst, dann gab es all diese Dinge längst, bevor Menschen existierten, um sie wahrzunehmen. Ich meine, es wäre doch übertrieben anthropozentrisch, zu glauben, daß all dies hunderte von Jahrmillionen da war und nur darauf gewartet hat, bis wir daherkamen und es würdigten. Es ist eigentlich kaum plausibel, daß diese Dinge nur für das menschliche Auge oder den menschlichen Betrachter da sind, auch wenn wir an ihrer Schönheit teilhaben können.

In einer der eher poetischen Passagen in Charles Darwins Werk *Die Entstehung der Arten* lesen wir, es habe keine Blüte geben können, bevor es ein Auge gab, sie zu sehen. Blüten seien eine Reaktion auf das Sehvermögen von Tieren. Sie hätten sich in einer Reaktion auf Tiere entwickelt, die sie sehen konnten. Ihre Düfte hätten sich zusammen mit den Tieren entwickelt, die sie riechen konnten. Blüten gibt es seit mindestens sechzig bis siebzig Millionen Jahren, während Menschen erst seit etwa ein oder zwei Millionen Jahren da sind. Was also denkst du über die Gnade, wie sie in den nichtmenschlichen Bereichen erfahren wird?

MATTHEW: Ich zweifle nicht daran, daß die Gnade dem Menschen vorausging, das habe ich ja gerade im Zusammenhang mit dem Urfeuerball gesagt. Der Feuerball war eine Gnade. Und die Gnade kann die Menschen auch überleben, besonders bei dem Tempo, in dem sich diese entwickeln. Auch Tiere sind eine Gnade. Ich hatte siebzehn Jahre lang einen Hund als spirituellen Führer, weil er wahrhaft begnadet war. Er hat nie daran gezweifelt, daß er ein Recht hatte, dazusein, und daran, daß er ein Hund war. Was kann man von einem Hund mehr verlangen? Er war in jeder Hinsicht ein begnadeter Hund. Wenn Merton sagt, jedes nichtzweibeinige Wesen sei ein Heiliger, dann will er damit sagen, daß es voller Gnade ist.

Menschen sind die einzigen Wesen, die nicht voller Gnade sind. Wir müssen sozusagen noch daran arbeiten. Meister Eckhart hat eine Predigt über die Zeile aus dem Ave-Maria verfaßt, die du erwähnt hast: «Ave Maria, voll der Gnaden», und er fragt: «Was habe ich davon, wenn Maria voll der Gnade ist und ich nicht voll der Gnade bin?» Das ist eine Herausforderung. Ich würde sagen, daß dies vielleicht der größte Unterschied zwischen Menschen und Nichtmenschen ist: daß die Nichtmenschen voll der Gnade sind und daß die Menschen vielleicht so etwas wie ein Benzintank sind, der voll und leer werden kann. Wenn wir weiterhin die Gnade verlieren, können wir in eine Gnadenlosigkeit fallen, was ein anderes Wort für Sünde sein mag. Rabbi Heschel definiert Sünde als «die Weigerung des Menschen, zu werden, der er ist.» Wir sind da, um begnadet und voller Gnaden und Instrumente der Gnade füreinander zu sein. Doch in Bosnien und an vielen anderen Orten können wir offensichtlich Instrumente des Schmerzes und des Leidens nicht nur für andere Menschen sein, sondern auch für die Wälder und andere Lebewesen.

Wir schwimmen in Gnade. Ein Beispiel dafür sind die Blüten, die du erwähnt hast, wenn wir, das Tier, sie sehen. Sie waren nicht bloß für uns auf die Welt gekommen, aber die Tatsache, daß wir da sind und die entsprechenden Sinne haben, um eine Menge von diesen Dingen zu würdigen, und den Verstand und den Kehlkopf, um sie zu lobpreisen – diese Tatsache macht uns irgendwie zu etwas Einzigartigem. Ich sehe in uns eine Spezies, die einen Kehlkopf bekam, um damit zu lobpreisen. Die anderen Arten sind damit beschäftigt, begnadet zu sein, aber wir sind die Spezies, die all diese Gnade würdigen und lobpreisen soll. Wir müssen uns fragen, ob wir dies auch tun. Machen wir unsere Sache gut bei diesem Rühmen? Aber deine Frage an mich ist interessant, weil es eine Frage war, die ich dir stellen wollte: Sind alle Wesen mystisch? Bezeichnenderweise hast du beim Nachdenken über deine Gnadenerfahrungen auch von mystischen Erfahrungen gesprochen. Aber haben auch andere Wesen außer dem Menschen mystische Erfahrungen?

RUPERT: Wir wissen sehr wenig über das Bewußtsein anderer Lebewesen, aber die meisten Pflanzen und Tiere verbringen eine Menge Zeit damit, nichts Besonderes zu tun. Sie sind nicht immer so geschäftig wie wir. Viele Menschen sind dauernd beschäftigt, zumindest viele Menschen heute. E. F. Schumacher hat in seinem Buch *Small is Beautiful* unter anderem gesagt, die Muße, die die Menschen haben, stehe offenbar in einem umgekehrten proportionalen Verhältnis zur Anzahl der arbeitsparenden Geräte. Als ich in Indien lebte, bin ich bei meinen Besuchen in Dörfern überall dem wunderbarsten Lächeln begegnet, selbst an den ärmsten Orten. Die Menschen schienen jede Menge Zeit zu haben: Sie standen auf den Dorfstraßen und plauderten, und niemand schien in Eile zu sein. Etwas von dieser Qualität ist auch in vielen anderen ländlichen Gegenden der Welt anzutreffen, sogar in Europa, zum Beispiel in Teilen von Irland. Aber sobald du in eine Großstadt kommst, ist jeder in Eile, rast herum, macht laufend Termine. Wenn alles sich beschleunigt, bleibt nicht viel Zeit für Gnade.

Auch manche Tiere scheinen sehr beschäftigt zu sein, Ameisen zum Beispiel, aber viele Tiere verbringen eine Menge Zeit damit, einfach dazusitzen oder herumzustehen. Ich glaube, höchstwahrscheinlich empfinden sie zumindest zeitweise ein Gefühl der Verbundenheit mit dem größeren Ganzen. Doch kleine Vögel und kleine Säugetiere wie Mäuse schauen sich ständig um, ob da nicht ein Raubtier auf dem Sprung ist, und daher sind sie vermutlich nervöser. Vielleicht haben sie ein stärkeres Gefühl der Verbundenheit, wenn sie sich in ihren Bau kuscheln. Das ist kaum herauszubekommen. Wir hatten mal eine Katze, und wenn sie dasaß und zufrieden schnurrte, schien sie Ruhe, Gegenwärtigkeit und Freude auszustrahlen, und darum hat meine Frau Jill sie Remedy, Heilmittel, genannt. Sie war tatsächlich ein Heilmittel für unsere Nöte und Sorgen. Wenn Vögel singen oder sich in die Lüfte schwingen, sind sie offenkundig in einem Zustand der Gnade. Meiner Meinung nach gibt es bei Tieren wahrscheinlich doch mystische Zustände.

MATTHEW: Es ist ein einzigartiges Merkmal unserer Spezies, daß wir gnadenlos werden können. Zum Beispiel wenn wir Regenwälder abholzen oder einander ermorden oder Innenstädte errichten und dann die Probleme dort ignorieren – das ist Gnadenlosigkeit. Wir besitzen die Fähigkeit, aus der Gnade herauszufallen, und das traditionelle Wort dafür heißt Sünde. Wir sind die Spezies, die sündigt. Nichts spricht dafür, daß irgendeine andere Spezies dies tut. Zum Beispiel essen Löwen Lammfleisch und genießen es, aber sie machen daraus kein Geschäft und errichten keine Lammfleischläden. Sie essen, was sie brauchen, sie sind nicht unersättlich. Wir Menschen sind also etwas Besonderes. Thomas von Aquin hat gesagt, ein Mensch könne mehr Böses tun als alle anderen Arten zusammen. Was für eine Bestätigung unseres göttlichen Wesens und unserer dämonischen Seite!

Wir alle sind in der Gnade geboren, und der leidenschaftliche Wunsch, allzeit voller Gnade zu sein, ist schön und wunderbar. Aber man darf eben nicht nur an sich selbst denken. Wie steht es mit unseren Brüdern und Schwestern – inwieweit sind wir Komplizen, zum Beispiel beim Roden von Regenwäldern? Wenn wir noch süchtig nach Fleisch sind, tragen Hamburger dazu bei, daß die Regenwälder gerodet werden. Hier gibt es alle möglichen Zusammenhänge. Wir müssen aufpassen: Einerseits sehnen wir uns danach, in der Gnade zu sein, aber andererseits sind wir fähig, uns gegen die Gnade zu entscheiden, gnadenlos und nicht gnadenvoll zu sein. Da gibt es Abstufungen. Wie der Benzintank können wir immer leerer werden. Und doch sind wir nicht völlig ohne Gnade, denn wir sind immer begnadet, wir werden immer geliebt vom Göttlichen und vom Universum.

Gnade geht der Erlösung voraus, weil die Gnade im selben Atemzug endet wie die Schöpfung selbst. Schöpfung ist Gnade. Natur ist Gnade. Nun heißt Erlösung ja, daß wir Menschen unsere Einwilligung in böse Taten widerrufen und uns daher, könnte man sagen, vom Absinken der Gnadenmenge bei uns erholen. Sie bringt somit die Gnade zurück – sie ist die Rückgabe der Gnade. In der Überlieferung gibt es eine sogenannte «erste Schöpfung» und eine sogenannte «zweite Schöpfung». Wir müssen auch ein Bewußtsein dafür entwickeln, daß wir in der Gnade sind. Also ist Bewußtsein alles. Gewahrsein ist alles. Es ist ziemlich schwer, im Kontext der Gnade ohne Freude zu sein. Unserer Kultur fehlt es nur deshalb so sehr an Freude, weil es uns an Gnade fehlt.

RUPERT: Ich habe beides eigentlich noch nie für Synonyme gehalten, aber ich sehe ein, daß man kaum froh sein könnte, ohne in irgendeinem Zustand der Gnade zu sein. Wahrscheinlich hängt beides eng miteinander zusammen.

MATTHEW: Und auch mit dem Lobpreisen. Lobpreisen ist doch nichts anderes als eine Reaktion, eine Äußerung, ein Ausdruck der inwendigen Freude, die man nicht unterdrücken kann. Die Freude muß sich der Gemeinschaft mitteilen. Thomas von Aquin sagt, alle Schönheit sehne sich danach, aufzufallen. Somit sehnt sich auch alle Gnade danach, aufzufallen. Man genießt die Gnade, man will sie mitteilen.

Jemand hat mich gefragt: «Was ist eigentlich Lobpreisen, wie lernt man es, wie lehrst du Lobpreisen?» Nach meiner Erfahrung gibt es eine Möglichkeit, einen spirituellen Begriff zu definieren, und zwar indem man sich zunächst dessen Gegenteil vornimmt. Das Gegenteil von Lobpreisen wäre das Fluchen oder der Zynismus.

Thomas hat gesagt, in einer Zeit der Kulturkrise – und ich

glaube, niemand würde bestreiten, daß wir uns heute in einer solchen befinden – würden die moralischen Verhaltensregeln nicht aus einem Buch kommen. Sie kommen auch nicht aus einer juristischen Überlieferung. Wenn man in einer Krisenzeit herausfinden will, was Moral ist, nimmt man sich einen moralischen Menschen als Beispiel, einen guten Menschen. Der Maßstab der Moral muß ein guter Mensch sein. Und dann geht man in sich, befragt sein eigenes Gewissen.

Eckhart hat gesagt: «Wer ist ein guter Mensch? Ein guter Mensch ist jemand, der gute Menschen lobpreist.» Ich habe das bei Eckhart vor zehn Jahren gelesen und seither immer daran denken müssen. Es ist so interessant, eine ungewöhnliche Definition eines guten Menschen. Was bedeutet das eigentlich? Für mich heißt das vor allem, daß ein guter Mensch nach Güte sucht. Das ist doch interessant zu wissen, denn nicht jeder sucht nach Güte. Manche Menschen suchen nach Fehlern, um andere Menschen herabzusetzen, nach Zynismus. Aber ein guter Mensch sucht nach Güte, und wenn er sie findet, lobpreist er sie. Ein guter Mensch lobpreist gute Menschen. Dem liegt die Vorstellung zugrunde, daß Moral auf Lobpreis beruht, nicht auf guten Werken an sich, und gewiß nicht darauf, daß man Geboten als solchen gehorcht. In dieser Spontaneität des Lobpreisens liegt tatsächlich die Basis für eine kraftvolle Moral.

RUPERT: Dann ist es also wichtig, gute *lebende* Menschen zu erkennen.

MATTHEW: Das wäre hilfreich.

RUPERT: Normalerweise greift man ja Menschen an, wenn sie am Leben sind, und lobt sie, wenn sie tot sind. Viele große Männer und Frauen der Geschichte wurden zu Lebzeiten diffamiert und heiliggesprochen, als sie tot waren.

MATTHEW: Daran sieht man, daß es zu ihren Lebzeiten nicht viele gute Menschen gegeben hat.

RUPERT: Eckharts Prinzip läßt sich auch auf Kinder anwenden. Die meisten Eltern und Erzieher wissen: Wenn man das Beste aus ihnen herausholen will, muß man sie ermutigen. Es hat keinen Sinn, sie die ganze Zeit nur zu kritisieren. Es ist ein ganz einfaches Prinzip, das sich viele Eltern und Lehrer zu eigen gemacht haben, weil es funktioniert.

Als ich in Pater Bete Griffiths' Aschram lebte, war ich immer verblüfft darüber, daß er für jeden Besucher Zeit hatte. Er lud die Leute zu sich ein, und dann waren sie eine Zeitlang mit ihm allein zusammen. Fast jeder kam aus einer solchen Zusammenkunft inspiriert und bereichert heraus. Irgendwie hat er es verstanden, das Beste aus den Menschen herauszuholen. Er fragte sie, was sie sich erhofften und was sie erstrebten, sie sagten es ihm, und er hörte einfach zu. Und dann ging er auf ihre beste Seite ein, was sich sehr positiv auswirkte.

MATTHEW: Das herauszuholen macht eben den Unterschied aus zwischen Therapie und spiritueller Anleitung. Vor kurzem wurde eine Untersuchung über die praktischen Auswirkungen dieser Art von Lob angestellt, wie du es erwähnt hast. Im Mittelpunkt stand eine Gruppe junger Leute, die sich mit dem Problem der Umweltkrise und dem Recycling befaßte. Der einen Hälfte dieser Gruppe wurde eine intellektuelle Basis für das Verständnis dieser Problematik vermittelt. Die jungen Leute wurden über die Vorschriften des Recycling belehrt, erfuhren, wie wichtig es sei, welche Auswirkungen es habe, ja, man legte ihnen dringend nahe, sich daran zu beteiligen, um überleben zu können. Die andere Hälfte wurde einfach nur gelobt: «Ihr macht das mit dem Recycling großartig, ihr macht das wirklich prima, macht nur so weiter, das war gute Arbeit – weiter so.» Man fand heraus, daß die erste Hälfte alles vergaß und keiner dieser jungen Leute sich mehr am Recycling beteiligte. Die zweite Hälfte hingegen beteiligte sich daran und blieb dabei.

Wieder geht es hier um den Unterschied zwischen Ursegen und Ursünde. Man setzt bei dem an, was in den Menschen gut ist, und baut darauf auf. Dann nimmt das Gute zu, wenn es einmal da ist. Aber andersherum funktioniert es einfach nicht.

RUPERT: Allerdings vermute ich, daß Lob nur möglich ist durch die Gegenüberstellung von dem, was sonst sein könnte. Anderenfalls nehmen wir die Dinge als selbstverständlich hin. Die meiste Zeit sind die Schönheit des Himmels, die Wolken, die Sterne, die Bäume, die Erde, die Luft, die wir atmen, und so weiter etwas Selbstverständliches für uns. Fast alles wird als selbstverständlich hingenommen, bis es gefährdet ist. Es ist eben genau, wie du gesagt hast: Als du mit zwölf Jahren Kinderlähmung hattest, hast du deine Beine nicht mehr als etwas Selbstverständliches hingenommen.

Gute Menschen oder das Gute in der Natur erkennt man durch den Gegensatz zu dem, was sonst sein könnte. Die meisten unserer Begriffe lassen sich aus ihrem Gegensatz heraus definieren: Segen und Flüche, Gut und Böse und so weiter. Wenn man das Gute lobpreist, muß man sich zumindest des Bösen bewußt sein. Sonst gibt es nur eine nichtssagende Neutralität, die die Dinge als selbstverständlich hinnimmt. Im Lobpreisen lauert in einem gewissen Sinne der Schatten im Hintergrund.

MATTHEW: Ein Gegenteil des Lobens, auf das du gerade so feinsinnig hingewiesen hast, ist das Ignorieren. In mancherlei Hinsicht ist das Gegenteil von Liebe nicht der Haß, sondern überhaupt keine Leidenschaft; es ist die Kälte, die Gleichgültigkeit. Mangel an Neugier und fehlendes Staunen – das sind die wahren Unterlassungssünden. Diese ganze Einstellung, daß man die Natur ignoriert, bis sie um uns herum zusammenbricht, ist in mancherlei Hinsicht eine größere Beleidigung, als wenn man sagen würde: «Also ich mag sie einfach nicht, ich mag nicht, was Bäume mit mir machen oder sonst was.»

Weißt du, mich hat der 150. Psalm sehr beeindruckt. Aufgrund unserer Gespräche hat er für mich eine ganz neue Bedeutung bekommen: «Halleluja! Lobet Gott in seinem Heiligtum, lobet ihn in der Feste seiner Macht! Lobet ihn für seine Taten, lobet ihn in seiner großen Herrlichkeit! Lobet ihn mit Posaunen, lobet ihn mit Psalter und Harfen! Lobet ihn mit Pauken und Reigen, lobet ihn mit Saiten und Pfeifen! Lobet ihn mit hellen Zimbeln, lobet ihn mit klingenden Zimbeln! Alles, was Odem hat, lobe den Herrn! Halleluja!»

Es geht darum, daß der Lobpreis nicht bloß anthropozentrisch ist – wir müssen in den kosmischen Lobpreis einstimmen, der längst im Gange ist. Hildegard hat gesagt, jedes Wesen lobt Gott. In einer wunderbaren Passage aus ihren Schriften heißt es: «Das Feuer hat seine Flamme und lobet Gott; der Wind entfacht eine Flamme und lobet Gott; in der Stimme hören wir das Wort, das Gott lobet; das Wort, wenn es gehört wird, lobet Gott, darum ist alle Schöpfung ein Lobgesang Gottes.»

Das Lobpreisen findet die ganze Zeit über statt, aber die Menschen haben sich die meiste Zeit einfach daraus ausgeklinkt. Wir meckern bloß, vernichten einander, sind zynisch und schwelgen in Selbstmitleid. Das Selbstmitleid vertreibt das Lobpreisen, nicht wahr?

RUPERT: Genau. Aber wie läßt sich dies deiner Meinung nach umkehren? Wie können wir uns der Schönheit in der Natur, der Gnade in der Natur und des Lobpreises in uns selbst bewußter werden?

MATTHEW: Die Wissenschaft spielt eine äußerst wichtige Rolle, wenn wir wissen wollen, was in der Natur lobenswert ist. Zum Beispiel die Tatsache, daß Gaia die Dinge in den Griff bekommt, daß die Sonnenwärme zwar um zwanzig Prozent zugenommen hat, aber unser Planet seine angenehme Temperatur beibehält. Ganz sicher gibt es da so etwas wie eine Klimaanlage, wie James Lovelock in seiner Gaia-Theorie erklärt. Das ist allen Lobpreis wert, denn ohne das wären wir nicht hier, um uns auch nur schlechte Gedanken zu machen, von lobenswerten ganz zu schweigen.

Da zeigt sich die Bedeutung der Schöpfungsgeschichte. Es bedarf schon eines Wissenschaftlers, um uns beizubringen, die Natur zu lobpreisen, weil der Wissenschaftler die Wunder der Natur in Worte fassen kann.

RUPERT: Ich würde eher sagen, ein Naturforscher, denn Naturforscher sind Menschen, die die Phänomene so betrachten, wie wir sie sehen: die Sterne am Himmel, die verschiedenen Arten von Pflanzen und Tieren um uns herum, die Migrationen von Vögeln und so weiter. Das ist die Art von Wissenschaft, die am direktesten zum Lobpreis führt.

MATTHEW: Sie bezieht auch das Herz mit ein, nicht wahr?

RUPERT: Genau, und es ist kein Zufall, daß im England des 19. Jahrhunderts viele Amateurnaturforscher Landpfarrer waren. Man dachte eben, daß Naturkunde und Religion sehr gut zueinander passen würden, und meiner Meinung nach ist dies wirklich der Fall. Andererseits gibt es einen ganz starken Hang in der Wissenschaft, das Lobpreisen zu beseitigen. So besagt beispielsweise die neodarwinistische Evolutionstheorie, daß alles, was du siehst – und würde es dir auch noch so wunderbar vorkommen –, nichts weiter ist als ein Produkt von zufälliger Mutation und natürlicher Auslese, das zweckfreie Ergebnis blinder Mechanismen.

MATTHEW: Da bleibt dir das Lobpreisen im Halse stecken, nicht wahr? Selbst wenn du die Gnade empfindest, traust du dich nicht, dies irgend jemanden wissen zu lassen.

RUPERT: Und das Gefühl, das du dabei hast, die Botschaft, die du mitnimmst, lautet nicht etwa, wie wunderbar doch die Schöpfung ist, sondern wie schlau wir sind, daß wir dies alles herausgefunden haben.

MATTHEW: Darum rühmen wir unsere Genies, also bloß ein paar Menschen, und das war's dann. Und dann sterben wir.

RUPERT: Ja. Wir lobpreisen nur wenige Auserlesene, wie Darwin, und das sind meist Männer. Statt daß wir dies alles zum größeren Ruhme Gottes tun oder darin die Gnade in der Natur erkennen, sagen wir in Wirklichkeit, wie schlau doch die Wissenschaftler sind.

MATTHEW: Wir rühmen auch Helden, die Kriege für uns gewinnen. Wir errichten ihnen ganz große Denkmäler, sogar Statuen in unseren Kathedralen. Ich weiß noch, wie schockiert ich war, als ich zum erstenmal die St. Paul's Cathedral in London besuchte. Ich ging durchs Seitenschiff, und da stand irgendein Soldat, der Tausende von Indern in einer Schlacht im Punjab getötet hatte, und dort stand einer, der Tausende in einer anderen Schlacht getötet hatte. Mitten in einer Kathedrale.

RUPERT: Sie dient auch als eine Art nationaler Ruhmeshalle. Aber während wir über das Lobpreisen von Menschen sprechen, fällt mir gerade in diesem Zusammenhang etwas ein. Ich fuhr mit ein paar Freunden in einem Boot auf dem Lake George im Staat New York. Eine Seite dieses Sees ist phantastisch – nichts als Wälder und Berge. Jemand erklärte uns, das ganze Gebiet sei eine ewige Wildnis, ein Reservat, und da gebe es eine reizende Insel mitten im See, eine alte heilige Stätte für die nordamerikanischen Indianer. Ich dachte, Gott sei Dank ist all das erhalten geblieben, statt daß man es zu Jachthäfen für Motorboote und ähnlichen Dingen umgebaut hat.

Dann hatte jemand die Idee: Wie wäre es denn, wenn es in jedem Land einen nationalen Umweltschutztag gäbe? Genauso wie wir die Kriegsopfer ehren, sollten wir jene Menschen ehren, die so viel getan haben, um unsere natürliche Umwelt zu erhalten – zum Beispiel John Muir. In jeder Gemeinde müßte es eine Ehrentafel geben mit den Namen all derer, die Teile der lokalen Umwelt erhalten haben.

Meine Familie und ich leben in der Nähe von Hampstead Heath in London, und immer, wenn ich dort spazierengehe, empfinde ich Dankbarkeit gegenüber den Menschen, die vor über hundert Jahren für die Erhaltung dieser Gegend gekämpft haben. Sonst wäre dieses Fleckchen Erde durch die Stadtentwicklung von London verschlungen worden. Wir alle, die wir dort leben, stehen für immer in ihrer Schuld. Aber zur Zeit zollen wir ihnen noch keine Anerkennung. Am nationalen Umweltschutztag würden wir das tun.

MATTHEW: Eine andere Sache wäre ein Ritual, wie es John Seed und Joanna Macy entwickelt haben, mit dem sogenannten Council of All Beings (dem Konzil aller Lebewesen), das dich zur Trauer über das Verschwinden von Arten einlädt. Warum sollte es nicht auch ein Ritual geben, das die Arten lobpreist, bei dem zum Beispiel Menschen in Kreisen sitzen und Masken anfertigen und Giraffen und Bären, Eichen und so weiter werden. Und zwar nicht um der Trauer willen – die ist auch wichtig –, sondern um des Lobpreisens willen. Auf diese Weise können wir die Giraffe, den Adler und so weiter rühmen. Das wäre eine ganz einfache Sache, für die man eine Liturgie gestalten könnte. Das Wort Eucharistie bedeutet einfach danke, es ist das griechische Wort für Dank oder Lob.

Was nun die eigentliche Frage betrifft – wie kann man die Sprache der Liturgie in etwas Reales umwandeln? –, so müssen wir von bloßen Worten wegkommen und anfangen, Dinge zu tun. Kinder lieben Spiele, alle Kinder. Mit diesen wichtigen Fragen wie dem Lehren des Lobens sollten wir zunächst einmal spielen und dann in diesem Zusammenhang die wundervolle Hymne aus dem Psalm anstimmen. Statt nur von Leiern und Zimbeln zu sprechen, sollten wir sie erklingen lassen, mit der Musik, mit den Bands die Giraffen und so weiter hochleben lassen. Da hättest du dann eine Liturgie, zu der jemand kommen würde. Vielleicht sogar die Giraffen.

In die Kathedrale von St. John the Divine in New York wird jedes Jahr am Tag des heiligen Franziskus der örtliche Zirkus eingeladen. Und alle kommen sie – die Schlangen, Löwen, Bären. Man nennt das das Segnen der Tiere. Sie lassen sogar Elefanten in die Kathedrale – hinter denen natürlich jemand mit einer Schaufel hergeht.

Doch der Gedanke, daß Tiere unseren Segen brauchen, hat mich eigentlich immer abgestoßen. Tiere benötigen nämlich unseren Segen nicht – wir brauchen vielmehr ihren Segen. Nicht das Segnen der Tiere, sondern vielmehr der Segen der Tiere wäre der wahre Lobpreis.

RUPERT: Den bekommst du ja in Hindu-Tempeln. In den großen Hindu-Tempeln in Südindien haben sie gewöhnlich einen Tempelelefanten. Du kannst dich vor ihn hinstellen, und dann legt dir dieses große Tier seinen Rüssel auf den Kopf und erteilt dir einen Segen. Und weil die Inder so praktische Menschen sind, taucht der Rüssel noch einmal vor dir auf und wartet so lange, bis du eine Münze hineinlegst, die der Elefant dann seinem Wärter gibt. Dies trägt dazu bei, sein Essen zu bezahlen, und er ißt wirklich eine ganze Menge.

MATTHEW: Ich habe zwar schon von einem Affen gehört, der um Geld bettelt, aber ein Elefant – das muß unwiderstehlich und wunderschön sein. Vergleich das mal mit einem Zoo, wo du nur gaffst – hier wirst du von einem Elefanten gesegnet und ehrst ihn.

RUPERT: Der Elefant ist der lebendige Gott eines der großen Hindu-Götter, von Ganesha, der Hindernisse beseitigt.

MATTHEW: Was meinst du, wie westliche Kathedralen wären, wenn sie dort einen Elefanten hätten! Wenn die Kosmologie wahrhaft präsent wäre, und zwar nicht nur auf den Wänden und so weiter, sondern auch in Fleisch und Blut.

RUPERT: Ich meine, das müßten dann aber schon einheimische und nicht exotische Tiere sein, zum Beispiel Pferde, die ja im vorchristlichen England heilige Tiere waren. Die meisten Engländer sind noch immer ziemlich entsetzt von der Vorstellung, Pferde zu essen.

Interessanterweise gibt es bei Haustieren zwei Kategorien. Die einen gelten als eine Verkörperung der Gnade, die wir natürlich nicht essen würden, nämlich Hunde, Katzen, Pferde und andere Tiere, die wie Menschen ehrenhalber behandelt werden. Milliarden von Dollars werden Jahr für Jahr für ihr Wohlbefinden ausgegeben, für tierärztliche Betreuung, Nahrung, Spielzeug und sogar für Kleidung. Zu der anderen Haustierkategorie gehören Schafe, Kühe, Schweine und Hühner, die im Westen ohne jeden Respekt behandelt werden. Sie sind Fließbandeinheiten in Fabrikfarmen. Die eine Kategorie konsumiert Schoßtiernahrung, die andere wird dazu verarbeitet. Ein kleiner Teil des Tierreichs wird bereits im Leben vieler Menschen als eine Möglichkeit der Gnade akzeptiert. Die Menschen sehen und freuen sich über die Anmut von Katzen, wenn sie sich bewegen und schnurren, und für viele Leute sind diese Tiere ein wunderbarer Trost. Die Menschen lieben offenkundig auch die Kraft und die Gesellschaft von Hunden.

Für die meisten Menschen in der modernen, urbanen Welt sind die wichtigsten Lehrer hinsichtlich des Tier- und Pflanzenreichs – ihre wichtigste Erfahrung der Gnade der Natur – wahrscheinlich ihre Schoßtiere und ihre Gärten. Besonders in England ist das Gärtnern das bei weitem beliebteste Hobby.

Für viele Menschen besteht die Verbundenheit mit dem Pflanzenreich in der täglichen Arbeit in ihrem Garten.

MATTHEW: Ein Ort der Engel, der Engel in den Gärten.

RUPERT: Gärten und Schoßtiere sind ganz wichtige Kanäle der Kommunikation mit dem Bereich des Nichtmenschlichen, ein hochgeschätzter Teil im Privatleben vieler Menschen. Aber es fällt ihnen schwer, dies öffentlich zuzugeben.

MATTHEW: Man möchte meinen, dies wäre eine Aufgabe der Kirche, diese Wirklichkeit öffentlicher zu machen und irgendwie in den Altarraum des Gotteshauses einzuführen.

RUPERT: Nun, ich habe unserem Pfarrer in unserer Gemeindekirche vorgeschlagen, wir sollten so etwas haben, und er war einverstanden und begann dies am Sonntag nach dem Tag des heiligen Franziskus umzusetzen. Die Form, die er dafür wählte, war sehr gut: Lobpreis und Dank für die Tiere und all die Geschenke, die sie uns machen. Er liebt seinen Hund wirklich, und darum kam das von Herzen. Dann beteten wir für alle Tiere, die auf der Welt mißhandelt werden und leiden müssen, und riefen sie uns in Erinnerung. Alle anwesenden Tiere wurden sodann zum Altar gebracht, und er segnete sie, und ihre Besitzer schienen sich sehr darüber zu freuen.

MATTHEW: Kam es zu irgendwelchen Kämpfen zwischen diesen Tieren im Altarraum?

RUPERT: Nein. Nur die Hunde haben ein bißchen gebellt.

MATTHEW: Aber die Katzen haben die Hunde nicht gejagt und umgekehrt. Ist das nicht interessant, daß die Tiere ein wenig Frieden in der Kirche gefunden haben? Ich erinnere mich, daß man das auch in einer Episkopalkirche in Downtown Chicago vor zehn Jahren gemacht hat, als ich dort gewohnt habe, und noch nie war die Kirche so voll gewesen wie an jenem Tag. Jeder bringt gern sein Schoßtier mit, besonders Menschen, die in der Großstadt leben. Und dann füllt sich eine Kirche nicht nur mit Tieren, sondern auch mit Menschen.

RUPERT: Schoßtiere verbinden Menschen aufs innigste mit dem Bereich des Nichtmenschlichen. Aber gleichzeitig gibt es auch ein Tabu im Hinblick auf Schoßtiere. Das war schon vor Jahrhunderten so, zum Beispiel, als man Hexen Beziehungen zu ihren Hausgeistern unterstellte. Und das gibt es noch heute, nämlich in dem weitverbreiteten, wenn auch großenteils unbewußten Gefühl, eine übertriebene Aufmerksamkeit und Zuneigung gegenüber Schoßtieren sei eine Verschwendung dessen, was richtigerweise anderen Menschen zuteil werden sollte. Schoßtiere gelten als minderwertiger Ersatz für richtige zwischenmenschliche Beziehungen. Dies führt dann zu einem Schuldgefühl, und das ist einer der Hauptgründe dafür, warum Menschen ihre Beziehungen zu Haustieren auf den privaten Bereich beschränken.

MATTHEW: Vielleicht rührt das von der Vorstellung her, daß wir nur eine beschränkte Menge Lobpreis zu vergeben haben. Das ist natürlich töricht, da Liebe ja Liebe verstärkt – sie ist doch kein materielles Ding, von dem es nur eine gewisse Menge gibt, und irgendwann ist sie verbraucht.

RUPERT: Für mein Empfinden geht das zum Teil auf unsere Gewohnheiten als Fleischesser zurück und teils auf die Domestizierung von Tieren. Seit dem Beginn der Domestizierung von Tieren vor rund zehntausend Jahren haben die Menschen Tiere ausgebeutet. Pferde wurden gezwungen, Karren zu ziehen, Ochsen wurden gezwungen, Pflüge zu ziehen, und wenn sie das nicht taten, bekamen sie die Peitsche. Viele Haustiere wurden gegessen. Infolgedessen ist es schwierig, Tiere auszubeuten oder zu essen, wenn man irgendeine Art von Gemeinschaft mit ihnen oder eine Beziehung zu ihnen anerkennt.

Menschen in schamanischen Jagdkulturen haben ein anderes Verhältnis zu Tieren. Die Tiere haben einen Geist, den sie anerkennen und lobpreisen können, und sie stehen im Mittelpunkt von Ritualen. Wenn diese Menschen die Tiere jagen und töten, dann ist dies in gewisser Hinsicht ein heiliger Akt.

In traditionellen Religionen ist das Töten von Tieren auch eine Art Opfer. Zum Beispiel gibt es bei den Muslimen ein Fest namens Bakr'Id, zum Gedenken an das Widderopfer Abrahams. Jede Familie bekommt eine Ziege oder ein Schaf, und der Haushaltsvorstand tötet das Tier in einem rituellen Akt, während alles zuschaut; dann essen sie es. Das Töten der Ziege und das Verschütten ihres Bluts werden buchstäblich als Wirklichkeit zelebriert. Das ist ein Opfer. Während die heutigen Menschen im Westen einfach in den Supermarkt gehen und Fleisch kaufen, das ordentlich in Plastikfolie verpackt ist. Das Töten findet hinter den Kulissen statt, und ich wage mir gar nicht vorzustellen, wie es vonstatten geht.

MATTHEW: Vor den Kulissen sieht alles so aufgeräumt und sauber aus. In seinem Buch über die Rindfleischindustrie hat Jeremy Rifkin darauf hingewiesen, daß unsere Kultur die Viehhaltung zu einer Industrie reduziert und auch unsere Fleischsucht entwickelt hat, als wir dem Vieh das Element des Heiligen entzogen haben. Wir haben das Vieh säkularisiert, und das Ergebnis war eine ungesunde und habgierige Industrie.

Die schamanische Einstellung gegenüber Tieren, von der du gesprochen hast, hängt mit unseren Vorstellungen vom Opfer zusammen. Vielleicht ist uns unter anderem deshalb die Bedeutung des Opfers abhanden gekommen, weil wir in den letzten dreihundert Jahren das Opfer wieder einmal anthropozentriert und dann darauf verzichtet haben. Außer bei Kriegen, in denen wir tatsächlich noch Opfer bringen: Wir sind nur allzu leicht bereit, unsere jungen Menschen in Kriegen zu opfern. Aber vielleicht liegt der Schlüssel zum authentischen Opfer darin, daß wir es als kosmologisches Ereignis erkennen. Jedesmal, wenn wir etwas essen, kommt es zum Opfer. Darum spreche ich vom eucharistischen Gesetz des Universums, daß wir stets essen und gegessen werden, und das gilt auch für Christus, für die Gegenwart des Göttlichen in diesem Raum und dieser Zeit, die wir Universum nennen. Hier gibt es ein Gesetz des Opfers. Sogar das Göttliche wird geopfert, und wir haben uns davon abgetrennt.

3 *Die Seele – ein weites Feld*

RUPERT: Die Seele ist das belebende Prinzip, das Prinzip, das Lebendes lebendig macht. Im Griechischen heißt es Psyche. Heute ist für uns die Psyche der menschliche Geist, aber für die Griechen hatte die Psyche eine viel umfassendere Bedeutung: Sie war das Lebensprinzip alles Lebendigen, auch der Pflanzen. Der lateinische Begriff für Seele ist *anima*, und darauf geht zum Beispiel das englische Wort für «Tier» – *animal* – zurück. Wir sprechen von beseelten Dingen im Gegensatz zu unbeseelten: von Dingen mit Seele im Gegensatz zu Dingen ohne Seele. Die traditionelle Bedeutung des Wortes Seele meint viel mehr als die menschliche Seele. Die Seele ist das, was Dinge lebendig macht.

Ein Ausgangspunkt für jedes Nachdenken über das Wesen des Lebens ist der Tod, indem man den toten Körper eines Menschen, eines Tiers oder einer Pflanze mit dem vorausgehenden lebendigen Zustand vergleicht. Die Menge der Materie im toten Körper ist die gleiche wie im lebenden Körper, die Form des Körpers ist die gleiche, und die Chemikalien darin sind die gleichen, zumindest unmittelbar nach dem Tod. Aber etwas hat sich verändert. Der naheliegende Schluß ist der, daß irgend etwas den Körper verlassen hat, und da es kaum eine oder gar keine Gewichtsveränderung gibt, ist das, was den Körper verlassen hat, im Prinzip immateriell.

Ähnliche Gedanken müssen den Menschen in verschiedenen Kulturen durch den Kopf gegangen sein, da es überall derartige Vorstellungen gibt. Oft wird die Seele mit dem Atem in Verbindung gebracht. Und der Atem ist nicht nur die Luft, sondern der ganze Vorgang des Ein- und Ausatmens, die belebende Tätigkeit.

Für die animistischen Traditionen – das heißt, für alle Traditionen außer denen im Westen seit den letzten dreihundertfünfzig Jahren – ist es eine Selbstverständlichkeit, daß die außermenschliche Natur voller Leben ist. Alle Pflanzen und alle Tiere, das gesamte Universum, der Planet Erde, die anderen Planeten, die Sonne, die Sterne – sie alle galten als lebende Dinge, die alle ihre eigene Art von Seele hatten. Diese Tradition hatten die Griechen übernommen und philosophisch formuliert. Die Platoniker sprachen von der *anima mundi*, der Seele der Welt, da für sie der ganze Kosmos ein Lebewesen mit einem Körper, einer Seele und einem Geist war. Aristoteles formulierte dies in biologischen Begriffen. Für ihn bestimmt die Seele der Pflanzen ihre Form, während die Pflanze wächst. Die Seele ist das formbildende Prinzip. Nach Aristoteles wächst eine Eichel zu einer Eiche heran, weil sie zu ihrer endgültigen Form, das heißt zur reifen Form des Baums, durch ihre Seele hingezogen wird. Die Seele enthält das Ziel oder das, was man jetzt den Attraktor des Entwicklungsprozesses nennen könnte. Die Seele hat das Ziel (griechisch: *telos*) in sich, und daher spricht Aristoteles auch von der Entelechie.

Bei den Tieren spielt die Seele genauso eine formbildende Rolle wie bei den Pflanzen. Im Englischen hat man diesen Aspekt die vegetative Seele genannt. Während der tierische Embryo heranwächst, verleiht sie dem Körper seine Form, und auf ihr beruht auch die Bewahrung der Körperform, die Heilung von Wunden, das Regenerieren von Organen nach einer Beschädigung und so weiter. In Tieren gibt es auch die animalische Seele, die mit dem Korrelieren der Sinne und der Bewegung befaßt ist – sie fungiert als das Koordinierungsprinzip der Instinkte und des Allgemeinverhaltens.

Beim Menschen gibt es drei Aspekte oder Ebenen der Seele: die vegetative Seele, die für die Form des Körpers zuständig ist; die animalische Seele, die uns unsere animalische Natur verleiht; und den Intellekt oder die rationale Seele, die der bewußte Teil unseres Geistes ist, unser Verstand. Der bewußte Verstand war einst Teil eines viel größeren psychischen Systems, das uns mit den Tieren und Pflanzen verband.

Ein Großteil dieses traditionellen Verständnisses wurde von Thomas von Aquin und anderen in die westliche christliche Philosophie aufgenommen und die Grundlage der mittelalterlichen Lehren vom Wesen der Seele.

Die gegenwärtige Verwirrung setzte weitgehend mit der Philosophie von René Descartes im 17. Jahrhundert ein. Descartes erklärte, die ganze Natur sei eine Maschine und damit unbeseelt. Im Grunde entzog er die Seele der Natur, allen Tieren und Pflanzen und ebenso dem menschlichen Körper. Davor glaubte man, die Seele durchdringe den ganzen Körper, und dieser enthalte verschiedene psychische Zentren. Heute erfahren wir Näheres darüber von der östlichen Philosophie – ich meine die Lehre von den *Chakras*. Aber im Westen gab es ein ganz ähnliches Verständnis. Wir haben es noch immer in christlichen Liturgien, nämlich, wenn dort das Herz als Zentrum der tiefsten Gedanken gilt. Im anglikanischen Gebetsbuch beginnt die Bitte um Reinheit mit den Worten: «Allmächtiger Gott, für den alle Herzen offen sind, der alle Wünsche kennt und vor dem keine Geheimnisse verborgen sind, reinige unsere Herzen durch die Inspiration deines Heiligen Geistes.» Und im Magnifikat: «Er hatte die Stolzen zerstreut in der Einbildung ihres Herzens.» Das Herz war ein psychisches Zentrum und ein Zentrum der tiefsten Gedanken, wie es dies zum Beispiel noch immer im tibetischen Buddhismus ist. Aber für Descartes und seine Anhänger war es nichts weiter als eine Pumpe, Teil des Mechanismus des Körpers.

Infolge dieser kartesianischen Revolution wurde die Psyche, die Seele, dem Körper entzogen, und der Körper wurde ein bloßer Mechanismus. Die vegetativen und animalischen Aspekte der Seele wurden abgeschafft. Übrig blieb nichts weiter als die rationale Seele, mit der sich der Mensch von allen anderen Lebewesen unterschied. Diese rationale Seele beschränkte sich auf ein kleines Gebiet des Gehirns, die Zirbeldrüse.

Wie die rationale Seele mit der Maschine des Körpers interagierte, war Descartes ein absolutes Rätsel, und dies bleibt es noch heute, weil wir noch immer die gleiche Theorie zugrunde legen. Der kartesianische Dualismus ist die Standardtheorie unserer Kultur. Der einzige Unterschied besteht darin, daß sich der mutmaßliche Sitz der Seele um ein paar Zentimeter aus der Zirbeldrüse in die Großhirnrinde verlagert hat. Aber noch immer ist uns ein belebendes Prinzip im Gehirn verblieben, das irgendwie den Körper steuert. Dieses Modell des Bewußtseins wird zuweilen der «Geist in der Maschine» genannt. Materialistische Philosophen wie beispielsweise Daniel Dennett versuchen, der Maschine den Geist auszutreiben. Allerdings fällt es ihnen sehr schwer, die Leute davon zu überzeugen, daß sie nichts weiter als computergesteuerte Automaten sein sollen.

Trotz aller Bemühungen der materialistischen Philosophie dominiert der kartesianische Dualismus noch immer. Wenn du ins Natural History Museum in London gehst, siehst du in der Abteilung Humanbiologie ein Exponat mit der Aufschrift «Wie Sie Ihre Handlungen steuern» – es ist das Modell eines Menschen mit einem Plexiglasfenster in der Stirn, durch das du schauen kannst. Im Kopf befindet sich eine komplexe Anordnung von Skalen, Schaltern und Hebeln wie im Cockpit eines Düsenflugzeugs. Dann gibt es noch zwei leere Sitze, vermutlich für dich, den Piloten, und deinen Kopiloten in der rechten Hirnhälfte. Das sagt doch alles. Ich bin schon oft dagewesen, als man Schulklassen dorthin geführt hat, damit sie verstehen können, was uns die Naturwissenschaft gegenwärtig über das Wesen des Menschen zu sagen hat.

Leider muß ich sagen, daß sich im Kindergarten meines fünfjährigen Sohnes eine Fibel mit dem Titel *Wie dein Körper funktioniert* befindet. Darin sind Bilder und Zeichnungen des Körpers voller Fließbänder, Aufzüge, Pumpen, Röhren und so weiter. Im Gehirn gibt es eine Menge von Männlein, die Bananenstecker in Telefonvermittlungsstellen stecken, Skalen auf Computern betrachten, Knöpfe drücken und so fort.

Das ist die übliche Anschauung von heute, und natürlich ist sie absolut lächerlich. Das sogenannte Geist-Körper-Problem ist berüchtigt dafür, daß es sich jeder Erklärung entzieht, und daher denken die meisten Wissenschaftler: Warum soll ich mich damit herumschlagen? Infolgedessen kannst du als Biologe ausgebildet werden, wie ich das erlebt habe, und du kannst in einer medizinischen Fakultät unterrichten, wie ich das getan habe, ohne jemals das Wort Bewußtsein zu hören oder zu erwähnen. Es kommt einfach nicht vor. Wenn es jemand anspricht, lautet die übliche Antwort: «Das ist ein philosophisches Problem, das man am besten den Philosophen überläßt. Sie reden darüber schon seit Jahrhunderten und sind auch nicht weitergekommen, also wollen wir nicht unsere Zeit damit verschwenden. Es ist doch produktiver, wenn wir weiter daran arbeiten, mehr über die Mechanismen des Gehirns herauszufinden.»

Als Descartes diese Trennung zwischen den Bereichen der Materie und des Geistes vornahm, errichtete er eine neue Demarkationslinie zwischen Wissenschaft und Religion, indem er ihre Grenzen definierte. Die Wissenschaft übernahm die gesamte Natur, einschließlich des menschlichen Körpers. Die gesamte Natur wurde säkularisiert. Die Künste und die Religion übernahmen die Seele, dieses unsagbare Etwas, das in einem kleinen Gebiet im Kopf angesiedelt war. So ergab sich ein Modus vivendi zwischen Wissenschaft und Religion. Die Wissenschaft befaßte sich mit dem objektiven Reich der Tatsachen, die Religion und die Künste mit dem subjektiven Reich der Werte, der Ästhetik, der Moral und des Glaubens.

Die Wissenschaft kam dabei besser weg, da sie praktisch alles bekam, was sie nach ihren eigenen Begriffen definiert hatte. Die Seele wurde auf ein kleines Gebiet des Gehirns beschränkt, und die Materialisten sahen darin nichts weiter als einen Aspekt der Gehirnfunktionen, der unweigerlich mit dem Tod des Körpers und dem Zusammenbruch der Hirnmaschine endete.

Nun, das ist das Vermächtnis des kartesianischen Dualismus. Aber ich möchte abschließend sagen, daß ich glaube, daß wir darüber hinausgelangen können. Um zu verstehen, wie dies möglich ist, müssen wir uns das ältere, präkartesianische Verständnis der Seele in Erinnerung rufen. Die alte Anschauung von der Seele war ganz allgemein gehalten. Sie bezog sich nicht nur auf Tiere und Pflanzen, sondern sogar auf Magnete. Thales, der erste griechische Philosoph, sagte: Der Magneteisenstein hat eine Seele, der Magnet hat eine Seele.

Ein Magnet kann über eine gewisse Entfernung hinweg wirken und Dinge anziehen oder abstoßen. Und zwar ohne daß etwas dazwischen ist. Wenn du einen Magneten erhitzt, verliert er seinen Magnetismus. Es ist, als ob es in einem Magneten ein belebendes Prinzip gäbe, das verschwinden kann, so wie das belebende Prinzip in einem Tier oder in einer Pflanze verschwinden kann. Daher glaubte man in der Antike und bis ins 17. Jahrhundert hinein generell, daß der Magnet eine Seele habe. Die Basis des Magnetismus und der Elektrizität war eine psychische Realität, ein psychisches Wesen. William Gilbert, der Begründer der modernen Wissenschaft des Magnetismus, dessen großes Buch zum Thema im Jahre 1600 erschien, glaubte noch immer, daß es so etwas wie magnetische Seelen gäbe – die Kompaßnadel zeigte wegen der magnetischen Seele der Erde nach Norden. Die Seele war Teil des allgemeinen wissenschaftlichen Diskurses bis zu der Zeit von Descartes, als Seelen aus jedem Aspekt der Natur verbannt wurden.

Aber der Magnetismus blieb. Wie Newtons Schwerkraft wirkte er über eine Entfernung hinweg. Aber wie? Das war ein tiefes Geheimnis, das niemand erklären konnte. Und dann vergaß man einfach das Problem. Erst im 19. Jahrhundert ersetzte Faraday die alte Vorstellung von der Seele durch die neue Vorstellung vom Feld. In den zwanziger Jahren weitete Einstein den Begriff des Feldes auf die Schwerkraft aus: Das Gravitationsfeld koordiniert das ganze Universum und hält es zusammen und übernimmt damit die Rolle der *anima mundi*, der Weltseele, in der alten Kosmologie. Dann wurden Felder ins Zentrum der Materie eingeführt, in Form von Quantenmateriefeldern, und in die Biologie in Form von morphogenetischen, von formbildenden Feldern. Dies sind unsichtbare formbildende Felder, die die Entwicklung von Tieren und Pflanzen organisieren, sie am Leben erhalten und ihrer Regeneration zugrundeliegen.

Dem britischen Biologen C. H. Waddington zufolge enthalten

morphogenetische Felder Attraktoren. Die Eiche besitzt ein morphogenetischen Feld mit einem Attraktor, in diesem Fall der reifen Form der Eiche, die die sich entwickelnde Eichel zu ihr hinzieht. Dieser Attraktor spielt die gleiche Rolle wie das, was Aristoteles Entelechie nannte, den Attraktor innerhalb der Seele. Im Grunde wurde die vegetative Seele als morphogenetisches Feld wiedererfunden, so daß alles, was zuvor die Seele getan hatte, nun das Feld tat.

Die Seelen sind in die Wissenschaft in der Maske von Feldern zurückgebracht worden. Ich beschäftige mich bei meiner Arbeit mit morphischen Feldern. Auf den morphischen Feldern von Organismen beruht nicht nur deren Form, sondern auch ihr Verhalten – sie spielen die Rolle der animalischen Seele. Auf ihnen beruht auch die Tätigkeit des rationalen Verstandes.

MATTHEW: Vielen Dank für diesen aufschlußreichen Gang durch die Pathologie der westlichen Philosophie. Diese Geschichte ist so traurig, und das nicht nur deshalb, weil wir gesagt haben, daß die Bäume und die Fische nicht lebendig sind, sondern auch, weil wir behauptet haben, sie hätten keine Seele. Kein Wunder, daß wir so einsam sind! Dabei gehen wir an der kosmischen Einsamkeit zugrunde, die wir selbst in anthropozentrischer Arroganz geschaffen haben, welche nur ein zeitgemäßer Ausdruck für die Geistessünde des Stolzes ist. Du stellst die Frage nach einem Leben nach dem Tod, aber wenn wir zu irgendeiner authentischen Seelenerfahrung in diesem Leben gelangen, wie könnte es dann aufhören? Hildegard von Bingen hat gesagt: «Keine Wärme geht im Universum verloren.» Ich würde sagen: Keine Schönheit geht im Universum verloren – nichts anderes ist die Gemeinschaft der Heiligen, eine Versammlung von Schönheit. Diese zweibeinigen Heiligen, das sind nicht bloß Tiere – eigentlich sind es alle Heilige.

Dein Hinweis, daß das kartesianische Modell noch immer an der Tagesordnung ist, ist sehr wichtig. Es dominiert all unsere akademischen Institutionen, einschließlich der Seminare. In diesem Modell ist Gott der Ingenieur oder der Mathematiker außerhalb der Schöpfung. Das ist Theismus – Gott ist irgendwo weit weg, dort draußen, so weit er nur kommen kann. Diesem Gott stellst du das Gottesbild von Thomas gegenüber. Er hat gesagt: «Gott ist das Leben an sich.» Das ist die ganze animistische Tradition, die, wie du gesagt hast, bis zum 17. Jahrhundert vorgeherrscht hat. Wenn Gott Leben ist, Leben an sich, dann ist Gott in allem, was blubbert und brodelt, in allem, was lebendig ist. Das ist Panentheismus: in allen Dingen und jenseits aller Dinge sein.

Du hast darauf hingewiesen, daß Descartes das Herz, die menschliche Seele, aus dem menschlichen Körper herausgeholt hat. Im Gegensatz dazu haben wir eine Tradition von Chakras im Osten wie im Westen, und im Westen wird das Herz betont. Ich möchte einen Satz von Thomas zitieren, der ganz aufregend ist. Er lautet: «Die Gegenstände des Herzens sind Wahrheit und Gerechtigkeit.» Descartes hat gemeint, die Wahrheit liege nur in klaren und deutlichen Vorstellungen. Sie sei irgendwo weiter oben, nicht einmal in der Zirbeldrüse, sondern neben der Zirbeldrüse. Aber für Thomas, der die ältere Tradition vertritt, ist die Wahrheit eine Passion deines Herzens. Sie ist Herzenssache. Das gleiche gilt für die Gerechtigkeit.

Mir gefällt wirklich sehr, was du über die Felder und die Seele als Feld schreibst. Das ist ein ganz wichtiger Beitrag, denn die Frage, was Seele bedeutet, ist ganz entscheidend. Uns im Westen ist die Bedeutung dessen, was die Seele ist, verlorengegangen. Sie ist trivialisiert worden: Erst war sie die Zirbeldrüse, dann die Großhirnrinde. Es ist einfach so belanglos, wen interessiert das schon. Der Geschichtsphilosoph Charles Fair hat gesagt, wenn eine Zivilisation nicht mehr weiß, was die Seele bedeutet, zerbricht sie als Zivilisation. Dies ist das Ende einer Ära. Die gute Nachricht: Wir stehen am Anfang einer neuen Ära, wenn wir neue Bilder für die Seele finden.

Heutzutage versuchen wir auf einer ganz neuen Ebene herauszufinden, was Seele bedeutet. Dein Bild der Felder ist äußerst verlokkend. Was ist ein Feld? Es ist ein Raum, in dem wir spielen können. Ein Feld ist ein Platz, auf dem wir rennen, herumtollen, träumen, aufsteigen, in dem wir herumstolpern, in den wir unsere Leidenschaften investieren können. Für mich ist die Seele gleichzusetzen mit unseren Leidenschaften. Sie ist das, was wir lieben. Wie Jesus sagte: Das, wo dein Schatz ist. Unsere Schätze sind in den Feldern. Vielleicht sind sie ja verborgen – das Feld ist nicht nur oberirdisch.

Das gehört zur Verlockung, sich ins Feld zu legen und im Feld zu spielen. Unsere Seelen sind dort, wo wir spielen, und natürlich auch dort, wo wir leiden, wo wir hinfallen und wo wir versagen. Das Potential dieses Bildes vom Feld ist noch gar nicht erschlossen. Du stellst es zu Recht in einen nichtanthropozentrischen Kontext. Nicht nur jeder Mensch, jede Pflanze und jedes Tier hat eine Seele, sondern auch Berge und Orte haben eine Seele. Gemeinschaften haben eine Seele, und Gruppen erzeugen eine Seele. Das Biosystem selbst und Gaia und unsere Milchstraße und der Kosmos haben eine Seele, da sie zusammengehören.

Für mich würden einige Seelenfragen für Menschen lauten: Wie erwecken wir die Seele? Wie heilen wir die Seele? Wie führen, das heißt: erziehen wir die Seele? Was wäre, wenn Erziehung ein Führen der Seele wäre? Und vielleicht die wichtigste Frage in diesem historischen Augenblick: Wie machen wir die menschliche Seele größer? Eckhart sagt, Gott freue sich, wenn deine Seele immer größer wird, und das heißt nichts anderes, als daß es an der Zeit ist, die Seele größer zu machen.

Wir haben die Seele nicht nur im physiologischen und mechanistischen Sinn trivialisiert, sondern auch in jedem anderen Sinn. Unsere Seelen sind in der kartesianischen Ära geschrumpft. Wenn du von den Seelen aller anderen Tiere und Pflanzen und Wesen und Sterne abgeschnitten bist, versteckst du dich bloß in deinem eigenen kleinen, von Menschen gemachten Raum. Es ist nicht mal ein Raum, sondern nur ein Ort. Kein Wunder, daß wir *acedia* (Langeweile) haben, diese Sünde des Geistes, die, wie Thomas sagt, von einem Schrumpfen der Seele und einem Schrumpfen des Geistes herrührt. Wir haben unsere Seelen schrumpfen lassen. Das ist in den letzten drei Jahrhunderten passiert. Darum können wir Regenwälder abholzen, wir können unser Nest zerstören, die werdenden

Kinder töten und keinen Gedanken daran verschwenden, und wir können sagen: «Ach, wir sind ja so heilig und glücklich und selig.» Wir haben keine Beziehung mehr zu unserem eigenen Kummer! Wir sind von der Verantwortung für unsere eigenen Taten und für unsere Verbindung zu aller Freude und zu allem Leid der Welt getrennt. All das hängt mit Seelen zusammen, die geschrumpft sind. Darum geben wir uns der Sucht hin: Wir decken die Wahrheit über unsere geschrumpfte Seele mit allem zu, vom Alkohol bis zu Drogen, Fernsehen, Einkaufen, Sex, einfach mit allem.

Unsere Seelen sind zu klein. Wir leiden an dem, was Thomas und andere Kleinmut nennen, an einer kleinen Seele, während wir doch alle aus Großherzigkeit da sind. Wir sind da, um eine große Seele zu werden, eine *anima magna.* Der Kleinmut liefert sich der Angst und dem Sichzusammenziehen aus. Um nichts anderes geht es beim Fundamentalismus – um zusammengezogene Seelen. Auch beim Anthropozentrismus geht es um ein Zusammenziehen, er ist eine Weigerung, sich mit anderen, dem größeren Universum, der Kosmologie, zu verbinden.

Wie hängt nun die Seele mit dem Körper zusammen? Ich möchte hier nur dies eine sagen. Ich habe es bei Hildegard gefunden, der Schöpfungsmystikerin im 12. Jahrhundert, bei Thomas von Aquin im 13. Jahrhundert und bei Eckhart im 14. Jahrhundert. Sie alle haben das gleiche gesagt: *Die Seele ist nicht im Körper, sondern der Körper ist in der Seele.* Es ist eine ganz wichtige Verlagerung des Bewußtseins und widerspricht Platons Ansicht, die Seele sei ein Vogel in einem Käfig, der eigentlich erst frei wird, wenn er stirbt. Diese ganze Vorstellung ist ziemlich gefährlich. Wenn wir glauben, daß unser Körper in unserer Seele ist, dann heißt das, daß die Seele so groß ist wie die Welt, in der wir leben, wie die Felder, in denen unser Geist spielt, und wie das Feld, in dem unser Herz herumschweift. So groß ist unsere Seele.

Nimm die Fundamentalisten – sie haben nichts als eine viereckkige Kiste. Das ist die Welt, in der sie leben. Die Welt, in der du lebst, ist die Welt, an die du glaubst. Der Kosmos, in den wir heute zum Spielen eingeladen werden, ist eine Trillion Galaxien groß, jede besteht aus mindestens einer Milliarde Sterne, und jede hat eine Geschichte von fünfzehn Milliarden Jahren. Wie können wir uns da langweilen? Wir sind heute dazu eingeladen, in diesem riesigen Feld umherzuschweifen.

Wenn unser Körper in unserer Seele ist, dann ist unser Körper ein wichtiges Instrument, das rühmt und lobpreist, indem es die Leidenschaften der Seele zum Ausdruck bringt: Freude, Staunen, Lust, Sehnsucht, Kummer, Schmerz, Leiden. Der Körper ist ein Instrument für unsere Seele, und darum ist es so langweilig, wenn der Körper aus dem Gottesdienst ausgeklammert wird. Thomas hat gesagt, daß wir mit der Seele sündigen, nicht mit dem Körper. Die bewußten *Entscheidungen*, die wir treffen, sind so wichtig – am Körper ist nichts Böses. Thomas hat auch gesagt, Tugenden wie die Großherzigkeit seien in unseren Leidenschaften, nicht in unserem Willen. Großherzigkeit hat nichts mit Willenskraft zu tun – nach dem Motto: ich will heute eine große Seele sein –, sondern damit, daß wir unseren Leidenschaften folgen und sie in die Richtungen lenken, in die wir gerufen werden.

Wie steht es nun mit Seele und Geist? Der Hinweis ist ganz wichtig, daß Seele und Geist nicht das gleiche sind. Der Geist ist in der Materie ebenso wie in der Seele. Der Dualismus basiert auf der Vorstellung, daß Seele und Geist das gleiche sind. Augustinus hat gesagt: «Der Geist ist alles, was nicht Materie ist.» Er hat den Geist aus allem herausgenommen, was Materie ist. Thomas hat gesagt, der Geist ist die Lebendigkeit in jedem Wesen, in aller Materie, auch in unserer Seele. Hoffentlich also ist der Geist in der Seele. Aber nicht, wenn unsere Seele tot ist oder sich kaum noch muckst. Das ist der entscheidende Punkt. Der Körper und die Seele gehören uns, nicht aber der Geist. Wir sind Körper und Seele, doch der Geist ist nicht unser – er ist größer als unser Körper und unsere Seele. Er weht, wo er will (Johannes 3,8). Wir sind nicht Herrscher über den Geist. Der Geist gehört jedem und keinem. Niemand besitzt den Geist. Er ist kein Privateigentum. Keine Kirche und keine Religion besitzt ihn. Er ist größer als die Seele. Der Geist bedarf der Empfänglichkeit, er braucht ein offenes Herz, ein Sichgehenlassen.

Eckhart hat gesagt, die Seele wachse durch Wegnehmen, nicht durch Hinzufügen. Eine Möglichkeit, daß die Seele wächst, ist der Kummer, das Leiden. Andere Möglichkeiten sind das Lobpreisen und die Meditation und das Vereinfachen unseres Lebens und das Zusammensein mit anderen Wesen. Der Geist ist ein reißender Fluß, ein wütendes Feuer, ein großer Adler, eine große Gans. Der Geist ist etwas ganz Wildes, und wir können uns darauf einstellen und ihn empfangen.

Wie steht es mit der Beziehung zwischen Seele und Herz? Wenn ich an die Worte denke, die uns im Westen zur Verfügung stehen, dann kommt Herz dem am nächsten, was wir mit Seele meinen. Wie du gesagt hast, Rupert: Die Seele ist nicht bloß Psyche oder gar Verstand. Das Wort «Verstand» hatte im Mittelalter etwas mit Schöpfertum zu tun. Damals schlossen Rationalität und Kreativität einander nicht aus. Wenn unser Herz bricht, dann bricht unsere Seele – unser ganzer Kosmos ist zerbrochen. Heutzutage kommt das Wort Herz dem Wort Seele am nächsten.

Die Mystiker sind Künstler der Seele. Sie sind Dichter der Seele. Daher wird jeder, der es heutzutage ernst meint mit der Seelenarbeit, auch Therapeuten, die es damit wieder ernst meinen, zu den Mystikern hingezogen.

Mein Freund Meister Eckhart hat eine unglaubliche Predigt über die Seele verfaßt. Vielleicht war es seine allerletzte Predigt, so tiefgründig und reif ist sie. Er sagte: «Ein Meister, der das Beste über die Seele sprach, sagt, daß alle menschliche Wissenschaft nicht ergründen kann, was die Seele im Grunde ist. Um zu wissen, was die Seele ist, bedarf man eines übernatürlichen Wissens.» Mit anderen Worten: Die Seele ist unsagbar. Sie ist so tief, daß man sie nicht ausloten kann – sie ist bodenlos. Eckhart fährt fort: «Wir wissen nicht, was die Mächte der Seele tun, wenn sie ausgehen, um ihr Werk zu tun. Wir wissen ein wenig, aber nicht sehr viel. Was die Seele im Grunde ist, weiß niemand.» Er rühmt das wesentliche Geheimnis der menschlichen Seele. Und Eckhart sagt ferner: «Was man über die Seele wissen kann, muß übernatürlich sein. Es muß aus der Gnade kommen, denn die Seele ist da, *wo Gott Mitleid bewirkt.*» Er will damit sagen, daß wir erst dann eine Seele haben, wenn wir ein Feld werden, auf dem Gott Mitleid bewirkt. Oder anders formuliert: Wir werden nicht mit einer Seele geboren. Wir müssen sie in gewisser Hinsicht erst machen. Man macht die Seele sozusagen durch Leben – indem man Lust und Leid lebt –, und aus beidem wird Mitleid geboren.

Ich glaube, Eckharts Bemerkung ist eine der erstaunlichsten in der ganzen westlichen Geschichte: Die Seele ist dort, wo Gott Mitleid bewirkt. Denk mal darüber nach! Wir haben erst eine Seele, wenn wir ein Feld werden, durch das Mitleid bewirkt wird. Das ist nicht bloß Eckhart. Das ist die reichste mystische Tradition von Ost und West, nämlich die, die sagt, daß Seele Mitleid ist, das Werk von Mitleid. Mitleid ist Arbeit, es ist nicht einfach bloß da.

Teresa von Ávilas schönstes Buch heißt *Die innere Burg*, und es handelt von der Burg der Seele und den Wohnungen darin. Sie geht durch sieben Wohnungen, aber am Ende des Buches sagt sie: «War hier auch nur von sieben Wohnungen die Rede, so umschließt doch jede einzelne von ihnen – oben, unten und zu allen Seiten – deren viele, mit hübschen Gärten und Brunnen und labyrinthischen Wandelgängen, lauter Dingen, die euch so entzücken, daß ihr am liebsten vergehen wollt im Lobpreis des großen Gottes, der es geschaffen hat nach seinem Bild und Gleichnis.» Das gefällt mir einfach. Ich weiß noch, wie ich einmal auf dem Boden meines Wohnzimmers lag und mir Opernmusik anhörte, und mittendrin sagte ich plötzlich: «Warum höre ich mir eigentlich Opernmusik an – wer braucht so was?» Dann fielen mir diese Zeilen von Teresa von Ávila wieder ein – wir müssen diese Türen der Seele öffnen, und vielleicht kann dies sogar die Opernmusik tun. Warum sollten wir sterben, bevor wir nicht mindestens eine Million Türen geöffnet haben? In der vierten Wohnung lernen wir das Schweigen und wie man in Gottes Namen losläßt und aufhört, mit Worten zu beten. Teresa hat gesagt, die meisten Menschen würden nie bis zu dieser vierten Wohnung gelangen. Sie glauben noch immer, das Gebet sei ein Sprechen mit Gott, und meinen, sie müßten jemanden haben, der für sie mit Gott spricht. Nein, erst wenn wir in unser schweigendes Herz gelangen können, werden wir die vierte Wohnung betreten.

Rumi, der Sufi-Meister aus dem 13. Jahrhundert, also fast ein Zeitgenosse von Eckhart, hat ebenfalls eine Menge über die Seele zu sagen. Hier ein gutes Beispiel für das, was Rumi vom Schweigen hält: «Insgeheim sprachen wir, jener Weise und ich. Ich sagte: ‹Verrate mir die Geheimnisse der Welt.› Er sagte: ‹Schscht, laß dir vom Schweigen die Geheimnisse der Welt verraten.›»

Das Erkunden der Seele läßt sich als innere Reise bezeichnen. Dies bedarf einer Veranschaulichung. Eckhart hat gesagt, in den innersten Tiefen deiner Seele erschaffe Gott ein ganzes Universum. Alles Vergangene, Gegenwärtige und Zukünftige komme in den innersten Tiefen deiner Seele zusammen. Um die Seele zu erfahren, müßten wir ins Innerste, ins Zentrum, gehen. Rumi sagt: «Im Innern ist ein Wald, der dir Leben gibt. Den mußt du suchen.» (Das ist genau das, was du sagst, Rupert: Die Seele ist das belebende Prinzip.) «In deinem Körper liegt ein unschätzbares Juwel, das mußt du suchen. Wenn du den größten Schatz finden willst, mußt du dich nicht draußen umschauen, sondern im Innern und ihn dort suchen.» Aber denk daran: Im Innern heißt, daß du ebenso in deine Träume von den Feldern wie ins Universum hineinschaust. Schau dorthin, wo deine Seele lebt, und das kann sehr weit sein. Aber sei vor allem nicht oberflächlich. Halte dich nicht an der Außenseite auf – sei im Innern. Das ist Eckharts ganzes Modell, das er von Paulus bezogen hat. Dabei geht es um nichts anderes als um den Zusammenhang zwischen dem inneren und dem äußeren Menschen, oder mit den Worten der heutigen Psychologie: zwischen dem wahren Selbst und dem äußeren Selbst.

Schließlich sagt Rumi: «All mein Reden war Wahnwitz, erfüllt von Geboten und Verboten.» Die Moral ist ein äußeres Ding, das man tun oder nicht tun darf, sie besteht aus Geboten, die nach einiger Zeit langweilig werden, weil wir sie nach zehn Minuten auswendig kennen. «Eine Ewigkeit klopfte ich an eine Tür. Als sie sich auftat, entdeckte ich, daß ich von innen geklopft hatte.» Unterscheidet sich das in irgendeiner Weise von dem, was Jesus gesagt hat:

«Das Reich Gottes ist inwendig in euch?» Wir haben von innen geklopft. Oder wie Jesus gesagt hat: «Klopfet an, so wird euch aufgetan.» Welche Tür ist es?

RUPERT: Wenn Menschen in unserer heutigen Welt vom Innenleben sprechen, meinen sie ein Leben irgendwo im Inneren ihres Körpers, insbesondere in ihrem Gehirn. Dann gibt es das äußere Leben, und das ist der gesamte äußere Bereich. Wir haben diese geschrumpfte Seele verinnerlicht und glauben, das Innere bedeute irgend etwas im Inneren unseres Gehirns und das Äußere sei etwas da draußen. Nun, wenn die Seele ausgedehnt oder ausgeweitet wird, wie du gesagt hast, dann ist das Innere einfach nicht auf unseren Körper beschränkt – es ist die innere Erfahrung von den Dingen. Die Wissenschaft beruht darauf, daß man versucht, alles mit der äußeren Erfahrung der Dinge zu machen. Die objektive Methode soll alle psychischen Faktoren von dem, was die Wissenschaftler tun, fernhalten. Tatsächlich engagieren sich die meisten Wissenschaftler entschieden für das, was sie tun, und sei es auch nur aus persönlichem Ehrgeiz. Der Gedanke, daß sie absolut objektiv wären, wie ein körperloser Geist, ist pure Heuchelei.

Die Vorstellung, daß das innere Engagement nicht nur in uns ist, sondern auch außerhalb von uns, ist der Schlüssel zur Überwindung der kartesianischen Teilung. Was du die geschrumpfte Seele nennst, nenne ich den verengten Geist, und die Vorstellung, daß der Geist auf das Gehirn verengt ist, steht im Gegensatz zu der älteren Anschauung, derzufolge unsere Seele sich um uns herum erstreckte. Nach dieser Auffassung war die Seele nicht auf den Kopf begrenzt. Sie durchdrang nicht bloß den ganzen Körper, sondern war in jede Erfahrung und Wahrnehmung einbezogen.

Ich glaube, daß wir uns dem ausgedehnten Geist tatsächlich empirisch annähern können. In meinem Buch *Sieben Experimente, die die Welt verändern könnten*, schlage ich einige einfache Experimente vor, die sich sehr preiswert ausführen lassen, aber weitreichende Folgen für die moderne Wissenschaft haben. Mit Hilfe eines dieser Experimente läßt sich zeigen, daß wir hier nicht nur mit Worten spielen

– wir sprechen vielmehr von Dingen, die sich tatsächlich wissenschaftlich überprüfen lassen.

Unter Wahrnehmung versteht man normalerweise folgenden Vorgang: Wenn du mich siehst, gelangen Lichtstrahlen von mir in dein Auge. Auf deiner Netzhaut entsteht ein umgekehrtes Bild, es kommt zu elektrochemischen Reaktionen, und Nervenimpulse gehen zum Gehirn, wo sich komplexe Muster elektrischer und chemischer Aktivität in der Großhirnrinde und anderswo bilden. All dies läßt sich empirisch beobachten und messen. Und dann formst du in deinem Gehirn ein subjektives Bild von mir, und zwar auf eine Weise, die sich die Wissenschaft absolut nicht erklären kann.

Dieses Bild also entsteht in deinem Gehirn, und dann wird es noch geheimnisvoller: Du stellst dir fälschlicherweise vor, daß das Bild nicht in deinem Gehirn ist, sondern außerhalb von dir, da, wo ich sitze. Das ist die Standardansicht über die Wahrnehmung. Um sie zu akzeptieren, mußt du deine unmittelbarste Erfahrung verleugnen. Du erfährst dieses Zimmer und mich, der darin sitzt, nicht als etwas, was in deinem Gehirn ist – du erfährst das alles als etwas außerhalb deines Körpers.

Ich will damit eine Hypothese vorschlagen, die so umwerfend einfach ist, daß man sie nur schwer begreifen kann. Ich behaupte, daß dein Bild von mir einfach da ist, wo es zu sein scheint – außerhalb von dir. Im Grunde ist es ein mentales Bild, das von deinem Geist konstruiert und interpretiert wird. Aber es ist nicht in deinem Kopf lokalisiert. Genauso wie Lichtstrahlen hineingelangen, gelangt etwas hinaus: deine Wahrnehmungswelt. Projektion ist vielleicht ein zu grober Begriff, aber er ist am praktikabelsten. Wir projizieren Bilder nach außen, genauso, wie wir welche aufnehmen.

Wenn wir jemanden oder etwas anschauen, findet eine nach außen gerichtete Projektion von Bildern statt, die sich gewöhnlich mit dem Ort deckt, an dem sich der oder das Betreffende befindet – deine Projektion von Bildern auf mich deckt sich mit meiner tatsächlichen Position. Würde sich beides nicht decken, dann wäre es eine Illusion oder Halluzination. Auch hier gilt: Wenn dies nicht bloß ein Spiel mit Worten ist, wenn es eine nach außen gerichtete

Bewegung des Geistes gibt, um das zu berühren, was wahrgenommen wird, dann können wir vielleicht Dinge oder Menschen dadurch beeinflussen, daß wir sie nur anschauen.

Läßt sich dies überprüfen? Können wir Menschen beeinflussen, indem wir sie nur anschauen? Wenn wir beispielsweise jemanden von hinten anstarren, wobei der Betreffende nicht sieht, daß wir dies tun – kann er dann fühlen, daß wir ihn anschauen? Gibt es so etwas wie das Gefühl des Angestarrtwerdens? Die Antwort lautet natürlich ja. Es ist ein bekanntes Phänomen. Die meisten Menschen haben es selbst schon erlebt.

Als ich zum erstenmal über dieses Phänomen und seine Implikationen nachdachte, habe ich in psychologischen und parapsychologischen Archiven nach Forschungsarbeiten über das Gefühl des Angeschautwerdens gesucht. Ich entdeckte, daß es zu diesem Thema praktisch keine Untersuchungen gab, selbst von Parapsychologen nicht. Man hat es seltsamerweise ignoriert. Der Grund dafür ist der, daß es einem auf der ganzen Welt verbreiteten Aberglauben so unangenehm nahesteht, dem Aberglauben nämlich, daß man Menschen zu beeinflussen vermag, indem man sie anschaut. Wenn man jemanden oder etwas zornig oder neidisch ansieht, kann man ihm schaden. Man nennt dies den bösen Blick. Im heutigen Griechenland kannst du Menschen sehen, die mit blauen, augenförmigen Amuletten herumlaufen. Diese gehen direkt auf die altägyptischen Talismane mit dem Auge von Horus zurück, dem Sonnengott. Das Auge des Horus taucht sogar auf jeder Dollarnote auf, und zwar auf dem Großsiegel der USA in Form des Strahlenauges im Dreieck auf der Spitze der Pyramide.

Weit verbreitet ist auch der umgekehrte Glaube, daß Blicke Segen übertragen können. In Indien beispielsweise beruht darauf die Tradition des *darshan*. Du erkennst einen heiligen Mann oder eine heilige Frau an ihrem Blick, ihrem *darshan*. Man glaubt, es sei schon überaus segensreich, einfach nur mit ihnen zusammenzusein und von ihnen angeschaut zu werden.

Ich habe ein ganz einfaches Experiment entwickelt, um zu testen, ob Menschen sagen können, wann sie angeschaut werden. Du schaust jemanden von hinten an, oder du schaust ihn nicht an, und zwar in einer zufälligen Abfolge. Die Betreffenden müssen raten, ob sie angeschaut werden oder nicht. Dieser Test ist inzwischen schon tausendfach durchgeführt worden, und die Ergebnisse sind eindeutig. Der Effekt existiert offenbar wirklich, und daraus folgt, daß unsere psychische Welt, unsere mentale Welt, nicht einfach in uns ist, sondern sich um uns herum erstreckt.

Jean Piaget, der Schweizer Psychologe, hat die Art und Weise untersucht, wie sich kindliche Vorstellungen entwickeln, und in seinem Buch *Der Aufbau der Wirklichkeit beim Kinde* weist er darauf hin, daß Kinder bis zum Alter von zehn oder elf Jahren noch glauben, ihre Gedanken würden sich in ihrem Atem, in ihrer Kehle oder um sie herum befinden. Aber dann lernen sie das, was er die «korrekte Anschauung» nennt, nämlich, daß Gedanken unsichtbare Dinge im Kopf sind. Da noch niemand jemals einen Gedanken im Kopf gesehen hat, ist dies schon ein erstaunlicher Glaubensakt, den praktisch unsere gesamte Zivilisation für selbstverständlich hält.

Wenn wir dagegen einräumen, daß sich unsere Seele rund um uns herum erstreckt, wie steht es dann mit der Seele von Hunden, Eichhörnchen, Rehen, Vögeln und anderen Tieren? Auch sie schauen sich um, und ihre mentalen Felder müssen sich dann nach außen in ihre Umwelt ausdehnen. Wir leben in einer Welt von sich überlappenden mentalen Feldern, in einem gemeinsamen Raum, der nicht bloß eine sogenannte objektive Realität ist, sondern von zahllosen Geistern oder Psychen erfaßt wird, auch von denen von Tieren. Nach dieser Anschauung ist die Vorstellung, es gebe eine objektive Realität, die völlig frei von irgendeinem psychischen Einfluß wäre, eine höchst sonderbare Illusion. Doch genau das ist die Sehweise, auf der die Glaubensvorstellungen der Wissenschaft basieren.

MATTHEW: Aus dem, was du sagst, folgt auch dies: Wenn unsere Seele überall ist, wenn wir sie die ganze Zeit nach draußen projizieren, dann stellt dies eine Aufforderung an uns dar, uns verantwortungsvoll um unsere Seele zu kümmern, damit wir nur unser Bestes projizieren – Gnade und Segen und nicht Neid, Groll oder Feindseligkeit. Mit anderen Worten: Unsere Moral ist keine Privatangelegenheit. Sie ist total öffentlich. Wir haben schon gesagt, daß die anderen Lebewesen von Gnade erfüllt sind, während wir aufgrund von Neid und anderen schlechten Eigenschaften immer weniger von Gnade erfüllt sein können. Dies scheint mir ein neues Verständnis von Moral zu sein. Dabei geht es nicht um Gebote oder Verbote, sondern darum, daß wir unsere Räume ausfüllen, um aufeinander mit Segen für Segen und mit Gnade für Gnade zu reagieren.

Ich möchte dir gern folgendes Statement aus der jüdischen Tradition (und das ist die Tradition von Jesus) über die Seele zum besten geben. Die Juden haben in ihrer Tradition eigentlich kein Wort für Seele als etwas, das sich vom Körper unterscheidet, weil das jüdische Volk wie alle Urvölker seinem Ursprung nach eher nichtdualistisch denkt. Hier also die Aussage eines jüdischen Theologen über die Seele: «Die Seele wird als Ausdruck des totalen Lebendigseins eines Menschen verstanden. Die Seele ist eine Ganzheit, die von Kraft erfüllt ist. Diese Kraft läßt die Seele wachsen und gedeihen, so daß sie sich selbst erhalten und ihre Arbeit in der Welt verrichten kann. Diese Lebenskraft, ohne die kein lebendes Wesen existieren kann, nannten die Israeliten Berach-Segen.»

Segen also ist das jüdische Wort für Seele. Das erinnert sehr an Gnade. Die Frage lautet dennoch: Segnen wir die Gesegneten? Geben wir den Segen an ein gesegnetes Universum zurück? Wie gesagt – eine neue Art, die Moral zu betrachten.

Rupert: Dieser wiedergewonnene Sinn für die erweiterte Seele paßt auch zur Wiederentdeckung der unbewußten Aspekte des Verstandes. Descartes' Ansicht, die einzige Art von Verstand sei der bewußte Verstand, war absurd, und seit Descartes müssen die Menschen das Unbewußte immer wieder neu entdecken. Vor Descartes galt es als selbstverständlich, daß der bewußte Verstand nur Teil eines viel größeren psychischen Systems ist.

Freud war nur einer von denen, die das Unbewußte wiederentdeckt haben. Ein englischer Schriftsteller namens L. L. Whyte hat ein Buch mit dem Titel *The Unconscious Before Freud* («Das Unbewußte vor Freud») geschrieben, in dem er die Geschichte all jener Menschen darstellt – und das sind Dutzende –, die dem Unbewußten wieder zu seinem Recht verholfen haben, nachdem Descartes behauptet hatte, der Verstand sei nur der bewußte Verstand. Immer wieder mußten diese Leute erklären, daß dem nicht so sei. Jung ging sogar noch weiter als Freud, indem er sagte, daß es nicht nur ein persönliches Unbewußtes gebe, sondern auch ein kollektives Unbewußtes. Wir sind Teil eines kollektiven Gedächtnisses, auf das wir alle zurückgreifen. Unbewußt sind wir mit allen anderen verbunden.

Wir sind aber auch bewußt miteinander verbunden. Zu Beginn dieses Jahrhunderts bezeichnete der Soziologe Émile Durkheim als eine seiner zentralen Ideen den Begriff des kollektiven Bewußtseins, die *conscience collective*. Das französische Wort *conscience* bedeutet übrigens sowohl Bewußtsein als auch Gewissen.

Diese Begriffe aus dem 20. Jahrhundert, der des kollektiven Unbewußten und der des kollektiven Bewußtseins, stellen eine Möglichkeit dar, uns klarzumachen, daß unsere Psyche umfassender und nicht bloß auf unser Gehirn begrenzt ist. Selbst unsere Gedanken beeinflussen andere Menschen, und wir werden unsererseits von den Gedanken anderer beeinflußt. Meine eigene Hypothese vom kollektiven Gedächtnis durch morphische Felder drückt die gleiche Vorstellung aus: Was wir lernen und was wir denken, kann andere Menschen durch morphische Resonanz beeinflussen.

Unsere Seele ist mit der Seele von anderen und mit der Welt um uns herum verknüpft. Die Vorstellung, der Geist sei in unserem Kopf, eine kleine, tragbare Einheit, isoliert in der Abgeschiedenheit unseres Schädels, ist eigenartig. Keine Kultur in der Vergangenheit hat diese Vorstellung gekannt, und es ist schon erstaunlich, daß die gebildetste und verfeinertste Kultur, die je existiert hat (als solche verstehen wir uns ja so gern), eine derart kuriose Ansicht entwikkeln konnte.

Gewohnheiten, wie sie durch morphische Felder ausgedrückt werden, sind ein wesentlicher Teil unseres körperlichen und psychischen Lebens. Ein weiterer wichtiger Teil ist die Kreativität. Kreativität, Freiheit und das, was du Geist nennen würdest, dieses schöpferische Lebensprinzip, ist möglich vor dem Hintergrund der Gewohnheit. Wenn es nur Gewohnheiten gäbe, würden wir sehr monoton und unbewußt werden, weil die Gewohnheit weitgehend unbewußt ist. Aber wir brauchen Gewohnheiten, weil wir normalerweise nur an ein Ding auf einmal denken können. So ist beispielsweise der Umstand, daß wir für jedes Wort nicht gleich einen ganzen Wortschatz durchstöbern müssen, überaus nützlich.

MATTHEW: Aber wir müssen eine ganze Philosophie dazu entwikkeln, welche Gewohnheiten wir akzeptieren. Die philosophische Gewohnheit, die wir seit zweihundert Jahren haben, scheint mir ziemlich verrückt, seltsam und pathologisch zu sein.

RUPERT: Paradigmen sind tatsächlich Gewohnheiten. Es sind Denkgewohnheiten. Sie sind so tief verankert, daß sie für Individuen wie für eine ganze Kultur zur Gewohnheit werden, wie etwa die Tatsache, daß zehn- oder elfjährige Kinder in unserer Kultur es akzeptieren, daß Gedanken in unserem Kopf sind, weil sie das in der Schule und von ihren Eltern beigebracht bekommen und es eine allgemein verbreitete Annahme ist. Im frühen 17. Jahrhundert war dies eine exzentrische philosophische Theorie. Heute ist es ein Paradigma unserer ganzen Kultur. Diese Dinge werden tief verwurzelte Gewohnheiten, und wir übernehmen sie immer früher, und das heißt, es fällt uns immer schwerer, sie zu überprüfen.

Genauso wie wir uns unserer wissenschaftlichen und philosophischen Paradigmen bewußt werden müssen, bevor wir sie ändern können, müssen wir uns auch unsere Gewohnheiten bei emotionalen und sozialen Reaktionen bewußtmachen, bevor wir davon lassen können. Dies hängt sicher mit der Praxis der Beichte und der christlichen Betonung der Vergebung zusammen.

MATTHEW: Vergebung ist eine ganz wichtige Form des Loslassens. Ich meine, wir haben im Westen eine Ideologie, derzufolge Vergebung altruistisch ist. Dem ist nicht so – sie ist unsere einzige Möglichkeit, frei zu werden. Wir sollten uns daran erinnern, daß der Kummer mit Ärger und Zorn beginnt. Aber die zweite Ebene des Kummers ist die Trauer, und die dritte Ebene ist die Transzendenz – das Überwinden. Viele Menschen kommen über ihren Zorn nicht hinweg, und das ist verständlich, wenn man voller Kummer ist. Das bedeutet aber auch, daß wir noch in einer sklavischen Beziehung zum Objekt unseres Zorns stehen. Das bekommt uns nicht sehr gut. Wir müssen über den Zorn hinaus – und tiefer in die Trauer hineingehen und dann noch weiter bis zum Gehenlassen gelangen. Das ist nur zu unserem Vorteil – so bewegen wir uns weiter. Ich glaube, die Metapher der Bewegung ist wichtig. Wir können erstarren, aber das ist Götzendienst. Götzendienst ist die starre Fixierung auf das Objekt deiner Aufmerksamkeit. Wir können aus allem Götzen und Idole machen, von unseren Lustobjekten bis zu Objekten des Kummers und der Religion.

Bei Thomas von Aquin gibt es eine großartige Zeile. Sie lautet: «Die erste Wirkung der Liebe ist das Schmelzen.» Das ist so sinnlich! Das erste, was die Liebe tut, ist schmelzen. Das ist das Gegenteil von erstarren. Wir können starr sein vor Wut, Groll oder Verletztheit, und dann müssen wir etwas tun, um zu schmelzen. Schmelzen ist stets Bewegung. Ich meine, so kann man Vergebung auch verstehen: als Schmelzen.

Noch einmal: Das hat nichts mit Altruismus zu tun. Ich glaube nicht an Altruismus. Ich glaube an Mitgefühl und Liebe, und wenn du andere liebst wie dich selbst, dann ist das Mitgefühl. Die Liebe, die du von dir gibst, geht durch deinen Körper. Wie gesagt: Die Seele ist nicht im Körper, vielmehr ist der Körper in der Seele. Wir sagen auch nicht, daß die Seele irgendwo da draußen ist, ohne jede Verbindung zum Körper, sondern vielmehr, daß sie im Körper summt, durch den Körper hindurch und über ihn hinaus. In gewissen Augenblicken gehen wir über den Körper hinaus, aber entscheidend ist: Der Körper selbst wird durch die Seele erwärmt oder erkalten.

Mangel an Vergebung ist ein erstarrter Zustand. Es ist interessant, daß du die Tradition der Beichte in der katholischen Kirche ins Gespräch bringst. Die Theorie ist gut – laßt uns einander vergeben. Aber die Praxis hinkt da hinterher. Das führt uns zum Thema Ritual – wie anämisch doch das Ritual im Westen geworden ist! Wir haben ja diese reichhaltige theologische Tradition des Sakraments, aber für die meisten Menschen heute ist es nicht produktiv. Doch ich glaube, es ist wichtig, daß du sagst, deiner Erfahrung nach sehnen wir uns nach Vergebung. Wer kann uns Vergebung lehren?

Vor einiger Zeit habe ich einen Kroaten kennengelernt. Er erklärte mir, in Bosnien würden Serben, Moslems und Kroaten gut miteinander auskommen, aber ihre politischen Führer würden Ressentiments schüren. Das Ressentiment ist ein Mangel an Vergebung. Wenn du Serben fragst, warum sie heute Moslems foltern, dann sagen sie dir, die hätten sie vor sechzig Jahren gefoltert. Das stimmt zwar, aber ist dies die Art und Weise, wie Lebewesen in der Welt weiterkommen? Sind wir dazu da? Wer bringt diesen Menschen Vergebung bei?

RUPERT: Wie, glaubst du, kann das Ritual zum Abbau von Ressentiments beitragen?

MATTHEW: Die erste Ebene des Kummers ist der Zorn. Wir brauchen Rituale, die uns auf diese Ebene bringen, damit wir nicht explodieren und rasch darüber hinwegkommen. Manche Urvölker haben interessante Rituale für Zorn und für Kummer. Zum Beispiel das Trommeln. Trommle jeden Tag, schlage die Trommel so fest, wie du kannst, und heule aus den Eingeweiden heraus – aus dem Ort, wo der Zorn ist, das dritte Chakra. Damit gibst du einfach deinen Lärm von dir. Was tust du, wenn du eine Trommel schlägst? Du reitest auf einem Pferd, es ist ein Ritt zu Pferde. Du reitest auf einem Pferd ins Land des Kummers. Ich habe dies vor mehreren Jahren ein paar Monate lang getan, als ich irgendeinen Kummer durchlitt. Es war eine starke Meditation. Ich ritt auf dem Pferd ins Land des Kummers.

Eine schlichte Tradition der amerikanischen Ureinwohner besteht darin, daß man einen Stein nimmt, seinen Zorn in den Stein ergießt, ihn in ein Halstuch oder ein kostbares Tuch wickelt und in der Erde vergräbt. Der Kosmos kann unseren Zorn und unseren Kummer absorbieren. Darum kommen wir ohne eine Kosmologie nicht damit zurecht. Wir brauchen Valium oder einen Psychiater. Aber mit der Kosmologie können wir unseren Zorn den Sternen, dem Ozean und der Erde zurückgeben. Es ist eine ganz praktische Möglichkeit, mit der Erde umzugehen. Die Erde ist nicht bloß etwas Hübsches, das außerhalb von uns existiert. Sie ist eine Heilerin. Sie ist eine Priesterin im besten Sinne des Wortes.

RUPERT: Ich stelle mir gern diese Rituale vor. Ärger und Groll sind, genauso wie andere emotionale Reaktionsmuster, nicht nur persönlich, sie haben auch etwas mit der Gattung und mit Gewohnheiten zu tun. Wenn du zum Beispiel in einem ressentimentgeladenen Gemütszustand bist, dann gerätst du einfach dadurch, daß du dich in diesem Zustand befindest, in eine morphische Resonanz mit zahllosen Menschen, die früher einmal ressentimentgeladen waren, genau wie du selbst. Daher wirst du tatsächlich von deinen eigenen vergangenen Ressentiments und von denen vieler anderer Menschen beeinflußt. Du stimmst dich auf ein allgemeines Ressentiment ein. Diese Dinge sind in dem Maße transpersonal, in dem wir von ihnen besessen sind. Wir können auch von guten Gewohnheiten besessen sein. Normalerweise sind wir nicht sehr originell. Die meisten unserer Gefühle, Gewohnheiten und Geisteszustände haben viele andere Menschen in der Vergangenheit schon erlebt. Wenn wir in sie geraten, verbinden wir uns mit all den Menschen, die sich vor uns in ähnlichen Zuständen befunden haben.

Wenn wir uns in einem Zustand der Gnade befinden, dann sind wir Teil dessen, was wir in einem christlichen Zusammenhang die Gemeinschaft der Heiligen nennen. Wir sind mit all denen verbunden, die sich in einem ähnlichen Zustand, einem Zustand der Gnade, befunden haben. Aber wenn wir uns in einem Zustand des Grolls befinden, verbinden wir uns mit denen, die sich in einem Zustand des Grolls befunden haben. Ich meine, es ist doch interessant, daß manche Psychologen, insbesondere der in der Tradition Jungs stehende James Hillman, das, was Jung Archetypen genannt hat, nicht bloß als etwas behandeln, was im «kollektiven Unbewußten» existiert, sondern als Wesen, von denen wir besessen sind. Ich würde sagen, daß wir uns in sie einstimmen.

Unsere Seele wird von den Seelen anderer und von der kollektiven Psyche unserer Familie, unserer Nation und unserer religiösen Tradition beeinflußt. Sie ist ihrem Wesen nach weitgehend von Gewohnheiten geprägt. Aber sie ist auch offen für das Schöpferische.

MATTHEW: Damit sind wir wieder bei der Frage nach der Beziehung zwischen Seele und Geist. Wie ich bereits erläutert habe, ist der Geist eher auf die Gattung zu beziehen und somit größer als die Seele. In den Traditionen der amerikanischen Ureinwohner ist Geist ein anderer Name für Gott – der Große Geist *ist* Gott. Der Heilige Geist in der christlichen Tradition ist der Geist, der alle Dinge erschaffen hat und sie weiterhin erschafft. Thomas von Aquin hat gesagt, der wahre Geist, der Große Geist, der Heilige Geist, der am Anfang der Schöpfung über den Wassern geschwebt habe, schwebe über dem Geist und dem Willen des Künstlers, wenn er schöpferisch tätig sei. Mit anderen Worten: Diese Mitschöpfung geht immer noch weiter, und der Große Geist ist noch immer bei uns.

Dieser Geist ist gewaltig, und wir beherrschen ihn nicht. Wir rufen ihn an, aber er weht, wo er will. Er ist Gott. Er ist ein anderer Name für Gott. Unsere Seele ist unser belebtes Sein. Dieser Große Geist, Gott, wirkt nicht nur durch Seele und Körper, sondern ist in allen Wesen gegenwärtig, sogar in solchen, bei denen wir nicht so ohne weiteres annehmen würden, daß sie eine Seele haben. Wir nennen diese Wesen unbelebt – etwa Steine, Wasser oder die Luft –, aber ich glaube, darüber könnte man lange diskutieren. Der Geist ist zwar allgegenwärtig, aber wir können ihn nicht beherrschen.

Der Geist ist Atem. Das ist eine andere Möglichkeit, ihn zu verstehen. Hildegard hat gesagt, das Gebet sei nichts anderes als das Ein- und Ausatmen des einen Atems des Universums, das der Herrscher oder Geist sei. Es gibt nur einen Geist, aber viele Seelen.

Eckhart hat gesagt, unsere Seele sei ein Schlitten, der durch jeden Abschnitt unseres Körpers fahre. Der Körper selbst ist ein Feld. Dann geht die Seele überall hin, wo unser Geist und unser Herz hingehen – bis hinaus zu den eine Trillion Galaxien. Dann ist unsere Seele am Werk.

Doch der Geist ist noch größer. Er ist in der Welt und in unserem Wesen, aber er ist auch jenseits davon. Er ist *der* Geist, nicht *mein* Geist. Er ist mehr als bloß unser Geist, er ist größer als dieser. Der Geist besitzt Transzendenz. Weil der Geist, wenn du so willst, die göttliche Seele ist. Er ist nicht an sich die menschliche Seele. Wir können den Geist verbannen oder nahe daran sein, ihn zu verbannen, nämlich durch unsere Ressentiments und unsere Entscheidungen. Wir können dem Geist sagen, er solle verschwinden, dann werden wir eine Heimstatt für kleine Geister, für Schattengeister.

Aber wie steht es mit der Individualität? Die Seele ist individuell, und sie geht zugleich über die Ebene des Individuellen hinaus. Wir sind verantwortlich für unsere Anwesenheit in der Welt. Wir müssen Entscheidungen treffen, und damit hat es die Moral zu tun. Entweder treffen wir diese Entscheidungen, oder wir unterlassen es. Selbst Entscheidungen zu unterlassen, ist eine moralische Entscheidung. Unsere Moral und unsere Besonderheit beruhen auf Entscheidungen. Du unterscheidest dich von deinen Eltern – du bist aber auch mit deinen Eltern verbunden. Du unterscheidest dich von deinen Kindern, und sie zeigen dir, wie sie sich von dir unterscheiden, während sie größer werden. Aber ihr seid auch miteinander verbunden.

Zu dem, was der Westen in den letzten dreihundert Jahren geleistet hat, gehört auch die Entwicklung des Gefühls für das Individuelle. Leider ist dies auf Kosten der Gemeinschaft gegangen, und zwar auf jeder Ebene: die der menschlichen Gemeinschaft und der der Weltgemeinschaft. Und dieses Problem versuchen wir nun zu knacken. Aber ich glaube nicht, daß wir alles über Bord werfen sollten, was im Rahmen des Individuellen geleistet worden ist. Mit anderen Worten: Es ist nicht notwendig, zur Vergangenheit zurückzukehren, als die Individualität nicht geachtet wurde. Es ist schon eine

Leistung, wenn man die Einzigartigkeit erkennen kann, die jedes Wesen unverwechselbar macht, und dabei jeden Menschen einbezieht.

Allerdings war der Preis dafür fürchterlich hoch. Wir müssen zur Dialektik zurückkehren. Doch wir sollten nicht so weit gehen, daß wir die Realität der individuellen Verantwortlichkeit und die Geschichte jedes Individuums ignorieren. Selbst in unserer eigenen Familie hat jeder eine einzigartige Geschichte, und die sollte geachtet werden. In ein und derselben Familie kann es Heterosexuelle und Homosexuelle geben. Sie werden ein ganz unterschiedliches Leben führen, und das muß respektiert werden. Mädchen kommen auf diese Welt mit einer morphischen Resonanz, die sich von der der Jungen unterscheidet, weil sie jahrhundertelang anders behandelt worden sind. Wir sollten die Unterschiede aber auch nicht verwischen. Es geht um ein Sowohl-als-Auch.

RUPERT: Ich würde sagen, die individuelle Seele ist in dem Sinne lokalisiert, daß sie auf den Körper zentriert ist. Sie in-formiert den Körper – sie gibt ihm buchstäblich seine Form. Und der Körper ist das Aktionszentrum der Seele. Der Geist ist überall und zugleich nirgendwo im besonderen. Er ist in allen Dingen. Er ist nicht im gleichen Sinn lokalisiert.

Meine Seele, die aus meinen Erinnerungen, meinen Geschichten, meinen Mythen, meiner Erziehung und so weiter besteht, ist in meinem Körper und um ihn herum lokalisiert. Sie breitet sich um ihn herum aus, aber sie hat auch einen Brennpunkt oder ein Zentrum. Seelen sind in dem Sinne individualisiert, wie Körper individualisiert sind. Typisch für Körper ist, daß keine zwei Körper denselben Raum zur selben Zeit einnehmen können. So definieren wir materielle Körper.

Aber das gilt nicht für Felder. Verschiedene Felder können denselben Raum zur selben Zeit einnehmen. Sie können einander durchdringen. Der Raum, in dem du dich befindest, ist voller elektromagnetischer Strahlung. Hier sind alle Radio- und Fernsehsendungen der Welt gegenwärtig, die einen schwächer, die anderen stärker, und mit dem richtigen Gerät kannst du sie empfangen. Sie alle durchdringen einander. Das heißt nicht, daß du einige nicht einstellen kannst, weil andere gegenwärtig sind. Und zur selben Zeit durchdringt das Gravitationsfeld den Raum, in dem du dich befindest. Wenn dies nicht so wäre, würdest du in der Luft schweben. Doch es interferiert nicht in irgendeiner feststellbaren Weise mit dem elektromagnetischen Feld. Felder können einander durchdringen.

Genauso können auch Seelen einander durchdringen, und zwar in dem Sinne, daß ein Raum, der voller Menschen ist, auch von ihren erweiterten Geistern oder Seelen erfüllt ist. Jeder Mensch hat auf diese Weise mit anderen Menschen die Umwelt gemeinsam. Aber der Teil der Seele, der den Körper belebt, ist lokalisiert, und das ist das Zentrum jeder Seele. Der Körper ist lokalisiert, und unsere Körper können nicht denselben Raum einnehmen, und darum ist die Zahl der Menschen, die in einen Raum passen, begrenzt.

MATTHEW: Thomas von Aquin hat gesagt, unsere Seele sei absolut einzigartig für unseren einzigartigen Körper. Entscheidend ist, daß jeder Mensch absolut einzigartig ist. Wie sehr wir auch in die Seelen von anderen hineinwandern – die Heimstätte, der Körper, ist absolut einzigartig. Meine Seele wird nie in deinen Körper passen – das ist eine wirklich interessante Vorstellung.

Wir sollten uns erheben und lobpreisen, wenn wir uns darüber unterhalten, was Freundschaft ist und was Liebe ist und was Liebende tun – dieses Einander-Durchdringen der Seelen mit Hilfe des Körpers. Das ist doch großartig! Ich glaube, die Engel beneiden uns Menschen, weil wir Körper haben – sie haben keine, und wenn sich zwei Menschen lieben, flattern die Engel vor Neid mit den Flügeln. Davon handelt das Hohelied in der Bibel. Die menschliche Sexualität ist ein mystischer Augenblick in der Geschichte des Universums. Alle Engel und alle anderen Wesen kommen hervor und staunen darüber. Es gibt eine jüdische Tradition, wonach der Sabbat im Liebesakt gefeiert wird. Du liebst jemanden am Sabbat. Dies ist ein notwendiger Teil eines Tages des Dankes und der Ruhe.

4 *Das Gebet – ein kreativer Prozeß*

RUPERT: Ich werde zunächst einmal über meine eigenen Erfahrungen mit dem Gebet sprechen, statt über die Theologie des Gebets, die ich nie studiert habe.

Ich habe als Kind gebetet, weil ich fromme Eltern hatte. Diese Form des Gebets war ganz wichtig für mich – da konnte ich nämlich Gott bitten, mir bei den Dingen zu helfen, die mir Sorgen machten, und ihn um Schutz und Geleit bitten. Das wurde ein wichtiger Teil meines kindlichen Lebens. Ich stellte mir vor, daß Gott alles sehen könnte, insbesondere, daß er durch mich hindurch- oder in mich hineinsehen könnte. Ich glaubte, Gott könne mich hören, wenn ich zu ihm betete. Ich habe Gott nie sprechen hören, außer wenn sie in der Kirche sagten, sie würden das Wort Gottes aus der Bibel lesen. Also dachte ich, Gott würde nur in einem Buch sprechen. Aber in dem Bild, das ich mir von ihm machte, konnte er sehen und hören.

Es interessierte mich nicht besonders, ob Gott ein Er oder eine Sie war oder ob er einen Bart hatte, aber die Vorstellung, daß Gott hören konnte, war eine ziemlich frühe Erfahrung für mich durch die Praxis des täglichen Gebets.

Als ich etwa dreizehn oder vierzehn war, geriet ich unter den Einfluß der wissenschaftlichen und materialistischen Denkweise, und von einem wissenschaftlichen Standpunkt aus war mir klar, daß nichts von alldem einen Sinn ergab. Nach und nach wurde ich Atheist und glaubte, die Wissenschaft habe uns über den Aberglauben und den Hokuspokus der Religion hinausgebracht, indem sie uns ins Licht der Vernunft führte, und die Wissenschaftler würden der Menschheit den Weg in eine glänzendere und bessere Zukunft bahnen. In dieser materialistischen Welt schien das Gebet kaum einen Platz oder irgendeine Bedeutung zu haben.

Das Ganze wurde dann in meinem anglikanischen Internat auf die Spitze getrieben, als meine Klasse an der Reihe war, konfirmiert zu werden. Ich weigerte mich, mich konfirmieren zu lassen – ich war der einzige Junge, der das nicht wollte. Für mein Gefühl wäre das falsch gewesen. Aber eine Zeitlang betete ich weiter, und dann dachte ich, ich könnte ja mal rein experimentell versuchen, es sein zu lassen. Wenn schwierige Tage vor mir lagen, betete ich noch immer, doch am Beginn von Tagen, die meiner Meinung nach ziemlich leicht wurden, ließ ich das Beten sein. Dann verzichtete ich nach und nach und ziemlich vorsichtig auf das Beten auch am Beginn von schwierigen Tagen, um zu sehen, ob irgend etwas wirklich Schreckliches passieren würde, und das schien nicht der Fall zu sein. Also gab ich es allmählich ganz auf und ging immer mehr in einer rationalistischen und materialistischen Denkweise auf.

Ich vermute, daß ich noch immer Unterstützung durch das Gebet erfuhr, weil meine Mutter ganz sicher jeden Abend für mich betete und mein Vater und meine Großeltern dies wahrscheinlich auch taten. Aber das kalkulierte ich bei meinem Experiment nicht mit ein, und schließlich ging ich ja auch noch immer zum Gottesdienst. Ich war im Schulchor, und der Besuch des Gottesdienstes war sowieso Pflicht. Eigentlich hatte ich es nie völlig aufgegeben, zum Gottesdienst zu gehen. Selbst in meiner atheistischen Phase ging ich immer zum Abendgottesdienst in die Collegekapelle in Cambridge oder in Kathedralen, weil die Musik so schön und die Sprache der Gebete so bewegend war.

Erst viele Jahre später, als ich um die Dreißig war, interessierte ich mich wieder für innere Praktiken, nachdem ich nach Indien gefahren war, in den Regenwäldern von Malaysia geforscht und psychedelische Drogen, vor allem LSD, probiert hatte. Die Praxis, die mir am sinnvollsten erschien, war die Transzendentale Meditation. Ich lernte Leute in Cambridge kennen, die sie unterrichteten, und die Art und Weise, wie sie sie erklärten, fand ich sehr anziehend. Man mußte sich nicht auf ein Glaubenssystem einlassen, man brauchte auch nicht zu glauben, daß sich da etwas anderes abspielte, als daß der Geist durch eine seit Generationen bewährte Praxis beruhigt wurde. Das schien mir völlig in Ordnung zu sein: Die wissenschaftliche Weltanschauung wurde anscheinend nicht in Frage gestellt, weil ich das Ganze als etwas ausschließlich Innerliches und Physiologisches ansehen konnte. Ja, die Instruktoren förderten noch diese Einstellung, indem sie Diagramme zeigten, wie die Meditation die Muster von elektrischen Wellen im Gehirn verändern und den Blutzuckerspiegel senken oder den Milchsäurespiegel heben konnte.

Sie sagten einfach, probier's doch mal, und ich probierte es, und es funktionierte. Ich fühlte mich ganz ruhig, und darum praktizierte ich es wie empfohlen zwanzig Minuten lang am Morgen und am Abend, über mehrere Jahre hinweg. Ich fand das ganz hilfreich. Aber das hatte immer noch nichts mit der Dimension des Gebets zu tun, weil ich das Ganze als rein innerliche Übung ansehen konnte. Seltsamerweise ist es für wissenschaftlich denkende Menschen viel leichter, sich auf das kontemplative Gebet oder die Meditation oder die mystische Erfahrung einzulassen, als auf das Bittgebet. Das kontemplative Beten oder Meditieren läßt sich von einem materialistischen Standpunkt aus leicht als rein innerer Vorgang ansehen, der die Physiologie des Gehirns durch irgendeine Art von Feedback beeinflußt. Dazu ist kein Glaube an irgend etwas erforderlich, das jenseits deines eigenen Nervensystems liegt, während dieser Glaube beim Bittgebet notwendig ist. Gewöhnlich bittet man um Dinge, die in irgendeiner Distanz geschehen sollen, und dadurch wird die orthodoxe Wissenschaft viel stärker in Frage gestellt.

Dann bin ich nach Indien gegangen, habe in einem Landwirtschaftsinstitut gearbeitet und mich mit anderen Meditationsformen beschäftigt, zum Beispiel mit dem Raja-Yoga. In Hyderabad, wo ich wohnte, habe ich Sufis kennengelernt, und einer von ihnen wurde mein Lehrer und gab mir ein *wazifah*, also die Sufi-Version eines Mantra, einen der neunundneunzig Namen Gottes. Ich praktizierte das etwa ein Jahr lang und fand es hilfreich. Diese Form der Meditation konzentriert sich auf das Herz, wie so viele Sufi-Praktiken.

Ganz unerwartet, während ich noch in Indien war, fühlte ich mich auf einen christlichen Weg zurückgezogen. Als ich das Jesus-Gebet entdeckte, in der griechischen und russisch-orthodoxen Tradition des Herzensgebets, begann ich das zu praktizieren und es wie ein christliches Mantra zu behandeln. Wieder konnte ich dies für einen inneren Prozeß halten, und es stellte eigentlich meine wissenschaftliche Weltanschauung nicht allzusehr in Frage. Aber dann begann ich, etwa im Alter von vierunddreißig Jahren, erneut tagtäglich zu beten. Ich fing damit an, jeden Morgen das Vaterunser zu beten. Als ich daran gewöhnt war, gingen mir verschiedene Formulierungen auf, die für mich besonders wichtig und bedeutungsvoll waren. Ich mache das noch immer täglich, und wenn ich das Vaterunser bete, dauert eine Passage manchmal ziemlich lange. Beispielsweise kann ich eine halbe Stunde bei der Formulierung «Erlöse uns vom Bösen» verweilen, weil mir dabei Menschen einfallen, die ich kenne und die der Erlösung vom Bösen bedürfen, den Formen des Bösen, die mich und meine Familie bedrohen, wie jenen, die die Menschheit oder den Planeten bedrohen. Ein andermal mag es die Bitte um Vergebung sein. Andere Passagen können der Ausgangspunkt für Bitt- und Fürbittegebete sein, so daß ich um bestimmte Dinge und um Hilfe für andere Menschen und für mich selbst bitte.

Die Meditation half mir dabei, meinen Geist von weltlichen Sorgen zu befreien, aber als ich in die Wirklichkeit zurückkehrte, waren alle Probleme der Welt noch da. Ich machte die Erfahrung, daß es eine tiefe Kluft zwischen dem meditativen Zustand und dem übrigen Leben gab. Das ist so reizvoll an der Hindu-Tradition: Hier hat die Meditation nicht den Zweck, die Welt umzuwandeln, die nicht erlösbar ist, sondern das Individuum von den endlosen Zyklen des Karma zu befreien. Das Ziel scheint eine Art von Senkrechtstart zu sein, bei dem du die Welt und all ihre Kümmernisse hinter dir läßt. Im Gegensatz dazu hatte ich den Eindruck, daß mich das Gebet enger mit dem verband, was in meinem Leben und in der Welt um mich herum vorging. Ich fand das Gebet zunehmend hilfreich und begann allmählich, mehr zu beten und weniger zu meditieren.

Dann fing ich an, mir Gedanken über das Gebet zu machen und mich zu fragen, wie es funktionierte. Mechanistisch gesprochen, sind die chemischen und elektrischen Veränderungen in deinem Gehirn einen Meter weiter praktisch schon nicht mehr festzustellen, und wahrscheinlich sind sie kaum imstande, den Lauf der Natur oder den Lebenslauf anderer Menschen zu beeinflussen oder sich in einer gewissen Entfernung auf andere Dinge auszuwirken. Aus dieser Sicht ist das Gebet, wissenschaftlich gesprochen, wirkungslos.

Ich entdeckte, daß nur ganz wenige Menschen bereit waren, dieses Problem anzugehen, obwohl doch Erhebungen zeigen, daß die meisten Menschen beten, sogar Menschen, die nicht in die Kirche gehen. Das Gebet ist selbst in sehr weltlichen Gesellschaften wie im heutigen England ziemlich verbreitet. Aber für die meisten Menschen ist das Gebet reine Privatsache, und sie wollen darüber lieber nicht nachdenken, weil es sich so wenig mit der wissenschaftlichen Weltanschauung verträgt. Wenn du für jemanden in Australien betest, es möge ihm bessergehen, und dann geht es ihm wirklich besser, stellt sich doch die Frage, wie das eigentlich funktionieren kann. Wenn du den Betroffenen anrufst und ihm mitteilst, daß du für ihn betest, könnte das natürlich eine Suggestion sein. Das Gebet kann dir also aus psychologischen Gründen helfen. Aber wenn das Gebet über eine gewisse Entfernung wirkt, ohne daß es sich als Suggestion erklären läßt, spricht es allen wissenschaftlichen Realitätsmodellen Hohn. Eigentlich dürfte es keine Wirkung haben, und doch beten die meisten Menschen.

Als ich wieder in England war, machte ich meinen Freunden in Cambridge, einer Gruppe von Wissenschaftlern, Mystikern und Philosophen, die sich Epiphany Philosophers nannte, den Vorschlag, einmal über das Thema Gebet zu diskutieren. Sie waren einverstanden, und dann hatten wir eine Reihe von Sitzungen, die sich über zwei oder drei Jahre verteilten. Ich möchte nun kurz auf einige der Fragen eingehen, über die wir diskutierten.

Die erste lautete: Wie unterscheidet sich das Gebet von positivem Denken? Besonders in Amerika gibt es unendlich viele Bücher darüber, wie man durch positives Denken Erfolg in der Liebe und im Geschäftsleben haben kann. Derartige Bücher werden seit dem 19. Jahrhundert verlegt, und in jeder Generation gibt es eine Menge Bestseller, die auf diesem Prinzip beruhen. Und stets begegnet man Menschen, die auf die Effektivität des positiven Denkens schwören, besonders Verkäufer, die oft Seminare darüber besuchen. Aber in den meisten Geschichten, die ich höre, geht es darum, wie man einen Parkplatz kriegt.

Die Technik besteht darin, daß man sich das, was man möchte, visuell vorstellt und ganz fest daran denkt, und dann wird es auch klappen. Das unterscheidet sich vom Gebet, weil man glaubt, man würde etwas durch die Kraft seines eigenen Geistes bewirken. Das positive Denken ist nicht auf irgendeinen größeren Zweck ausgerichtet, sondern nichts weiter als eine Methode, mit der man bekommt, was man will: den guten Vertragsabschluß, den man im Geschäftsleben erzielen möchte; das Grundstück, auf dem man sein Haus bauen will; das Bestehen des Examens; das Verführen eines anderen Menschen. Es wird großenteils aus selbstsüchtigen Motiven praktiziert. Das positive Denken kann man zwar in einem größeren Kontext anwenden, aber gewöhnlich will man damit durch die Kraft des Geistes etwas bekommen.

Ich denke, das kann funktionieren. Darüber hinaus meine ich, daß sich mittels der Vorstellung vom morphischen Feld verstehen läßt, wie es funktionieren könnte. Man könnte im Geist ein Intentionsfeld erzeugen, und weil der Geist ja nicht im Gehirn lokalisiert ist, kann sich dieses Feld ausbreiten und tatsächlich den Lauf der Natur beeinflussen. Wenn wir die Vorstellung des nichtlokalen oder erweiterten Geistes (siehe Kapitel 2) im Zusammenhang der Vorstellung von Intentionsfeldern betrachten, fangen wir an zu erkennen, wie das positive Denken funktionieren könnte.

Aber das Gebet ist mehr. Beim Gebet geht es darum, daß man das, was man will, in einen größeren Kontext stellt. Gebete beginnen mit der Anrufung höherer Mächte, zum Beispiel: «Vater unser, der du bist im Himmel», «Ave, Maria», «Komm, Heiliger Geist, erwecke unsere Seelen». In allen Traditionen beginnen Gebete mit Anrufungen.

In Bitt- und Fürbittegebeten (in denen man um Dinge bittet und für andere Menschen betet) richtet man sich bei dem, worum man bittet, bewußt nach dem höheren Zweck: «Dein Wille geschehe.» Damit geht das Gebet über das bloße positive Denken hinaus, da daran nicht nur der eigene Geist beteiligt ist.

Zweitens entdeckten wir, daß wir in unseren Diskussionen ständig aneinander vorbeiredeten, bis wir auf die simple Idee kamen, die verschiedenen Teilnehmer unserer Gruppe zu bitten, uns zu sagen, wie sie selbst beteten. Wir kannten einander seit mindestens zehn Jahren und beteten auch miteinander (nach dem anglikanischen Gebetbuch), aber niemand von uns hatte je diese Frage gestellt. Es gab erstaunlich unterschiedliche Antworten. Mich verblüffte es, daß einige Mitglieder der Gruppe nie um etwas Spezielles beteten. Sie dachten, es wäre falsch, sich in Gottes Willen einzumischen: Man sollte die Bitte «Dein Wille geschehe» im allgemeinsten Sinn äußern, indem man den Menschen oder das Ding, für den oder das man betete, ins Licht Gottes stellte und die Gebete ganz allgemein hielt.

Andere dagegen sagten, nein, die Bibel fordere uns doch dazu auf, ganz spezifisch zu beten: Wir bitten also ganz genau um das, was wir wollen, und gerade die Klarheit der Intention und die Zielgerichtetheit machen das Gebet so effektiv. Derartige Unterschiede, wie sie in unserer Gruppe auftraten, sind weit verbreitet. Generell bevorzugen die Liberalen die allgemein gehaltenen Gebete, während die Evangelischen oft sehr spezifisch sind und auf bemerkenswerte Beispiele verweisen können, wie das funktionieren kann.

Ich selbst habe einen verblüffenden Fall miterlebt, als ich mich in Pater Bede Griffiths' Aschram in Südindien aufhielt. Dort wohnte auch ein junger Mann, der sich zum Pastor in der Kirche von Südindien ausbilden ließ und der aus einer evangelischen Tradition kam. Er war sehr vergnügt, voller Freude und vertraute dem Gebet absolut. Er lebte durchs Gebet und betete speziell um das, was er wollte.

An einem Regentag spannte ich einen Taschenschirm auf. Er hatte noch nie einen gesehen und wollte unbedingt auch einen haben. Mit der Begründung, daß er ihm bei seinen seelsorgerischen Pflichten behilflich wäre, betete er um einen. Ich hielt dies für ein Gebet, das wohl kaum erhört würde, weil man damals in Indien keine Taschenschirme kaufen konnte. Am nächsten Tag sah ich ihn mit einem Lächeln über dem ganzen Gesicht in den Aschram kommen – und in der Hand hielt er einen Taschenschirm. Ich fragte ihn, woher er ihn habe. Er erklärte mir, sein Gebet sei erhört worden. Er sei die Straße zur nahe gelegenen Stadt entlanggegangenen, als ein Schnellbus an ihm vorbeigerattert sei. Und dann sei ihm dieser Schirm aus dem Bus direkt vor die Füße gefallen, während der Bus in einer Staubwolke verschwand.

Für mich war das ein lehrreiches Beispiel für die Kraft des spezifischen Gebets. Nun könnte man zwar zweifellos einwenden, dies sei eher ein Beispiel für positives Denken, und tatsächlich wäre es schwierig, beides ganz scharf voneinander zu trennen. Aber diejenigen, die um etwas ganz Spezielles beten, sind zuweilen ziemlich raffiniert. Sie sind sich durchaus der Möglichkeit bewußt, daß sie versuchen, das Gebet zur Erfüllung von egoistischen Wünschen zu benutzen, behaupten aber, wir könnten Mitschöpfer beim Ablauf der Ereignisse werden, indem wir uns nach dem Willen Gottes richten und um etwas Spezielles beten. Gott selbst also ist in die allgemeine Richtung der Dinge involviert, aber die eigentliche Arbeit, zu der wir aufgerufen sind, wenn wir beten, ist die Entwicklung der speziellen Intentionen.

Drittens stellte sich die Frage, worum wir beten sollten. Wenn wir darum beten, daß das Reich des Himmels komme – welches Bild haben wir dann eigentlich davon? Wir wissen zwar, wogegen wir sind: gegen Ungerechtigkeit, Ausbeutung, Umweltverschmutzung, den Raubbau an den Wäldern und so fort. Aber es ist viel schwerer zu sagen, wofür wir sind, was wir uns wirklich vorstellen, wenn wir spezifisch darum beten, das Reich des Himmels möge kommen, und dabei über ganz allgemeine Worte wie Gerechtigkeit und Frieden hinausgehen. Auch bei dieser Frage unterscheiden sich die Menschen erheblich, und wieder hat das etwas damit zu tun, ob man allgemein oder speziell betet.

Den meisten Menschen widerstrebt es ziemlich, sich über das Gebet zu äußern. In evangelischen Kreisen ist dies indes nicht so, und eine ihrer großen Stärken, für die ich sie bewundere, ist ihre Fähigkeit, spontan laut zu beten – für sie ist das etwas völlig Normales. Ein ähnliches Selbstbewußtsein hat auch die charismatische Bewegung vielen Menschen in nichtevangelischen Kirchen vermittelt.

Das sind einige meiner Gedanken über das Gebet. Ich habe mich dabei hauptsächlich auf Bitt- und Fürbittegebete konzentriert, die oft als die niedrigsten Formen gelten, aber ich glaube, sie sind sehr wichtig, und ganz sicher bereiten sie im Kontext der gegenwärtigen wissenschaftlichen Weltanschauung die meisten Probleme.

MATTHEW: Vielen Dank, Rupert, daß du die übliche Schamhaftigkeit der Anglikaner – von der der anglikanischen Wissenschaftler ganz zu schweigen – überwunden und deine persönlichen Erfahrungen mitgeteilt hast. Ich glaube, das ist für dich ganz beachtlich und mutig. Bei der Geschichte, wie du das Gebet mit dreizehn aufgegeben hast, mußte ich daran denken, wie der elfjährige Huckleberry Finn um eine Angelrute und Haken betet und dann nur Haken bekommt. Daher hat er auch das Gebet für den Rest seines Lebens aufgegeben. Anscheinend lehnen wir etwa in diesem Alter eine bestimmte Art von Gebet ab.

Ich fühlte mich zu den Dominikanern zwar aus mehreren Gründen hingezogen, aber das lag auch daran, daß ich ihre Abtei besuchte, als ich in einer der oberen Klassen der High School war, und den lateinischen Gesang der Messe so schön fand. Mich hat also die Ästhetik angezogen. Ich habe den Dominikanern für vieles zu danken, und dieser Gesang gehörte zur Ausbildung. Der ganze Zusammenhang zwischen Gebet und Schönheit wird, glaube ich, oft unterschätzt.

Das erste Buch, das ich geschrieben habe, handelte vom Gebet, weil ich mich sehr für Spiritualität interessierte und meinte, die Frage Nummer eins würde lauten: «Was ist das Gebet?» Aufgrund meiner ganzen Ausbildung als Dominikaner war ich der Ansicht, wir würden durch Osmose, nicht durch Reflexion beten. Ich war schon vierzehn Jahre lang Dominikaner gewesen, als ich dieses Buch schrieb. Man hatte uns eigentlich nicht beigebracht, Mystiker zu sein, oder was es bedeutete, Mystik zu praktizieren. Wie auch immer – was also ist das Gebet? Mein Buch trug den merkwürdigen Titel *On Becoming a Musical Mystical Bear* («Wie man ein musikalischer mystischer Bär wird»), und ich stehe noch heute zu meiner Definition des Gebets in diesem Buch, weil ich bis jetzt keine bessere gefunden habe. Sie lautet: Das Gebet ist im Grunde eine radikale Reaktion auf das Leben. Es ist unsere Urreaktion auf das Leben. Es gibt eigentlich nur zwei Reaktionen. Die eine ist unser «Ja», die andere unser «Nein.»

Unsere radikale Reaktion auf das Leben besteht in der Dialektik von «Ja» und «Nein», und daher ist das Gebet sowohl unsere Mystik – unser «Ja» – als auch unsere Prophetie – unser «Nein». Der Kampf um Gerechtigkeit ist ebensosehr Gebet wie ein High-Werden angesichts der Schönheit des Lebens. Sie gehören zusammen, denn je mehr wir uns in das Leben verlieben, desto anfälliger sind wir für die verletzenden Kräfte in uns selbst und in unserer Gesellschaft, die das Leben gefährden, wie etwa die Kräfte der Ungerechtigkeit, des Rassismus und so fort.

Ich empfand das Schreiben dieses Buches als sehr befriedigend, denn zu diesem Zeitpunkt, in den späten sechziger und frühen siebziger Jahren, schlug ich mich einerseits mit den Problemen der Mystik herum und andererseits mit dem Vietnamkrieg, den Bürgerrechten und den Rechten der Frauen.

Wir befinden uns in einem Augenblick der Menschheitsgeschichte, an dem das Gebet wie ein Vulkan ausbrechen muß. Denk nur daran, wieviel ein Vulkan für den ganzen Planeten tun kann. Wir leben auf einer Kruste, die nur etwa dreißig Kilometer dick ist, und darunter befinden sich Tausende von Kilometern geschmolzener Lava. Ich denke, unsere Seelen weisen den gleichen Zustand auf. In uns allen gibt es diese geschmolzene Lava, die nur selten ausbricht. Wir gehen gelangweilt durchs Leben und sterben, und jeder langweilt sich mit uns, und das Leben ist langweilig. Das Gebet ist die Chance, diese geschmolzene Lava anzuzapfen und jene Nährstoffe freizusetzen, die der Planet braucht, die die Jungen brauchen und die wir brauchen, um lebendig und geläutert und bewußt zu sein. Dieser Augenblick des Tiefenökumenismus ist die Zeit, in der dies geschehen sollte. Mit Tiefenökumenismus meine ich das Zusammenkommen von Weltreligionen und spirituellen Traditionen um das Gebet, um die mystische Praxis und um mystische Erfahrungen herum, in die wir zusammen eintreten.

Ich habe zwei Bilder dafür. Das eine stammt von Meister Eckhart: «Gott ist ein großer unterirdischer Fluß, den niemand eindämmen und aufhalten kann.» In diesen Fluß münden verschiedene Quellen: eine buddhistische Quelle, eine taoistische Quelle, eine Ureinwohner-Quelle, christliche, Sufi- und jüdische Quellen. Wir steigen alle irgendwo hinunter. Jeder von uns muß in den neunziger Jahren irgendeinen Weg gehen, und im Grunde sind dies Wege des Gebets. Wenn wir zur Quelle hinuntersteigen, gelangen wir zu dem einen unterirdischen Fluß, den lebendigen Wassern der Weisheit. Das Gebet ist ein Freisetzen von Weisheit. Das ist der Vulkan, der noch nicht ausgebrochen ist. Drei Jahrhunderte wissenschaftlichen Wissens liegen hinter uns, wir erfinden Computer, um all dieses Wissen zu speichern – und wieviel Weisheit haben wir in den letzten dreihundert Jahren entwickelt? Wieviel haben wir verloren? Was heißt es denn anderes, wenn wir eine Urbevölkerung auslöschen, als daß wir Weisheit vernichten?

Ein anderes Bild für Tiefenökumenismus stammt von Bede Griffiths. Er sprach von unseren fünf Fingern. Nehmen wir einmal an, jeder Finger sei eine der Weltreligionen: Hinduismus, Buddhismus, Judaismus, Islam, Christentum. Oberflächlich betrachtet, sind sie ganz voneinander getrennt. Betrachten wir aber ihre Wurzeln, bilden sie eine Hand. Für mich steht diese Metapher Eckharts Bild vom unterirdischen Fluß sehr nahe. Beide funktionieren.

Entscheidend ist doch, daß wir zur Quelle gelangen und den Unsinn über die Unterschiede in unseren Religionen aufgeben, die ja wirklich unbedeutend sind, verglichen mit dem, was geschehen muß. Ist da unten ein Vulkan, oder ist da keiner? Wo ist das Feuer? Gibt es da einige Nährstoffe, die verteilt werden müssen, oder nicht?

Nikolaus von Kues war ein Mystiker und Wissenschaftler im 15. Jahrhundert und außerdem Kardinal in der römisch-katholischen Kirche (was nicht unbedingt eine besonders gute Referenz ist). Der Physiker David Bohm hat gesagt, er verdanke Nikolaus mehr als Einstein, und das ist, meine ich, für einen Wissenschaftler ein ziemlich ketzerischer Ausspruch. Nikolaus war päpstlicher Gesandter in Griechenland, und im Laufe seiner Arbeit erfuhr er einiges über Tiefenökumenismus. Er hat im 15. Jahrhundert diese unglaublichen Sätze geschrieben: «Die Menschheit wird erkennen, daß es nicht eine Vielzahl von Glaubensbekenntnissen ist, sondern ein und dasselbe Glaubensbekenntnis, das überall vorgetragen wird, denn es kann nur eine Weisheit geben. Alle Menschen müssen sich daher darin einig sein, daß es nur eine ganz einfache Weisheit gibt, deren Kraft unendlich ist, und jeder, der sich bemüht, die Intensität dieser Schönheit zu erklären, muß erkennen, daß es eine höchste und furchtbare Schönheit ist.»

Schönheit und Weisheit, Ehrfurcht und Staunen werden den Tiefenökumenismus herbeiführen, und ich meine, die Prophezeiung von Nikolaus von Kues ist dabei, sich zu erfüllen. Gerade im Zusammenbruch der Formen der institutionellen Religion haben wir den Beweis dafür, daß etwas Tieferes aus der Religion geboren werden muß.

Die vier Wege der schöpferischen Spiritualität kennzeichnen die vier Dimensionen des Gebets auf eine reichere und tiefere Weise, als dies die klassischen Theologien des Gebets getan haben. Ich möchte das hier nur ganz kurz erläutern: Der erste Weg der schöpferischen Spiritualität ist die *via positiva*, ein klassischer Begriff, der nicht sehr gebräuchlich ist, der aber mit unserem Erleben von Ehrfurcht zu tun hat. Rabbi Abraham Heschel sagt: «Der Lobpreis geht dem Glauben voraus.» Das ist ein ganz wichtiger Satz. Mit anderen Worten: Ohne Lobpreis gibt es keinen Glauben. Der Lobpreis geht dem Glauben voraus, doch wir können den Lobpreis in einer anthropozentrischen, urbanen Zivilisation wie der unseren nicht mehr als gegeben voraussetzen. In einer Maschine als solcher gibt es keinen Lobpreis. Wir haben die *via positiva* verloren. Ich werde immer behaupten, daß die *via positiva* für die Menschen im Westen der schwerste, der schwierigste aller vier Wege ist. Lobpreis handelt von Ehrfurcht und Staunen und von der Freude, die damit einhergeht – im Westen ist das schwerer zu verstehen als das Leiden. Weil wir die Quellen der Ehrfurcht – Natur und Schöpfung – verunglimpft haben.

Das heißt Gebet: uns der Ehrfurcht, dem Staunen und der Dankbarkeit zu öffnen. Das ist die erste Stufe des Gebets. Dazu Meister Eckhart: «Hieße das einzige Gebet, das du in deinem ganzen Leben aufsagst: Ich danke dir, dann würde das genügen.» Dankbarkeit ergibt sich daraus.

Der nächste Weg ist die *via negativa*. Der negative Weg ist der Weg der Dunkelheit, des Leidens, des Schweigens, des Geschehenlassens und sogar des Nichtseins. *Entleeren*. All dies heißt Gebet: das Schweigen erfahren, von allen verbalen, mündlichen und imaginären Bildern entleert werden, geschehen lassen und das Leiden erfahren. Es handelt nicht einfach davon, daß wir darum bitten, von unserem Leiden erlöst zu werden, sondern davon, daß wir uns auf den Prozeß des Leidens einlassen, um zu lernen. Das Leiden ist einer der größten Lehrer, einer der Gurus unseres Lebens, und der Westen versteht sich nur ganz schlecht aufs Leiden. Wir wollen Valium haben oder uns operieren lassen oder sonst etwas tun, um es abzublokken oder zu «vertreiben». Der Prozeß des Geschehenlassens ist das Gebet.

Der dritte Weg ist die *via creativa:* der Eintritt in den schöpferischen Prozeß, und zwar nicht, um ein Produkt zu produzieren, sondern um unsere Bilder zu respektieren, indem wir ihnen unsere Aufmerksamkeit zuwenden und sie zur Welt bringen. Dadurch respektieren wir unsere tiefsten Erfahrungen: unsere Leidenschaften, unsere Lust und unser Leid, den kosmischen Christus in uns, der nicht nur das Licht in uns ist, sondern auch die Wunden in uns und in allen Wesen. Das Schöpfertum an sich ist ein Gebetsprozeß. Eine meiner Lieblingspassagen über Kreativität stammt von Leonard Bernstein. Er erzählt, wie man stundenlang an einem Klavier sitzen kann und ein Stück zu komponieren versucht, und da spielt man dann mit den Noten und den Akkorden, und nichts geschieht. Und plötzlich passiert es, und wie er das beschreibt, ist wunderschön. Er sagt, man vergißt Zeit und Raum und weiß nicht mehr, wo man ist – man weiß nur, daß man Teil von etwas ist, das größer als man selbst ist. Dann kann man nichts weiter sagen, fährt er fort, als *«Deo gratias»*, und es ist so faszinierend, daß das von einem Juden gesagt wird, weil er in die lateinische Messe in dem Augenblick einstimmt, da er vom Blitz des schöpferischen Prozesses getroffen wird.

Der vierte Weg ist die *via transformativa*, der Weg der Wandlung. Dies ist ein Weg des Mitgefühls, und dabei geht es um die Erkenntnis unserer wechselseitigen Abhängigkeit und das Handeln, das sich daraus ergibt. Die erste Reaktion auf die wechselseitige Abhängigkeit lautet: «Toll, wir sind alle hier, laßt uns feiern.» Die zweite Reaktion ist das Heilen, und das ist ein anderes Wort für das Herbeiführen von Gerechtigkeit, weil die schwersten Verletzungen durch Ungerechtigkeit entstehen.

Alle vier Wege sind das Gebet. Unser Ringen um Gerechtigkeit, unsere Sehnsucht nach Feiern, unser Sicheinlassen auf einen Kummer, unser Erschaffen von Formen, die uns erlauben zu feiern – all das ist das Gebet. Dies ist eine radikale Reaktion auf das Leben, weil es aus den Tiefen unseres Lebens kommt.

Nun möchte ich noch ein paar Worte über die Meditation sagen. In England gibt es eine Gruppe namens Study Society, die mich vor einiger Zeit zu einem Vortrag eingeladen hat. Seit Jahren praktizieren sie das Derwisch-Gebet. Eine sehr interessante Gruppe: Künstler, Philosophen, Wissenschaftler, Dichter und andere. Ich gab diese kleine Reflexion über die Meditation zum besten und erklärte, was sie für uns bewirkt. Was lernen wir von der Meditation? Still zu sein, leer zu sein, mit dem Sein zu sein, mit dem Nichtsein zu sein, mit dem Nichts zu sein. Daher lernen wir aus all diesem Mit-Sein etwas über Beziehungen.

Das Volk der Lakota betet immer: «Aho Mitakye Oyasin» – all

unsere Beziehungen. Das ist das Wesen des Gebets: Es läutert unsere Beziehungen. Erinnere dich an das, was wir zuvor gesagt haben – daß die Seele ausgeht, daß sie allumfassend ist. Da draußen gibt es eine Menge Beziehungen, auf die wir unsere Aufmerksamkeit richten sollen. Eckhart hat gesagt: «Beziehung ist das Wesen von allem, was existiert.» Das ist heutige Physik! Und er hat das im 14. Jahrhundert gesagt. Kein Wunder, daß 28 seiner Sätze nach seinem Tod verdammt wurden! Mit diesem Satz hat er die vorangegangenen zweieinhalb Jahrtausende westlicher Metaphysik vernichtet: die Suche nach der Substanz der Dinge. Sie suchen noch immer nach dem Ding im Ding im Ding. Aber, wie Eckhart schon sagte: Beziehung ist das Wesen von allem.

Und wenn er recht hätte? Dann hieße das, daß die Praxis, die in Beziehung setzt – die läutert, respektiert, lobpreist und antreibt –, daß diese Praxis das Herz aller Dinge ist. Ich behaupte, diese Praxis ist das Gebet und die Meditation. Sie lehrt uns, mit dem Prozeß vertraut zu sein. Ist jede Beziehung prozeßhaft? Ist jeder Prozeß Beziehung, Beziehung in Bewegung? Mir scheint, daß alle Wesen sowohl Beziehung als auch Prozeß sind. Die Meditation lehrt uns, mit der Dunkelheit zu sein, in der Gegenwart zu sein. Sie lehrt uns, ganz gegenwärtig zu sein, und das bedeutet, daß wir die Vergangenheit und die Zukunft loslassen, alle Pläne, alle Projektionen und alle Muster. Daher bedeutet dies, offen für zukünftige Muster zu sein, für das «Noch nicht», das Ungeborene. Eckhart sagt uns, wir sollten unser ungeborenes Selbst werden. Das geschieht, wenn wir zu den Ursprüngen zurückkehren. Wir werden unser ungeborenes Selbst. Das ist eine so unglaubliche Aufforderung! Warum? Da ist Freiheit. Wir können ganz von vorn anfangen. Wir haben durch die Meditation die Fähigkeit, zu unserem ungeborenen Selbst zurückzukehren. Da geht es darum, daß wir lernen, zu spielen, zu lachen, jugendlich zu sein. Eckhart sagt: «Gott ist *novissimus*» – das Neueste im Universum. Wenn du zu Gott zurückkehrst, kehrst du an den Anfang zurück. Darum beginnt die Bibel mit den Worten «Im Anfang», und zwar nicht nur im Buch Genesis, sondern auch im Johannesevangelium, weil Gott immer im Anfang ist. Wo sind wir?

Wir sind auf Wanderschaft. Wie Eckhart sagt: «Gott ist zu Hause, wir sind ausgegangen.» Meditation ist diese Heimkehr zu unseren Ursprüngen.

Dann lernen wir, im Dunkeln und im Licht, im Leid und in der Lust, im Reichtum und in Armut zu Hause zu sein. Wir erfahren Überraschungen und die Offenheit gegenüber dem Geist. Wir erfahren die Stille und das Schweigen, das hinter allen Dingen ist. Wir lernen, in Ehrfurcht zu sein und uns von ihr erfüllen zu lassen. Wir lernen vom Gott der Dunkelheit und des Chaos, im Chaos zu sein. Das Wichtigste, was ich über das Chaos sagen kann, ist, daß wir ihm vertrauen – inzwischen ist es überall. Sogar die Physiker sind dabei. Ganz sicher ist es in unserer Psyche. Der Mensch will alles so gern unter Kontrolle haben. Dieses patriarchalische morphische Feld, das wir so gut entwickelt haben, hat besonders etwas mit diesem Unter-Kontrolle-haben-Wollen zu tun. Wir fühlen uns beim Chaos ganz und gar nicht wohl und tun gern so, als wäre es nicht da.

Ich bin überzeugt, das Problem Nummer eins bei den Männern ist das Selbstmitleid. Aber was ist Selbstmitleid? Es ist die Suche nach der Mutter, nach der stillenden Mutter außerhalb von uns. Es ist eine Suche nach der Mutter, die aus dem Mann vertrieben wurde. Der Mann muß die Mutter in sich selbst und unter uns selbst finden. Die Männer müssen anfangen, Männer zu bemuttern. Franz von Assisi hat zu seinen Brüdern gesagt: «Seid einander Mütter.» Als ich das einmal in einem Vortrag dargelegt habe, kam anschließend eine Frau zu mir und sagte: «Nun, Sie haben wahrscheinlich recht, was die Männer betrifft, aber ich muß Ihnen sagen – ein Problem für uns Frauen ist die Bitterkeit.» Interessanterweise hat Thomas von Aquin gesagt, die Bitterkeit komme daher, daß man über eine lange Zeit den Zorn unterdrücke. Das trifft zu, denn den Frauen hat man in unserer Kultur gesagt, sie sollen lieb, nett und feminin sein und ihren Zorn nicht zeigen. Indem man ihn unterdrückt, frißt er an einem und wird zu Bitterkeit. Das hält die Frauen davon ab, in sich die Kraft, ihren Zorn auszudrücken, und die Formen zu finden, dies konstruktiv und nicht destruktiv zu tun.

Die Meditation hilft uns auf dem Gebiet der Sexualität. Ich bin davon überzeugt, daß wir ohne Mystik mit der Sexualität nicht umgehen können. Es ist immer interessant zu lesen, was die Mystiker zur Sexualität zu sagen haben. Ich werde nie den Augenblick vergessen, als vor fünfzehn Jahren eine Frau zum erstenmal in unser Institut kam und Thomas Mertons Zen-Lyrik las. Darin heißt es einmal «Ich bin eine Glocke», und ich fiel fast vom Stuhl, weil ich dachte: Was für ein feminines Bild! Dann bin ich der Sache nachgegangen und fand heraus, daß fünfundachtzig Prozent der Bilder für die Seele bei Johannes vom Kreuz, Meister Eckhart und Merton feminin sind. Doch neunzig Prozent von Teresa von Ávilas Bildern für ihre Seele sind maskulin. Das Großartige an den Mystikern ist, daß sie uns im Hinblick auf das Geschlecht total verwirren. Wir meinen ja heute, bei uns gehe es drunter und drüber, was die Geschlechter betrifft, aber warte erst mal ab, bis du dich mit den Mystikern befaßt! Es ist das reinste Chaos, also genau das, was wir brauchen, um das sexuelle Problem in unserer Zivilisation zu lösen. Wir hängen so sehr an dem, was Männlichkeit und Weiblichkeit sein sollten, daß wir uns einmal auf die Ebene begeben müssen, auf die uns die Meditation bringen kann, und die Sexualität Sexualität sein und sie sich entwickeln lassen, wie sie sich auszudrücken verlangt, und sie sich ausdrücken lassen, in welcher Form dies auch immer sein mag.

Wir begegnen in der Meditation auch dem Gott des Mitgefühls, der uns aufruft, andere Christen zu sein, bei uns zu sein, Lichter der Welt und Erben des göttlichen «Ich bin». All dies geschieht in der Meditation.

Ich möchte aber auch über zwei verschiedene Arten von Meditation sprechen. Die eine ist die aktive Meditation, bei der wir uns ein Bild vorstellen oder hervorbringen sollen oder ein Bild bekommen, dem wir folgen sollen. In der aktiven Meditation bei einigen Heilpraktiken wirst du angewiesen, etwas über deinen Krebs zu meditieren: Du bekämpfst ihn, du gehst in deinen Körper hinein und wirst das weiße Blutkörperchen, und so fort. Diese Art von Meditation hat einen gewissen Stellenwert. Sie ist gut, aber sie ist nicht die einzige Art von Meditation.

Die entleerende Meditation, und das ist die rezeptive Meditation, wird heutzutage dringend benötigt. Man begegnet ihr im Zen und auch in anderen Praktiken. Die simple Anweisung lautet, daß wir schweigen, auf unser eigenes Bild hören sollen. Das ist das Entleeren. Dabei treten wir in unsere Nichtbilder ein, und das ist der Augenblick der Kreativität. Das ist die dünne Linie zwischen Nichtsein und etwas Neuem. Bei Eckhart heißt es einmal: «Es deuchte einem Menschen wie in einem Traume – es war ein Wachtraum –, er würde schwanger vom Nichts wie eine Frau mit einem Kinde, und in diesem Nichts ward Gott geboren; der war die Frucht des Nichts.»

Die Mystiker verheißen uns, daß das, was wir in der entleerenden Meditation erzeugen, nichts weniger als der kosmische Christus ist. Wir erzeugen den Gottessohn und die Gottestochter. Wie Eckhart sagt: «Was hilft es mir, wenn Maria den Sohn Gottes vor vierzehnhundert Jahren geboren hat, und ich gebäre den Sohn oder die Tochter Gottes nicht in meiner Zeit und in meiner Kultur und in meiner Person?»

Der Prozeß des Gebets ist ein kreativer, ein Zeugungsprozeß. Er bleibt nie bei der *via negativa* allein stehen. Die Kunst als Meditation (die dem Entleerungsprozeß folgt) ist eine herrlich nützliche, praktische und lustige Form des Gebets. Sie ist köstlich. Ich sage dir nach achtzehn Jahren Lehrtätigkeit in unserem Institut, bei der ich die Kunst als Meditation angewendet habe, daß das eine der einfachsten Formen der Erziehung und des Gebets ist. Diese unglaublichen Wenden, die sich im Leben von Menschen ereignen! Ich habe erfahren, daß es auf unserer Welt alle möglichen Arten von Künstlern gibt, in denen Talente schlummern. Sie sind wie ein Vulkan, der nur darauf wartet, auszubrechen. Die Meditation bewirkt dies viel rascher, als dies durch Kunstkurs und -techniken möglich ist. Wie M. C. Richards, die weltberühmte Dichterin und Töpferin, im Alter von zweiundsiebzig Jahren gesagt hat, als sie zu malen begann: «Für die Technik ist es zu spät.» Ich denke, das gleiche könnten wir über unsere Zivilisation sagen: «Es ist zu spät für die Technik, machen wir mit der Kunst weiter.» Die Technik kann sich um sich selbst kümmern, während wir weitergehen.

Die Experten für das Gebet sind die Mystiker, und ich kann gar nicht genug dazu raten, sie mit unserer rechten und nicht mit unseren linken Hirnhälfte zu lesen. Wie macht man das? Lies einen Mystiker mit deiner rechten Hirnhälfte in einem Whirlpool oder im Beet mit deiner Liebsten oder an deinem Lieblingsbach oder inmitten von Blumen! Mit anderen Worten: an einem ganz sinnlichen Ort, wo die linke Hirnhälfte nicht ihre übliche Seziertätigkeit verrichten kann. Steck deine linke Hirnhälfte einfach ins Bett, und such dir einen sinnlichen Ort. Wenn du die Mystiker liest, brauchst du dir nicht vorzunehmen, das Buch ganz durchzugehen. Hör auf, wenn du angesichts der Wahrheit oder Schönheit einer Passage vom Staunen überwältigt bist. Halt einfach inne, und laß dich von diesem Bild oder dieser Formulierung durchströmen, solange du willst. Darauf hast du ja hingewiesen, Rupert, als du erzählt hast, was du mit dem Vaterunser machst, wenn du am Morgen zwanzig Minuten bei einer Formulierung verweilst.

Die Mystiker sind Dichter der Seele, und sie schreiben in Bildern. Jeder von ihnen hat sich für die Erhaltung der Sprache eingesetzt. Juliane von Norwich wurde die erste Frau in der englischen Literatur genannt. Franz von Assisi war einer der ersten Schriftsteller, der italienisch geschrieben hat. Johannes vom Kreuz war einer der ersten spanischen Schriftsteller und einer der bedeutendsten Dichter Spaniens. Meister Eckhart hat als erster in deutscher Sprache gepredigt. Man hat ihm unter anderem deshalb den Prozeß gemacht, weil er vor den Bauern in ihrer eigenen Sprache, der deutschen Volkssprache, gepredigt hat. Man klagte ihn an, er würde sie verwirren, er würde ihnen sagen, sie seien göttlich, und er würde den Status quo stören. Man sollte den Zusammenhang zwischen der Erhaltung der Sprache und dem, was die Mystiker für uns tun, nicht unterschätzen.

Ich möchte hier ein paar Beispiele von Rumi anführen, etwas von dem, was er einigen unserer westlichen Mystiker zu sagen hat. Erinnere dich an das, was ich über den unterirdischen Fluß gesagt habe. Wenn wir uns aufs Gebet einlassen, ist das nicht gleich so gewaltig. Hier also ein großartiges Gedicht über den Lobpreis, mit dem Titel «Was für ein Segen»:

Versteck dich nicht.
Der Anblick deines Gesichts ist ein Segen.
Wohin du deinen Fuß setzest, da ruht ein Segen.
Selbst dein Schatten, der wie ein eiliger Vogel über mich
hinweghuscht, ist ein Segen.
Der große Frühling ist gekommen.
Deine süße Luft, die durch die Stadt, das Land, die Gärten
und die Wüste weht, ist ein Segen.
Er ist voller Liebe an unsere Tür gekommen,
sein Klopfen ist ein Segen.
Wir gehen von Haus zu Haus und fragen nach ihm,
jede Antwort ist ein Segen.
Gefangen in diesem Körper,
halten wir Ausschau nach einem Anblick der Seele.
Denk an das, was der Prophet sagte, ein Anblick ist ein Segen.
Das Blatt jedes Baumes enthält eine Botschaft aus der
unsichtbaren Welt.
Schau, jedes fallende Blatt ist ein Segen.

Dabei fällt mir ein, daß ich einmal im Radio ein Interview mit einer Frau gehört habe, die ihr ganzes Leben lang blind gewesen war und mit vierzig sehen konnte. Man fragte sie, was sie denn als erstes getan habe. Sie sagte: «Ich ging hinaus und sah zu, wie ein Blatt fiel.» Und ich dachte mir: Mein Gott, da habe ich nun seit vierzig Jahren Augen und mir nie die Zeit genommen, ein Blatt fallen zu sehen.

Die ganze Natur schwingt im Einklang, singt ohne Zungen,
hört ohne Ohren, was für ein Segen.
O Seele, die vier Elemente sind dein Gesicht.
Wasser, Wind, Feuer und Erde, jedes ist ein Segen.
Hat der Same des Glaubens einmal Wurzel gefaßt,
kann er nicht mehr verweht werden,
auch vom stärksten Wind nicht, und das ist ein Segen.

So heißt es bei Rumi weiter, und dann schließt er das Gedicht mit folgenden Zeilen:

> Das Herz kann es nicht mehr erwarten,
> von dieser Ekstase zu sprechen.
> Die Seele küßt die Erde und spricht:
> O Gott, was für ein Segen.
> Erfülle mich mit dem Wein deines Schweigens,
> laß ihn jede meiner Poren durchdringen.
> Denn der innere Glanz, den er enthüllt,
> ist ein Segen, ist ein Segen.

Wir sehen, daß das Bewußtsein des Segens nicht allein der jüdischen oder westlichen Tradition gehört. Diese Erfahrung des Segens, die *via positiva*, ist absolut transaktuell. Hier noch einige wunderbare Sätze von Rumi:

> In einer schöpferischen Nacht war ich wach, eifrig bei der Arbeit, während alles schlief. Ich war da, um das erste Zwinkern zu sehen und zu hören, wie die erste Geschichte erzählt wurde. Ich war der erste, der im Haar des großen Betrügers gefangen wurde.

Ich weiß zwar nicht, was das bedeutet, aber es ist faszinierend.

> Während ich um den ruhenden Punkt der Ekstase wirbelte, drehte ich mich wie das Rad des Himmels. Wie kann ich es dir nur beschreiben, du wurdest später geboren. Ich war ein Gefährte des alten Liebhabers, wie eine Kugel in einer gebrochenen Fassung ertrug ich seine Tyrannei. Warum sollte ich nicht so glänzend sein wie der Becher des Königs. Schsch, keine Worte mehr, hör nur noch die Stimme im Innern. Denk daran, das erste, was er sagte, war: Wir sind jenseits der Worte.

Da haben wir die *via negativa* – wir sind jenseits der Worte. Aber dieses Bild, bei Gott zu sein vor der Schöpfung, stammt direkt aus dem Buch Sirach in den Apokryphen. Es ist das gleiche wie die Weisheit, die vor der Erschaffung der Welt da war.

Wenn du in den Tiefenökumenismus gelangst, sprichst du von unserer gemeinsamen Erfahrung. Nichts ist uns so gemeinsam wie das Gebet, und du hast das auf der praktischen Ebene ausgedrückt: Jeder betet, aber niemand spricht darüber, außer den Evangelischen, und ihr Gebet geht manchmal ein wenig am Kern vorbei.

Wir suchen nach ihm, dem Geliebten, hier und dort,
während wir ihn doch geradewegs ansehen.
Wir sitzen an seiner Seite und fragen:
O Geliebter, wo ist der Geliebte?

So ähnlich hat Johannes Jesus beim Abendmahl gefragt: «Wo ist der Vater?» Und Er erwidert darauf: «Ich bin bei euch gewesen alle Zeit, und ihr habt ihn nicht erkannt?» Rumi sagt: «Genug dieser Fragen, laßt das Schweigen euch zur Mitte des Lebens führen. All euer Reden ist wertlos, verglichen mit einem Flüstern des Geliebten.» Darum gibt es dies Gefühl, für den Geliebten gegenwärtig zu sein.

«Ohne zu sehen, kann ich alles in mir erschauen.» Eckhart sagt, alle Namen, die wir Gott geben, kämen aus unserem eigenen Erleben. Das ist wahr – wenn wir draußen im Universum sind, kennen wir Gott. Da ist dieses Netz, das wir ins Universum auswerfen, und dann holen wir Bilder der Göttlichkeit ein. Rumi sagt: «Warum sollte ich jetzt meine Augen noch länger quälen, da ich die ganze Welt mit Gottes Augen sehe.»

Eckhart sagt: «Das Auge, mit dem ich Gott sehe, ist dasselbe Auge, mit dem Gott mich sieht.» Das ist das gleiche, was Rumi gesagt hat. Wir sind hier Auge in Auge, das Göttliche und wir. Rumi sagt: «Halte nicht Ausschau nach Gott, halte Ausschau nach dem einen, der nach Gott Ausschau hält. Aber warum überhaupt schauen? Gott ist nicht verloren, Gott ist genau hier, näher als dein eigener Atem.» Das ist das gleiche, wie wenn Eckhart sagt: «Gott ist zu Hause. Wir sind ausgegangen.»

Wir sind im Westen völlig unzureichend ausgebildet für das, was die Mystiker tun können, um uns beim Beten zu helfen. Entscheidend ist, daß du selbst der wichtigste Mystiker in deinem Leben bist. Ich huldige Hildegard und Thomas von Aquin und Eckhart ja nicht als Mystikern, um ihnen eine Art von Ehrerbietung zu erweisen. Ich rühme sie aus dem gleichen Grund, aus dem jemand bei einem anderen lernt, Tennis zu spielen, der weiß, wie man Tennis spielt.

Ich möchte eine Herausforderung haben, um mich über die Religion hinauszubewegen, um gut beim Beten zu sein, und deshalb gehe ich zu jenen, die Experten im Beten sind. Die Herzspezialisten und Dichter der Seele sind die Mystiker. Warum Zeit mit Drittklassigem verschwenden, wenn dir alles Erstklassige zur Verfügung steht? Heute haben wir es aus dem Osten und aus dem Westen. Wir lieben Hildegard und Eckhart, Rumi und Jesus deswegen als Mystiker, weil sie den Mystiker in uns zum Leben erwecken können, und das ist ja so wichtig. Ohne daß der Mystiker in uns zum Leben erwacht, werden wir weder die Phantasie noch den Mut, noch die Energie haben, um Instrumente für das Mitgefühl und für die Umweltrevolution zu sein.

RUPERT: Wunderbar! Du hast so umfassende Ansichten von so vielen verschiedenen Arten von Gebet, daß man gar nicht so recht weiß, wo man anfangen soll. Aber da ich Wissenschaftler bin und mich diese Frage stark beschäftigt, möchte ich dich gern fragen, wie dies deiner Ansicht nach funktioniert. Wie funktionieren deiner Meinung nach diese verschiedenen Arten von Gebet? Wir können ja leicht sagen, daß sie den Betenden beeinflussen. Es ist auch unschwer zu erkennen, wie sie andere Menschen beeinflussen, falls die anderen Menschen wissen, daß du für sie betest. Aber wie funktionieren diese Gebete deiner Ansicht nach im größeren Kontext?

MATTHEW: Das ist eine interessante Frage. Erinnere dich an das Hildegard-Zitat, daß keine Wärme im Universum verlorengehe. Ich habe hinzugefügt, daß keine Schönheit im Universum verlorengeht. Wenn ich Einstein richtig verstehe, so sagt er, daß keine Energie im Universum verlorengeht. Ich glaube daher, daß die Gesamtheit unserer Ehrfurcht und unseres Staunens, unseres Leidens, unserer Kreativität und unseres Mitgefühls, daß all dies zusammen, dieser Vulkan, dieses Ausspucken, dort hinausgeht wie die Nährstoffe in einem Vulkan, und zwar als spirituelle Nährstoffe. Sie sind nicht materiell, also können sie sehr weit gehen. In diesem Kontext sind wir jenseits von Raum und Zeit, wo unsere Gebete die Schönheit, die Warmherzigkeit, das Mitgefühl, das Leiden, die Ehrfurcht und die Kreativität unserer Vorfahren sammeln. Sie befruchten das, was kommen soll.

Wir können uns vorstellen, daß die Seele bereits dort draußen ist. Da ist dieses große Wesen, und natürlich durchdringen wir einander alle, wie du gesagt hast. Ich habe dafür das Bild von Blasen. Wir sind keine Billardkugeln, sondern Blasen, die sich durchdringen und füreinander durchsichtig sind. Unsere Seelen sind diese riesigen Blasen. Wir sind bereits ineinander, also laß uns damit weitermachen. Natürlich ist dies auch eine körperliche Tatsache, weil wir ja im Wasserdampf der anderen atmen, aber wir sind auch bereits in der Lust der anderen, wir sind auch im Leiden der anderen und sie in unserem. Wenn du daher darauf hinweist, wie schamhaft wir doch sind, dann tun wir nur so, als wären wir im Hinblick auf unsere Seelen so bescheiden. Unsinnigerweise verstecken wir sie die ganze Zeit. Eckhart definiert Mitgefühl folgendermaßen: Was einem anderen widerfährt, sei es Lust oder Leid, widerfährt mir. Das ist ein Gesetz der wechselseitigen Abhängigkeit, aber das ist auch Mitgefühl. Ich bin in deiner Lust, und ich bin in deinem Leid. Lust und Leid sind keine Privatsache. Erklärt dies für dich, wie es geschieht?

RUPERT: In gewisser Weise ja. Um das, was für dich so selbstverständlich ist, habe ich lange Zeit gerungen, nämlich um einen Begriff für den erweiterten Geist oder die erweiterte Psyche. Hier haben wir in unserem Gespräch über die Seele entdeckt, daß wir zu ähnlichen Schlußfolgerungen kommen (Kapitel 2). Was ich, aufgrund meiner historischen Analyse der mechanistischen Naturwissenschaft, den zusammengezogenen Geist genannt habe, hast du als geschrumpfte Seele bezeichnet.

Für dich ist die Vorstellung einer erweiterten Psyche und einer spirituellen Realität, die weit über unsere Körper hinausreicht, etwas Selbstverständliches. Das, was wir in unserer Psyche und in unserem Geist und durch unser Gebet tun, kann eine Fernwirkung haben, weil unsere Psyche und die spirituelle Realität, in die wir eingebettet sind, nichtlokal sind, sie reichen über die Grenzen unseres Körpers hinaus. Das nimmst du offenbar an. Ich stimme dir zwar zu, aber ich habe doch lange gebraucht, um zu dieser Schlußfolgerung zu gelangen. Ich bin überrascht, mit welcher Leichtigkeit du das akzeptierst.

MATTHEW: Als ich bei Eckhart gelesen habe: «Die Seele ist nicht im Körper, der Körper ist in der Seele», bin ich darauf gekommen. Er hat recht. Das ist meine Erfahrung, und ich wette, es ist auch die deine.

RUPERT: Ja. Die Seele ist auch nicht nur etwas Persönliches, sondern etwas Kollektives. Auch das positive Denken kann kollektiv sein – zum Beispiel praktizieren das japanische Arbeiter in Autofabriken. Aber worin siehst du die spirituelle Dimension, insofern sie über das rein Psychische hinausgeht?

MATTHEW: Du überraschst mich oft, weil du mich dazu bringst, auf deine Bilder einzugehen, und dann stellst du eine ganz andere Frage, als ich gedacht hätte. Ich will die Frage beantworten, die du nicht gestellt hast. Ich liebe deine Logik, sie ist für mich chaotisch. Laß mich dir meine Antwort geben, und du kannst dann meine Frage erraten.

Ich wollte dir antworten, daß es bei der Mystik diese gewaltige Schattenseite gibt, und du hast darauf angespielt, als du von diesen Arbeiterheeren gesprochen hast. Ich mußte sogleich an Hitler denken. Er hat sich mystischer Praktiken bedient: Gesänge, Fackeln, Nacht, Marschieren, Kameraderie. All dies, was da unter Hitler geschah, nenne ich Pseudomystik.

Ich meine, Hitler war unter anderem deshalb so erfolgreich, weil die Kirchen so wenig getan haben, um eine gesunde Mystik zu entwickeln. Die Mystik ist in unserer Spezies so endemisch, daß wir uns auf die eine oder andere Weise danach sehnen. Das also ist meine Antwort auf die Frage, von der ich gedacht hatte, du würdest sie mir stellen.

RUPERT: Die Frage, die ich dir tatsächlich gestellt habe, nur um dich daran zu erinnern, lautet: Wie unterscheiden sich für dich der psychische und der spirituelle Bereich, das persönliche oder kollektive positive Denken und das, was für dich das wahre Gebet ist? Aber vielleicht gibt es für dich ja gar keinen deutlichen Unterschied zwischen beidem.

MATTHEW: Jedenfalls keinen strikten. Ich glaube, es geht doch darum, daß diese Seelen wachsen, daß wir sie größer machen. Du hast das Wort selbstsüchtig, egoistisch gebraucht; ich verwende es nicht so oft, weil ich meine, daß es in religiösen Kreisen überstrapaziert worden ist. Du weißt ja, daß ich an Altruismus nicht glaube. Ich denke, jede authentische Liebe ist Selbstliebe, aber eine gesunde Selbstliebe. Einige New-Age-Anhänger versuchen, die ganze Zeit im Licht zu leben. Sie leben nicht im Schatten, weder in ihrem eigenen noch in dem von jemand anderem. Ein Weg ins Kollektiv führt durch das Leiden, durch den Schatten, daher ermutige ich sie, tiefer zu gehen. Ich will damit ihre psychischen Bedürfnisse nicht herabsetzen, sondern zeigen, daß ihre Psyche viel größer werden kann. Wie du gesagt hast: Ihre Psyche ist klein, also haben sie sich ein Gebet für diese kleine Psyche ausgedacht. Ich meine, die heutigen Probleme durch die ökologische Krise, die Verzweiflung ihrer Kinder und die Tatsache, daß ihre Kinder ihre religiösen Traditionen aufgeben – all das ist imstande, die Menschen aufzuwecken.

Es geht doch darum, die Psyche zu vergrößern, damit sie eine kosmische Dimension erhält. Das schließt ein, daß man sich nicht nur mit dem Christus des Lichts befaßt, sondern auch mit dem verwundeten Christus. Auch hier gilt, was Eckhart gesagt hat: «Unsere Seele wächst durch Subtraktion, nicht durch Addition.»

RUPERT: Und was bedeutet das?

MATTHEW: Loslassen ist Subtraktion. Auch das Vereinfachen unseres Lebens und das Loslassenlernen, statt ständig hinzuzufügen. Ich meine, die westliche Gewohnheit ist das Addieren. Das Leiden lehrt uns, loszulassen, nicht wahr? Ein Weg zur Subtraktion ist das Leiden. Ein anderer Weg ist die Meditation, in der wir schlicht präsent werden. Selbst den Schall nicht für selbstverständlich zu halten ist eine Subtraktion. Statt alle Arten von Wörtern zu addieren, müssen wir zum Wesen der Wörter zurückkehren, und das ist der Schall. Das ist ein Vereinfachen, und ich meine, das ist ein Wachstumsprozeß der Seele. Ein einfacher Mantragesang kann eine Subtraktion sein. Aber ich möchte dich etwas fragen: Wie verändert sich deiner Meinung nach die Definition des Gebets, und damit auch dessen Praxis, beim Übergang vom kartesianischen Zeitalter zum neuen Paradigma?

RUPERT: Im kartesianischen Paradigma ist das Gebet subjektiv, und das, was in der realen Welt geschieht, objektiv. Die objektive Welt ist das Reich der Wissenschaft, das Gebet kann keine objektive Wirkung haben. Das ist die alte Anschauung. Diejenigen, die glauben, daß das Gebet funktioniert, wollen sich nicht auf Diskussionen mit Wissenschaftlern einlassen, daher reden sie nicht darüber und behandeln es als absolute Privatsache im Reich des Glaubens.

Im neuen Paradigma ist die Trennung von subjektiv und objektiv, von innen und außen überwunden. Unser Geist und unsere Psyche erstrecken sich rings um uns herum. Wir sind Teil einer kollektiven Psyche, mit einem kollektiven Unbewußten. In diesem Kontext ergeben sich viel größere Möglichkeiten für die erweiterten Wirkungen des Gebets und des Geistes. Dann erscheint das Gebet weniger subjektiv. Die Trennungslinie zwischen subjektiv und objektiv ist verwischt. Das Gebet ist nicht mehr einfach auf die Innenseite deines Schädels beschränkt. Das ganze Thema ist viel glaubwürdiger. Und weil es glaubwürdiger ist, muß niemand mehr deswegen so verschämt und geheimniskrämerisch sein. Der Kontext für das Gebet wird sich ändern, wenn das neue Paradigma das alte ablöst.

MATTHEW: Der Gottesdienst würde diese Verschämtheit nicht fördern. Wir würden vielmehr eine gewisse Extrovertiertheit in der spirituellen Praxis begünstigen.

RUPERT: Das ist richtig. In den Kirchen sind uns aus einem vorwissenschaftlichen Zeitalter Gebete und Formen des Gottesdienstes überkommen, die geradezu auf der Wirksamkeit des kollektiven Gebets basieren.

MATTHEW: Doch wenn ich das von einem theologischen Standpunkt aus analysiere, würde ich sagen, daß die meisten dieser Gebete theistische und nicht panentheistische Gebete sind. Sie holen die Mystik aus den Menschen nicht gerade heraus. Die ganze Vorstellung, daß das geschriebene Wort, die Bibel, der Ort ist, an dem Gott spricht – diese Vorstellung ist ein Vorurteil, das seit dem 16. Jahrhundert besteht, das mit der Erfindung der Druckerpresse aufkam. Ich denke, wir sind dabei, es zu überwinden. Heute greifen wir als Kultur eher auf Bilder statt auf Worte zurück. In vielerlei Hinsicht ist dies eine prämoderne Bewegung. Unsere Kultur wird immer mehr zur Bildkultur. Daher setze ich meine Hoffnung, ja, meinen Glauben auf die Generation der Zwanzigjährigen, weil ich meine, daß sie sich über das Wort «Kultur» hinausbewegen, das im Grunde der wissenschaftlichen Revolution vorausging. Vom 16. Jahrhundert an baute die Religion einen Großteil ihres Gottesdienstes und ihrer Theologie auf menschlichen Worten auf. Die Erfindung der Druckerpresse hatte viel mit einem textbezogenen Umgang mit den Dingen zu tun. Aber wir leben heute in einem anderen Zeitalter, und Bilder stehen der mystischen Erfahrung näher als Worte. Das kann sich als nützlich erweisen, es mag ein Teil der Hoffnung unserer Zeit sein, daß wir dabei sind, bildbewußter zu werden, indem wir insbesondere von der Bilderwelt der Fernsehsender abrücken und mehr auf unsere eigenen Bilder hören. Damit könnte wirklich jeder ein Künstler werden, auch die Gemeinschaft könnte es – es wäre die Gemeinschaft als Künstler.

5 *Die Finsternis – das große Mysterium*

RUPERT: Finsternis ist der polare Gegensatz von Licht. Licht und Finsternis sind korrelative Begriffe, und zwischen ihnen herrscht eine Polarität.

Licht und Finsternis hängen in mehrfachem Sinne miteinander zusammen. Ersteres fließt aus dem Spektrum der elektromagnetischen Strahlung. Der Teil, den wir tatsächlich sehen können, ist ein ganz schmales Band, das sichtbare Spektrum, und dann geht es über in den Infrarotbereich und in die längeren Radiowellen beziehungsweise in den kurzwelligeren Ultraviolettbereich, die Röntgen- und die Gammastrahlen (siehe Abbildung 1). Wir sind ständig von einer riesigen Menge von Strahlungsaktivität umgeben. Jeder Raum ist erfüllt von allen Arten von Strahlung, die wir nicht sehen können. Die große Mehrheit dessen, was sich im allgemeinen Sinne des Wortes als Licht qualifizieren läßt, als elektromagnetische Strahlung, ist für uns unsichtbar. In diesem Sinne ist es dunkel.

Aber wenn wir von der wahren Finsternis sprechen, dann meinen wir die Dunkelheit, die das Gegenteil von Licht ist. Das wird uns sofort klar, wenn wir genau das Organ betrachten, mit dem wir sehen, nämlich das Auge. Das Zentrum der Pupille ist schwarz, und zwar, weil das Augeninnere schwarz ist. Du kannst Licht sehen, weil das, was das Licht empfängt, finster ist. Wäre das Augeninnere nicht schwarz, würde das eindringende Licht überall gestreut werden, und wir wären nicht in der Lage, es von dem Licht zu unterschei-

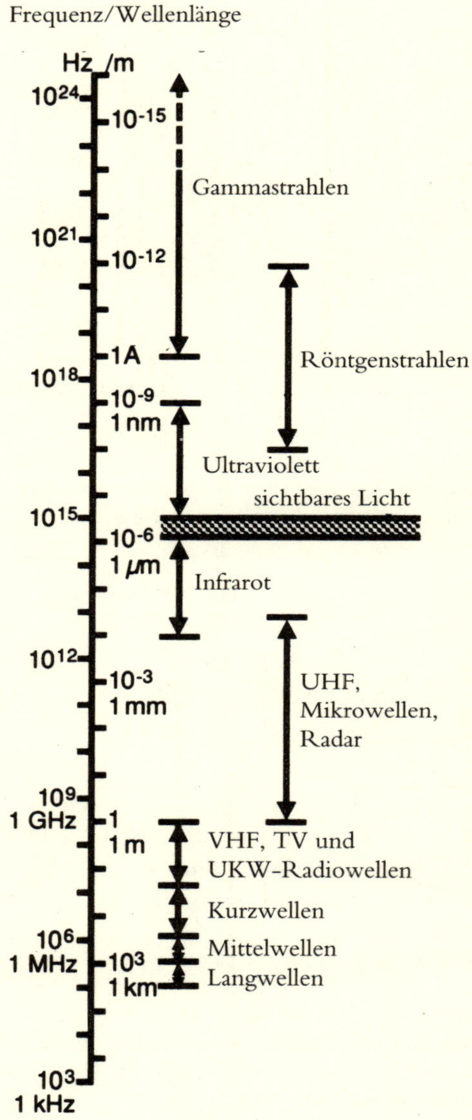

Abbildung 1 Das elektromagnetische Spektrum

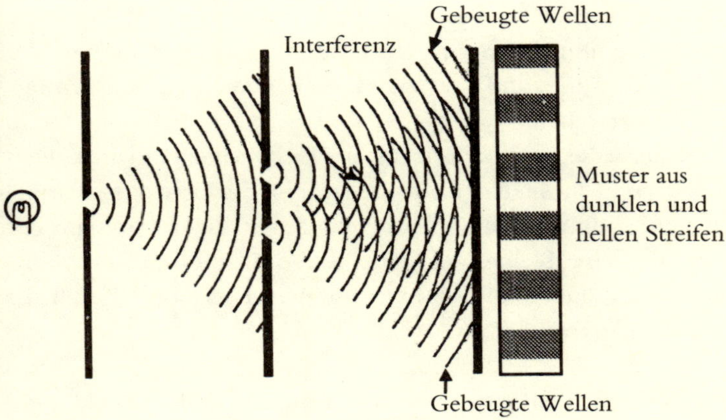

Abbildung 2 Die Beugung des Lichts
Nach dem Passieren von zwei nebeneinander liegenden Schlitzen interferieren die Lichtwellen miteinander und bilden ein Muster von hellen und dunklen Streifen.

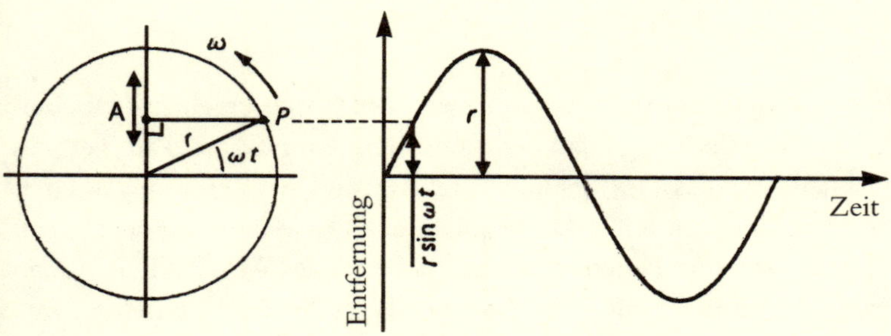

Abbildung 3 Eine Sinusschwingung und ihre mathematische Beziehung zur Kreisbewegung
Der Punkt P bewegt sich um den Kreis mit konstanter Geschwindigkeit, dargestellt durch die Winkelgeschwindigkeit ω, der Fußpunkt einer Senkrechten von P auf einen Durchmesser, der Punkt A, bewegt sich auf und ab in einer einfachen harmonischen Bewegung. Die zur Zeitachse in einer Beziehung gesetzte Auf- und Abbewegung von A nennt man eine Sinusschwingung, weil die Gleichung zur Beschreibung dieser Bewegung den Sinus des Winkels ω enthält.

den, das im Augapfel reflektiert wurde. Aus dem gleichen Grund sind Kameras innen schwarz. Erst der Gegensatz zwischen der Schwärze des Auges und der hereinkommenden Strahlung ermöglicht es uns, zu sehen.

Paradoxerweise ist die Finsternis im Licht selbst enthalten. Dies zeigt sich am Phänomen der Beugung. Wenn das Licht zum Beispiel durch zwei Schlitze dringt, entstehen durch die Interferenz der Lichtstrahlen eine Reihe von hellen und dunklen Streifen (Abbildung 2). Diese hellen und dunklen Streifen besagen, daß sich das Licht in Wellen fortpflanzt.

Wellen lassen sich auch grafisch darstellen, wie es die Abbildung 3 zeigt. Zum Licht gehört die Wellenbewegung, die Schwingungen des elektromagnetischen Feldes. Dieses Feld ist in sich polar, weil die Elektrizität polar ist, mit positiven und negativen Polen, und auch der Magnetismus ist polar, mit Nord- und Südpolen. Bei der elektromagnetischen Strahlung findet eine Schwingung zwischen diesen Polaritäten statt, was seinen Ausdruck im Wechselmuster von Licht und Dunkelheit findet, das sich zeigt, wenn Licht gebeugt wird und die Wellen interferieren.

Die Polarität von Licht und Finsternis hat auch einen historischen Ursprung, nämlich gemäß der modernen Kosmologie. Zur Zeit des Urknalls war das Universum ganz klein und wies eine unglaublich hohe Temperatur auf. Man bezeichnet es zuweilen als Feuerkugel, aber das war kein Feuer im normalen Sinne des Wortes, demzufolge Feuer Licht ausstrahlt. Der Zustand dieses hochverdichteten Universums war etwas so Besonderes, daß es zwischen Strahlung und Materie keinen Unterschied gab. Die Materie hatte sich noch nicht auskondensiert. Alles war so heiß, daß es so etwas wie Materie im Unterschied zu allem anderen nicht gab. Es war «eine brennende Welt aus Finsternis», wie der Physiker Heinz Pagels es formuliert hat. Ein ähnlicher Zustand existiert noch heute im Inneren der Sonne. Aber als sich das Universum ausdehnte, kühlte es ab, und nach rund dreihunderttausend Jahren erreichte es einen Punkt, den die Physiker die Entkoppelung von Materie und Strahlung nennen. Nun war es kühl genug, damit sich Atome bilden konnten, und im Nu wurde das Universum transparent, gebadet in ein strahlendes gelbes Licht.

Diese Urdifferenzierung von Licht und Finsternis erinnert an die Schilderung im ersten Kapitel der Genesis. Die Urschöpfungsakte sind verbunden mit Teilungen, und zwar zuerst mit der Teilung von Licht und Finsternis. Die moderne Physik erklärt uns in ihrer Schöpfungsgeschichte, daß es eine undifferenzierte Ureinheit gegeben hat, die dann durch dieses Aufteilen von Polaritäten eine Reihe von fortlaufenden Differenzierungen erfuhr. Man nimmt sogar an, daß die Felder der Natur aus einem ursprünglich vereinten Feld entstanden, durch die sogenannten «spontanen Symmetriebrechungen».

Die Urteilung zwischen Licht und Finsternis war eine Teilung zwischen Licht und atomarer Materie. Materie ist das, was Licht abschneiden kann, indem sie es absorbiert. Licht ist das, was sich frei zwischen Materie bewegen kann. Sobald Materie existiert und Licht zu absorbieren vermag, kann es Schatten geben. Da kann die Art von Finsternis entstehen, wie wir sie in tiefen Höhlen oder nachts erleben, wenn die Materie der Erde das Licht der Sonne absorbiert. Letztlich beruht die Unterscheidung zwischen Nacht und Tag auf dieser Teilung zwischen Materie und Strahlung.

Der tägliche Rhythmus von Licht und Finsternis, von Tag und Nacht, ist sicher einer der primären Faktoren, der das Leben von Pflanzen und Tieren reguliert, das heißt, sie tun nachts Dinge, die sie am Tag nicht tun. Pflanzen führen tagsüber die Photosynthese durch und sind nachts mit unterschiedlichen Aktivitäten befaßt – zum Beispiel erfolgt ihr Wachstum großenteils nachts. Natürlich gibt es auch im Tierreich tägliche Aktivitätszyklen, die wir Schlafen und Wachen nennen. Außer im Falle der nachtaktiven Tiere ist der Schlaf mit dem täglichen Zyklus der Finsternis verbunden. Unsere eigene Erfahrung der Finsternis durch den Schlaf hat eine biologische Geschichte, die hunderte von Jahrmillionen zurückreicht.

Die Zyklen von Tag und Nacht, von Wachen und Schlaf hängen

auch mit der Polarität zwischen unserem bewußten und unbewußten Geist zusammen. Unser Geist ist im normalen Sinne nicht bewußt, wenn wir schlafen. Was ist das eigentlich für ein Geisteszustand während des Schlafs? Der Körper funktioniert weiter, das Herz schlägt weiter, wir atmen weiter. Aber unser Geist verliert sein normales Bewußtsein, und Bewußtsein ist mit Licht verbunden. Wir sprechen vom Licht des Bewußtseins und vom inneren Licht in unserem Bewußtsein. In unseren Träumen, die aus dem schlafenden Geist aufsteigen, erleben wir die Aktivität des unbewußten Geistes, über den Freud und andere Psychotherapeuten so ausgiebig nachgedacht haben.

Wenn wir schließlich vom wissenschaftlichen Standpunkt aus über die Finsternis reflektieren, müssen wir uns die dunkle Materie in Erinnerung rufen. In den letzten zehn, zwanzig Jahren hat man herausgefunden, daß uns der größte Teil der Materie im Universum völlig unbekannt ist. Er ist unsichtbar und praktisch durch nichts außer durch die Schwerkraft nachweisbar. Als Materie hat er eine Schwerkraftwirkung. Man glaubt, daß die dunkle Materie existiert, weil Galaxien miteinander auf eine Weise interagieren, die zeigt, daß sie zueinander viel stärker hingezogen werden, als sie es eigentlich sollten, wenn man die Gesamtmenge der Materie in ihren Sternen addiert (wobei man großzügig die Planeten und sogar die Schwarzen Löcher mitberücksichtigt). Wie sich herausgestellt hat, macht diese «fehlende Masse» oder dunkle Materie neunundneunzig Prozent der Materie im Universum aus. Der Kosmos ist anscheinend auf dunkler Materie begründet, aber niemand weiß, was das für eine Substanz ist. Gegenwärtig ist das ein fruchtbares Gebiet für Spekulationen in der theoretischen Physik.

Durch die Entdeckung der dunklen Materie hat die Kosmologie gewissermaßen die Existenz des kosmischen Unbewußten anerkannt. Die uns bekannten Arten von Materie und Energie treiben auf der Oberfläche eines riesigen, unbekannten Ozeans aus Finsternis – genauso, wie der bewußte Geist auf dem unbewußten Geist dahintreibt.

Es gibt hier eine ziemlich genaue Parallele zum Zusammenbruch der kartesianischen Psychologie, die ja annahm, die einzige Art von Geist, die existiere, sei der bewußte Geist. Vor Descartes dachte niemand, daß der bewußte Geist alles sei: Der rationale Verstand war eingebettet in eine viel größere Psyche, die großenteils unbewußt war und uns ebenso mit den vegetativen und animalischen Bereichen wie mit den Bereichen von Emotion und Traum verband. Aber Descartes hat diese größere psychische Realtität geleugnet, indem er den Geist auf den rationalen Intellekt beschränkte. Folglich mußte der unbewußte Geist immer wieder neu entdeckt werden, und dies geschah vor allem durch Freud und Jung. Ebenso glaubten in der Kosmologie die Rationalisten, wir würden alles wissen, was es über die Materie im Universum zu wissen gab, und wenn dies nicht der Fall wäre, so würde es jedenfalls bald so sein. Und nun hat es den Anschein, als ob das, was wir wissen, in Wirklichkeit nur ein winziger Bruchteil dessen ist, was es gibt. Die dunkle Materie liegt allem zugrunde. Sie formt die Struktur des Kosmos und wird über sein Schicksal entscheiden, und zwar auf eine Weise, die wir nicht verstehen und vielleicht auch nicht verstehen können.

MATTHEW: Das bringt mich dazu, über die Beziehung zwischen dem Kosmos und der Psyche nachzudenken, denn während ich dir lauschte, habe ich dabei ständig ein Echo der ganzen mystischen Tradition gehört. Wie Eckhart es formuliert hat: «Der Grund der Seele ist dunkel.» Ich muß dabei an die mystische Tradition denken, die besagt, daß die Gottheit dunkel ist, daß sie nicht an ihren Handlungen erkannt werden kann. Der Schöpfergott, der Erlösergott ist aktiv, und die Ergebnisse sind sichtbar. Aber die Gottheit, von der alle Dinge ihren Ausgang nehmen, ist zutiefst dunkel. Sie ist «eine nichtaktive, höhere Dunkelheit, die nie einen Namen haben wird und nie einen Namen bekommen wird». Sie ist das große Mysterium.

In vielerlei Hinsicht hast du hier vom Geheimnis geredet. Das ganze Universum oder neunzig Prozent davon ist ein dunkles Geheimnis. Es ist wie bei unserem psychischen Leben, das sich nachts, wie du sagst, hin und wieder mit denkwürdigen Träumen bemerkbar macht. Ich frage immer: Woher kommen Träume? Vor kurzem habe ich zu einem guten Freund gesagt, der ein ganz wichtiges Buch über Träume geschrieben hat: «Sag uns doch, woher Träume kommen, und zwar ohne das Wort ‹unbewußt› zu verwenden.» Ich glaube, Träume kommen aus dem Universum. Ich gehe hier nur auf das ein, was deine Meditation über das große Thema Licht und Finsternis in mir ausgelöst hat. Du hast ja schon darauf hingewiesen, daß es im ersten Kapitel der Genesis vorkommt. Auch der Prolog des Johannesevangeliums beginnt damit: Christus, der das Licht ist, kommt in die Welt, und die Finsternis hat nicht gesiegt. Da ist auch die Ankunft Christi in der dunklen Jahreszeit, zu Weihnachten. In der westlichen Tradition, ja, soweit ich weiß, in allen spirituellen Traditionen, kommt man an all diesen Archetypen nicht vorbei.

Ein anderes Thema, das sich in mystische Sprache übersetzen läßt, ist die Erleuchtung, die Vorstellung, daß wir erleuchtet sind, daß das Licht in uns zunimmt, und zwar paradoxerweise, während wir immer tiefer in der Finsternis versinken. Das ist das Thema der *via negativa* bei den Mystikern: daß die Erleuchtung am Ende des Hinabsteigens mit dem Erleben der Finsternis kommt. Dies ist das psychische Erleben der dunklen Nacht der Seele und das Leiden als Dunkelheit, etwas, worüber wir keine Kontrolle haben, etwas, wofür wir eigentlich keinen Namen haben – wieder das große Mysterium. Unsere Kultur möchte da mit raschen Heilmitteln eingreifen, mit irgendwelchen Drogen oder Palliativen. Unsere Süchte sind großenteils Bemühungen, in die Dunkelheit einzugreifen, die sich da ereignet. Die mystischen Traditionen aber würden alle sagen, es gebe etwas Tiefes zu erfahren, indem man die Reise in die Finsternis antritt.

Bei deiner Einführung zu diesem Kapitel fällt mir eine Gleichung ein, die ich liebe: Stille verhält sich zu Schall wie Finsternis zu Licht. Das ist so wichtig, besonders im Westen, wo wir im allgemeinen Schall und Licht auf Kosten von Stille und Finsternis schätzen. Aber soweit ich es verstehe, war der Urknall überhaupt kein Knall, vielmehr war es damals absolut still, es gab gar kein Geräusch. Ist das korrekt, siehst du das auch so? Daß da eine große Stille war und kein

Urknall? Ich vermute, es gab keine Luft und daher auch nichts, was Schall leiten konnte.

RUPERT: Urknall ist eine Bezeichnung für dieses kosmologische Modell, die von dem Astronomen Fred Hoyle stammt, der merkwürdigerweise auch der erbittertste Gegner dieses Modells ist. Fred Hoyle bevorzugte die Theorie der kontinuierlichen Schöpfung, und er versucht gerade ein Comeback, indem er auf Probleme des Urknallmodells verweist. Er hat die Bezeichnung Urknall oder Big Bang als abschätzigen Begriff für dieses kosmologische Modell verwendet. Aber das Wort blieb hängen. Nur ist es in der Tat nicht gerade angemessen, das kosmogonische Urereignis mit der Explosion einer Bombe zu vergleichen.

MATTHEW: Da hat wohl das Pentagon seine Finger im Spiel gehabt.

RUPERT: Vor kurzem gab es einen Wettbewerb in einer Astronomiezeitschrift, bei dem die Leser bessere Bezeichnungen vorschlagen sollten – aber keine davon hat sich durchgesetzt. Es ist wirklich nicht gut, daß das primäre Ereignis unserer modernen Schöpfungsgeschichte eine so verächtliche Bezeichnung trägt. Sie ist ja auch, wie du sagst, ganz ungenau, weil es bei einem Knall Schallwellen geben müßte, und davon kann hier nun wirklich keine Rede sein.

MATTHEW: Und dann hast du noch auf das hingewiesen, was du das unsichtbare Licht oder das dunkle Licht nennst, im Unterschied zu bloßer Dunkelheit. Was mir daran gefällt, ist die Einsicht, daß es viel mehr Licht auf der Welt gibt, genauso wie es viel mehr Schall gibt, als wir wahrnehmen können. Wir unterschätzen also sowohl die Menge des Lichts auf der Welt – du sagst ja, daß in jedem Raum all diese Lichtwellen herumtanzen, die wir nicht wahrnehmen – als auch die Menge der Dunkelheit. Ist das nicht interessant – wieder sehen wir, daß unsere Welten so klein sind, daß unsere Psyche so viel kleiner ist als die Realität des Kosmos. Was für eine Aufforderung an die Menschen, stets aufmerksam zu sein, zu lernen, mehr

Licht, mehr Schall, eine höhere Frequenz wahrzunehmen, aber auch mehr Stille und mehr Dunkelheit. Vielleicht geht es beim Lernen gerade um diese vier Dinge.

Ich würde gern wieder auf die mystische Feier der *via negativa* des Gottes der Finsternis und auf unsere eigene spirituelle Finsternis zurückkommen, die nicht unbedingt ausschließlich Leiden ist. Wie steht es beispielsweise mit der Stille? Manche Mystiker empfehlen, allen Bildern zu entsagen. Bilder implizieren Licht: Wir sehen Bilder nur im Licht, und Bilder brechen in gewisser Weise Licht, so daß sie alle in mancher Hinsicht «luminos», leuchtend, sind und hoffentlich hin und wieder sogar numinos, göttlich. Eine Methode, ein Weg in die spirituelle Tiefe, besteht darin, alle Bilder loszulassen, selbst unsere liebsten, einschließlich aller audiovisuellen Bilder, und in die Stille zu sinken.

Interessanterweise spricht Mechthild von Magdeburg von «hinabsinken» und «erkalten», was recht faszinierend ist. Sie vergleicht es mit dem Untergehen der Sonne. Die Sonne versinkt und kühlt ab, genau wie wir am Ende des Tages. Laß uns diesen Rhythmus zurückholen, von dem du gesprochen hast, nachdem wir Säugetiere nachts andere Dinge tun als tagsüber.

Hier, meine ich, versagen viele New-Age-Bemühungen um die Spiritualität, weil sie so vom Licht eingenommen sind und unbedingt das Licht und die Wärme in einer Welt halten wollen, die kalt und dunkel sein kann, so daß sie die Dunkelheit, das Sinken, das Leiden und den Schatten nicht genügend ehren.

Es ist hilfreich, daß du auch das herausgestellt hast: die Beziehung zwischen Licht, Dunkelheit und Schatten; und daß du all das ehrst. Die Vorstellung vom kosmischen Christus ehrt Christus als Licht, aber darin kommen auch der Schatten und das Göttliche zusammen. Die Kreuzigung war eine Zeit des Schattens: Der Schatten der menschlichen Gewalt und Ungerechtigkeit offenbart sich als das, was er war, auf dem Kalvarienberg, indem man einen sehr guten Menschen hinrichtete. Eine der symbolischen Möglichkeiten, dies zum Ausdruck zu bringen, war das Untergehen der Sonne um die Mittagsstunde, so daß der ganze Kosmos von diesem Akt des Leidens betroffen war. Wie archetypisch das doch ist, und zwar nicht nur für uns Menschen, sondern vielleicht auch für den gesamten Kosmos.

Aber es ist auch erlösend. Dies wirft Licht auf die Bedeutung der Dimension der Erlösung durch das Kreuz. Erlösend ist es zum einen deshalb, weil es uns an die tagtägliche Reise in die äußerste Finsternis erinnert, an die Verfinsterung der Sonne, wie der Karfreitag in einem Evangelium genannt wird. Und dann ist da natürlich das Leuchtende des Ostersonntagmorgens, die Auferstehung der Sonne zusammen mit der Auferstehung Christi. Die Sonnenenergie kehrt zurück. Ganz kosmisch, nicht wahr? Genauso wie die Geburtsgeschichte zu Weihnachten, als Christus in der dunkelsten Zeit des Jahres kam.

RUPERT: Ja. Und natürlich ist da auch noch die Finsternis des Grabes, der Höhle, und der Abstieg in die Hölle, die Unterwelt, gefolgt vom Aufstieg ins Licht. Diese Themen sind gleichfalls von fundamentaler Bedeutung in vielen schamanischen Traditionen – die Reise nach unten und die Reise nach oben, hinab in die Dunkelheit und hinauf ins Licht.

MATTHEW: Die Reise hinein und die Reise hinaus.

RUPERT: Genau. Paradoxerweise ist es ja so, wenn Menschen tatsächlich in die Finsternis gehen und dort bleiben, in dunklen Höhlen oder in sensorischen Isoliertanks, beginnen sich nach einer gewissen Zeit – vielleicht schon nach ein paar Stunden – bei ihnen lebhafte Halluzinationen, lebhafte visuelle Bilder einzustellen, also Lichtempfindungen.

Wenn Mystiker davon sprechen, sie würden in die Finsternis gehen, dann frage ich mich, ob dies nicht eins ihrer Ziele ist, denn wenn man an einem buchstäblich dunklen Ort ist, führt das zu visionärer Aktivität. Dies ist einer der Reize von sensorischen Deprivationstanks. In der tibetischen Tradition wie in anderen Traditionen gibt es verschiedene spirituelle Praktiken, bei denen man sich in die Finsternis begibt und Visionen hat. Wenn Mystiker davon sprechen, daß sie in die Dunkelheit gehen, glaubst du, daß sie dann die konkrete oder die metaphorische Dunkelheit meinen?

MATTHEW: Meist, glaube ich, meinen sie die psychologische Dunkelheit, das Loslassen aller Bilder. So jedenfalls spricht Eckhart immer wieder davon. Eigentlich geht es darum, daß man aufhört, Bilder zu projizieren und Bilder hervorzubringen. Ich glaube, auch hier ist damit zum Teil die Symbolik der Gebärmutter gemeint, die Dunkelheit der Gebärmutter, und aus der werden schließlich neue Bilder geboren. Ich glaube, sie meinen damit nicht so sehr, daß du das Licht in deinem Zimmer ausmachen sollst, sondern das Licht in deinem Geist.

RUPERT: Merkwürdigerweise gibt es ja wirklich Lichter im Geist. Wenn wir beispielsweise davon träumen, daß gewisse Dinge aufzuleuchten scheinen, dann gibt es eine Art von innerem Licht im Geist.

MATTHEW: Ja, ich glaube auch, daß alle Bilder mit Licht zu tun haben. In diesem Zusammenhang spricht Eckhart von den Nicht-Bildern und vom Loslassen, um den «Nicht-Gott» zu erfahren. Dahinter steht die Vorstellung, daß Gott Teil der Projektion ist, des Bildes vom Licht, das wir in unserem Geist haben. Es gibt eine Zeit für die Dunkelheit und für das Licht, genauso wie in deinem wundervollen Bild von den Wellen, die gleichermaßen nach oben und nach unten gehen. Das Oben wäre dann Gott und das Unten die Gottheit.

Um wieder zu dieser Art von Rhythmus zurückzugelangen, müßte man es zulassen, daß man mit Bildern genauso bei sich ist wie ohne Bilder. Was tut unsere Kultur denn für uns? Sie füttert uns ständig mit Licht und Schall durch Fernseh- und Reklamebilder und Musik. Unsere obere Ebene ist so übermäßig entwickelt, daß man sich fragen muß, wie wir die untere Ebene entwickeln können. Sicher kann es da eine Hilfe sein, wieder in die Natur zu gehen. Zumindest entdeckst du die Nacht wieder, wie sie ist, nämlich dunkel.

Doch wenn wir nicht draußen in der Natur sind, haben wir das Licht bis zum letzten Augenblick an, da wir zu Bett gehen und einschlafen. Wir geben der Dunkelheit nicht, was ihr zusteht.

RUPERT: Aber wenn Mystiker wie Eckhart davon sprechen, daß sie in die Dunkelheit gehen und frei von Bildern sind, die das Licht implizieren, wie unterscheidet sich das dann von der Art von Bewußtsein, das wir gewissermaßen unbewußt während des Tiefschlafs haben? In einem gewissen Sinne steigen wir alle jede Nacht hinab in die Dunkelheit und lassen die Bilder los. In verschiedenen asiatischen Traditionen gibt es die Vorstellung vom Eintreten in einen meditativen Zustand, in dem du bewußt bleibst im bilderlosen Schlaf.

Glaubst du, daß das, wovon Eckhart spricht, Parallelen in meditativen Praktiken der Hindus und der Tibeter hat, bei denen man lernt, sich in diesen Bewußtseinszustand im Tiefschlaf zu versetzen? Ich will damit nicht behaupten, daß er zwangsläufig schlafen ging, als er diese meditativen Praktiken verrichtete, aber es muß doch irgendeinen Zusammenhang geben zwischen dem Zustand, von dem er spricht, dem Gang in die Dunkelheit, und der Art und Weise, auf die manche Menschen im tiefen, bilderlosen Schlaf das Bewußtsein behalten können.

MATTHEW: Ja, ich gebe dir recht, es muß da irgendeinen Zusammenhang geben, und wenn du so sprichst, höre ich heraus, wie reich doch dieses Gebiet ist und wie wenig es die westliche Psychologie erkundet hat. Es gibt viel mehr Türen zu den verschiedenen Räumen der Zustände der Dunkelheit und Bilderlosigkeit, als wir uns vorstellen können.

Zunächst mal würde ich sagen, es ist ein großer Unterschied zwischen der Dunkelheit des Schlafes und der Träume und der Dunkelheit der Meditation. Vielleicht liegen die Träume dazwischen, als eine Art von Schatten zwischen dem bilderlosen Schlaf und dem radikalen Loslassen aller Bilder, zu dem wir laut Eckhart in der Meditation fähig sind. Ich meine, das, was Eckhart meint, findet seinen exakten Ausdruck eher im Zen als in irgendwelchen anderen östlichen Aussagen, die ich kenne. Er weiß um unsere Fähigkeit zum Entleeren, dieses Loslassen aller Bilder, wenn er sagt: «Darum bitte ich Gott, daß er mich Gottes lebig mache . . .»

Natürlich bringt mich das wieder zurück auf das Bild des Auges. Du sagst, es sei im Innern dunkel, aber heißt das nicht auch, daß es leer ist? Das heißt, es ist nichts, kein Ding, und daher kann es alle Dinge sein.

RUPERT: Die Retina ist schwarz wegen des Melanins, des Pigments, das sich in der Haut schwarzer Menschen befindet. Sie enthält eine ganze Menge von dieser schwarzen Chemikalie.

MATTHEW: Da gibt's doch auch noch ein Loch, nicht wahr?

RUPERT: Richtig, und durch dieses Loch, die Pupille, dringt das Licht ein. Wenn du das Schwarze im Auge von jemandem siehst, dann ist dies das schwarze Pigment in der Retina.

MATTHEW: Das ist nämlich furchtbar wichtig für die Mystiker: nicht nur in die Schwärze zu gelangen, sondern auch ins Loch. Es scheint, als müßten wir alle Voraussetzungen ausschöpfen, um richtig empfänglich werden zu können. Das ist wie beim Auge oder bei der Kamera: Es wird alles Licht aufgenommen, das sich in der richtigen Weise präsentiert. Ich sehe, daß auch dies in der mystischen Tradition geschieht, wo es bei der *via negativa* eigentlich um die Entwicklung dessen geht, was ich die Muskeln der Empfänglichkeit nenne. Unsere westliche Kultur, die für ihren Aktivismus berühmt ist, hat ganz unterentwickelte Muskeln der Empfänglichkeit. Wir neigen dazu, dieses Loch mit Schund zu füllen, weil wir Angst vor dem Dunkel oder, wenn du so willst, vor dem Nichts haben.

Das Nichts stellt vielleicht die äußerste Bemühung dar, dieses unbenennbare Mysterium zu benennen. Wir haben ein Bedürfnis, das Nichts zu erfahren, und lernen, uns dabei wohl zu fühlen. Die Meditationspraktiken sind ein Weg dorthin, das Leiden ist ein anderer. Ich habe zum Beispiel vor kurzem jemanden kennengelernt, der sein Lebenswerk bei dem Brand in Oakland verloren hat – das ist eine Erfahrung des Nichts: bis auf den Nullpunkt herunterzukommen. Vielleicht wirft der Begriff des Nichts ja einiges Licht auf den Versuch der Physiker, die fünfundneunzig Prozent des Universums zu benennen, die unbenennbar sind.

RUPERT: Ich möchte wieder auf das Phänomen des Schlafes zurückkommen. Auf diese Weise erleben wir ja jede Nacht die Dunkelheit: dieses Loslassen aller Bilder und eine Art von Nichts, auch wenn wir es unbewußt erleben. Ich will auf folgendes hinweisen: Niemand hat auch nur die geringste Ahnung, warum wir schlafen oder warum jedes Tier schläft. Der Schlaf ist ein tiefes Geheimnis, und für uns ist er etwas Selbstverständliches. Natürlich gehen wir schlafen – Hunde und Katzen gehen schlafen, Kühe gehen schlafen und so weiter.

MATTHEW: Ich glaube, ich weiß, warum ich schlafe – weil ich müde bin, weil ich mich erholen möchte.

RUPERT: Ja, schon, aber Bakterien beispielsweise gehen nicht schlafen, auch niedere Tiere nicht. Der Schlaf tritt irgendwo oberhalb der Ebene der Fische ein. Fische gehen nicht schlafen in irgendeinem normalen Sinn des Wortes.

MATTHEW: Vielleicht schlafen wir ja, um zu träumen.

RUPERT: Vielleicht, aber interessanterweise schlafen nicht bloß wir, sondern praktisch alle Säugetiere.

MATTHEW: Aber ich denke, sie alle träumen, meinst du nicht auch? Ich weiß jedenfalls, daß mein Hund Alpträume hatte.

RUPERT: Ja, sie träumen wirklich. Insofern wir das aufgrund der Rapid Eye Movement (REM) oder der Messung der Hirntätigkeit sagen können, sind Träume im Tierreich weit verbreitet.

MATTHEW: Darum sage ich ja, daß das Schlafen kein so guter Vergleich mit dem Eintreten ins Dunkel ist, weil wir immer verschiedene Dinge träumen. Wir erinnern uns zwar nicht an all unsere Träume, aber doch an eine ganze Menge.

RUPERT: Aber der prozentuale Anteil der Zeit, in der wir träumen, ist nicht so groß. Die REM-Phasen, die man mit dem Träumen verbindet, spielen sich typischerweise nach Phasen von etwa neunzig Minuten traumlosen Schlafes ab. Die meiste Zeit also träumen wir nicht. Falls wir uns in einer Art von Nichts befinden, unterscheidet sich mein Nichts vermutlich durch nichts von deinem Nichts und vermutlich auch nicht vom Nichts eines Hundes, einer Katze oder einer Schlange – da gehen Unterscheidungen und Grenzen verloren.

Wenn wir frei von allen Gedanken und Bildern sind, dann läßt sich mein Bewußtsein durch nichts von deinem Bewußtsein unterscheiden. Vielleicht kommt es zu einer Verknüpfung aller Geister, wenn sie schlafen, zu einer Gemeinschaft der schlafenden Lebewesen. Wie du gesagt hast: Die Dunkelheit, die die Mystiker kultivieren, vermittelt eine außergewöhnliche Empfänglichkeit. Desgleichen kann die Dunkelheit unseres Schlafes uns eine außergewöhnliche Empfänglichkeit vermitteln, und Träume können nicht nur aus unserem persönlichen Unbewußten oder aus dem kollektiven Unbewußten aufsteigen, sondern auch aus einem viel größeren System, das uns mit der nichtmenschlichen Natur verbindet. Es könnte sein, daß es in dieser Dunkelheit eine Art von Nichtlokalität gibt, in der nichts von allem anderen unterschieden oder getrennt ist. Vielleicht gehen der dunkle Teil jeder Lichtwelle und jedes schlafende Tier in diesen Zustand ein, von dem die Mystiker sprechen. Damit wird das, was die Mystiker tun, keineswegs trivialisiert. Mystiker sind vielleicht die Menschen, die gesehen und verstanden haben, daß die Wirklichkeit, wie wir sie erleben, auf der Dunkelheit beruht.

MATTHEW: Das ehrt wirklich die Dunkelheit. Ich mag dieses Bild, daß die Dinge im Dunkeln zusammenkommen. Denn in der Dunkelheit wird die Einheit, nicht die Verschiedenheit erfahren. Im Licht können wir so klar erkennen, wie sehr wir uns in Gestalt, Form und Farbe unterscheiden, und jedes Bild ist einzigartig. Darum sind wir am Ende des Tages erschöpft, weil wir all diese Unterschiede gesehen haben. Wir brauchen die Dunkelheit, um die Einheit wieder zu erfahren. Wie du sagst: Die Einheit ist der Urzustand – unter jeder Differenzierung ist die Einheit des Seins das Radikalste, Einfachste. Ja, in der neuen Schöpfungsgeschichte kam das zuerst. Am Anfang war das Zusammensein, und darum ist all unser Zurückkehren in die Dunkelheit in Wahrheit eine Rückkehr zum Ursprung. Es ist eine Rückgewinnung unseres ursprünglichen Zusammenseins.

Hierher gehört diese erstaunliche Passage bei Eckhart, in der er über die Gottheit spricht und sagt: «Wenn ich zur Gottheit zurückkehre, der Quelle, dem Herzen aller Dinge, wird niemand mich vermißt haben», weil, sagt er, dort soviel Einheit ist, daß «niemand mich fragen wird: ‹Wo bist du gewesen, Bruder Eckhart, und was hast du getan?›»

Im Licht sitzen wir die ganze Zeit übereinander zu Gericht: «Was tust du, wo bist du gewesen, um deine Existenz zu legitimieren?» Aber im Mysterium, wie Eckhart es sieht, gibt es keine Zeit und kein Licht zum Richten. Die Dinge sind einander so nahe, daß niemand unser Weggehen oder unsere Rückkehr auch nur bemerkt.

RUPERT: Nur noch eine weitere Anmerkung zum Schlaf. Eine der typischen Krankheiten der modernen Welt ist die Schlaflosigkeit. Eine ganze Industrie lebt vom Konsum von Schlaftabletten, und Orte wie Los Angeles scheinen voller Schlafloser zu sein. Vielleicht hängt das ja damit zusammen, daß die moderne Welt mit Licht gesättigt ist, wie wir gesagt haben. In unseren Großstädten brennt das Licht rund um die Uhr. Ich habe noch nie gehört, daß die Schlaflosigkeit in den Ländern der Dritten Welt ein großes Problem ist.

MATTHEW: Vielleicht ist die Schlaflosigkeit in Los Angeles und anderen Großstädten der überentwickelten Welt der Preis, den wir für die Aufklärung zahlen. Das Licht steht uns auf Knopfdruck zu Gebote, rund um die Uhr. Genauso wie das Fernsehen: Du kannst dir noch die Spätnachrichten ansehen, dann alte Filme, und anschließend wieder zur Arbeit gehen. Vielleicht gelangt damit die Aufklärung wirklich zu ihrem logischen Ende. Während wir nicht umhin können, die Leistungen der Aufklärung anzuerkennen, nämlich, daß sie eine Menge Fakten und Wahrheiten über die Natur herausgefunden hat, geht uns gerade auf, welchen Preis wir dafür zahlen müssen. Vielleicht ist die Schlaflosigkeit ja nur ein Teil davon.

Wir haben diese Lichtmaschine erfunden – genau das ist das Fernsehen, keine Frage. Darum kannst du ihm nicht entkommen. Du hast das Problem für deine Kinder dadurch gelöst, daß du keinen Fernseher hast. Wenn einer da ist, kann man noch so guten Willens, noch so intelligent sein – wenn eine Lichtmaschine im Zimmer da ist, werden wir alle von ihr angezogen, statt unsere Aufmerksamkeit auf die Stille zu richten oder uns vernünftig zu unterhalten und mit unserer Familie zusammenzusein oder was auch immer.

RUPERT: Und es ist ein Ersatz für das, was die Urlichtquelle für die Menschen war, nämlich das Feuer, was soviel ist wie der Fokus, der Brennpunkt, das Zentrum der Aufmerksamkeit. Wir haben in unserem Wohnzimmer in London, wo wir in einem viktorianischen Haus leben, wieder einen Kamin einbauen lassen, und jeder, der das Zimmer betrat, sagte: «Ach, wie das diesen Raum doch verändert – es verleiht ihm einen Fokus.»

Weil so viele Menschen das gleiche sagten, sah ich im Lexikon unter «focus» nach und entdeckte, daß es das lateinische Wort für «Herd» ist. Wenn man also sagt, der Herd verleiht dem Raum einen Fokus, dann ist das eine Tautologie.

MATTHEW: Natürlich ist ein Feuer etwas ganz anderes als ein Fernseher. Bei Eckhart gibt es einige Passagen, in denen es heißt, daß Gott knistert – anscheinend sitzt er also an einem offenen Feuer, und dabei fallen ihm diese Bilder ein. Wie du weißt, knistert ein

Feuer und erzeugt Funken, aber du weißt nicht, wo. Es ist ja so interessant, so unberechenbar, und man kann nicht genug staunen, wenn man ein Feuer beobachtet.

RUPERT: Ja, aber ein Feuer ist etwas, das die meisten Menschen heute kaum noch sehen. Während alle traditionellen Gesellschaften jede Nacht und jedesmal, wenn sie kochen, das Feuer aus nächster Nähe erleben.

MATTHEW: Früher war das freilich auch keine angenehme Zerstreuung, sondern es war notwendig, um zu überleben.

RUPERT: Die Evolution des menschlichen Bewußtseins, und da sind sich anscheinend die meisten Menschen einig, ging Hand in Hand mit dem Gebrauch des Feuers. Wenn man sagen soll, was den Menschen von anderen Tieren unterscheidet, wird der Gebrauch des Feuers oft als eines der wichtigsten Merkmale angeführt. Wahrscheinlich geht das dem Gebrauch der Sprache um hunderttausende von Jahren voraus. Der allgemeinen Ansicht zufolge, zumindest im Augenblick, ist die Sprache vielleicht vor fünfzig- bis siebzigtausend Jahren aufgekommen, während das Feuer seit mindestens einer halben Million Jahre verwendet wird.

Das Feuer ist eines der primären Dinge in der Entwicklung der Menschheit. Kein anderes Tier benutzt es, und sein Gebrauch ist uralt. Möglicherweise hat das Feuer, insbesondere das Feuer in der Dunkelheit, eine Schlüsselrolle bei der Entwicklung des menschlichen Bewußtseins gespielt.

MATTHEW: Ich liebe diese Stelle bei Johannes vom Kreuz über seine Flucht im Dunkeln. Es ist ein sehr politisches Gedicht, denn er ist ja tatsächlich aus seinem Gefängnis um Mitternacht ausgebrochen, als kein Mond am Himmel stand. Daher war es eine «glückliche Nacht». Er sagt, nichts habe ihn geführt «außer dem Feuer, dem Feuer im Innern». Diese Metapher oder dieser Archetypus handelt vom Feuer im Herzen und vom Herzen als Feuer, vom brennenden

Herzen, der Leidenschaft. Zu Pfingsten haben wir den Ausdruck vom Heiligen Geist als Feuer.

Ich möchte auf ein Bild zu sprechen kommen, das du ein paarmal erwähnt hast und das wirklich unsere Aufmerksamkeit in einer Diskussion über die Dunkelheit verdient, nämlich die Höhle, die Rückkehr zur Höhle. Franz von Assisi hat immer nach guten Höhlen Ausschau gehalten, um darin zu beten. Was ist die Höhle? Es ist sicher, im archetypischen Sinn, eine Rückkehr zur Gebärmutter, ein Hineingehen in Dunkelheit und Feuchtigkeit und Geheimnis und Unvorhersagbarkeit und Mangel an Kontrolle. Wir wissen nicht, welche Tierchen sich in dieser Höhle befinden, und es braucht Mut, in eine Höhle zu gehen und aus dem Licht hinauszutreten. Aber dadurch wirst du auch einer Seite von dir oder einer Seite von Gott begegnen, die es wert ist, daß man ihr begegnet. Ich glaube, auch die Schwitzhütte ist eine Höhle. Dies alles sind sehr mütterliche Bilder. Bewußt Höhlen ausfindig zu machen, ist ein weiterer spiritueller Weg. Einer meiner Lieblingsorte in der Kathedrale von Chartres ist die alte Kirche im Untergrund, die keine Fenster hat und ganz und gar unterirdisch ist. Das ist ein Höhlenerlebnis. Du machst alle Lichter aus und bist in einer Höhle. Natürlich haben die frühen Christen in unterirdischen Katakomben gebetet, und darin muß es sehr finster gewesen sein, weil sie sich vor ihren Feinden oben verbargen.

Diese Rückkehr zum Gebet im Dunkeln läßt mich an etwas denken. Du hast diese sensorischen Deprivationstanks erwähnt. Um die Menschen aus dem Licht und all diesen Ursachen der Schlaflosigkeit herauszuholen, um sie dem Fallout der Aufklärung zu entziehen, sollten die Kirchen heute vielleicht nicht über dem Boden sein, sondern unterirdische Erfahrungen vermitteln. Die Menschen in die Höhle zu führen, wo sie ihr Gebet verrichten können, wäre für die Stille viel einladender. Damit würde man über die Augen hinausgehen. Wenn Rilke schreibt, das Werk der Augen sei getan, dann meint er damit, daß das Werk des Lichts getan und es nun an der Zeit sei, mit dem Werk des Herzens zu beginnen, und das ist auch ein dunkles Werk.

Du kannst das Werk des Herzens nicht sehr gut verrichten, wenn du nur in den Augen oder nur in den Ohren bist. Ich frage mich, ob eine Kirche heute nicht so gestaltet sein sollte, daß die Menschen in unterirdische Höhlen und Keller eingeladen werden, wo das Herz viel eher bereit ist, die Kommunion miteinander zu erfahren – hier gibt es weniger Richten, weniger Theologie der linken Hirnhälfte und mehr Dinge, die für das Herz geschehen.

RUPERT: Die frühesten Bilder, die wir kennen und die rund dreißigtausend Jahre alt sind, wie die im französischen Lascaux, befinden sich tief im Inneren von Höhlen. Sie legen die Vermutung nahe, daß Höhlen vor langer Zeit für religiöse, initiatorische oder zeremonielle Zwecke verwendet wurden. Um in sie zu gelangen, bedarf es einer langen und gefahrvollen Reise. Vermutlich hatten die Menschen Kerzen oder Fackeln dabei, um den Weg zu beleuchten, um hineinzugelangen. Aber warum taten sie das? Offenbar war es für sie in irgendeiner Weise von zentraler Bedeutung.

Die neuere Forschung hat herausgefunden, daß die Akustik einen außergewöhnlichen Hall aufweist an den Orten, an denen man die Bilder der Huftiere findet, die sie wahrscheinlich gejagt haben. Doch dort, wo Bilder von katzenartigen Tieren sind, gibt es gewöhnlich nur ganz wenig Resonanz. Die Forscher, die das entdeckten, haben darüber spekuliert, daß an den Orten, an denen sich Bilder von Tieren befinden, die gejagt wurden, gesungen oder getrommelt worden sein könnte. Man vermutet auch, daß die Echos den Klang der Hufe der rennenden Tiere dargestellt haben könnten. Also gäbe es da eine Art von akustischer Wiedergabe, und die Tiere sind ja auch in Bewegung dargestellt.

MATTHEW: Eine Art Kino.

RUPERT: Genau, und die Bilder in der Höhle wurden vermutlich durch eine Fackel beleuchtet, so daß sich eine flackernde Wirkung ergab. Genausogut kann es dort auch Initiationsriten gegeben haben, mit langen Zeiten der Dunkelheit in den Höhlen, wodurch ja, wie wir schon sagten, lebhafte Bilder hervorgerufen worden wären.

Interessanterweise ist dies das Früheste, was wir über religiöse Phänomene in Europa wissen. Viele Jahrtausende später, im alten Griechenland, gehörte zu den Eleusinischen Mysterien ein Initiationsritual in einer Höhle, das vielleicht auch mit dem Gebrauch psychedelischer Mittel verbunden war. Ganz sicher hatten die Initiaten Visionen, während sie in der Höhle waren.

Höhlen sind auch in vielen anderen Kulturen für religiöse Zwecke benutzt worden. Die frühesten Hindu-Tempel, die wir kennen, sind aus soliden Felsen herausgehauen, und die frühesten buddhistischen Tempel, wie die in Ajanta und Ellora in Zentralindien, sind Höhlentempel. Spätere indische Tempel wurden zwar aus Steinen erbaut, enthielten aber noch immer einen höhlenartigen Raum für das Allerheiligste. Das Bild des Gottes oder der Göttin ist in der Dunkelheit, und um dieses Bild zu enthüllen, brauchst du ein Licht. Der Brahmanenpriester entzündet eine Kampferlampe und umkreist das Bild mit Licht, womit er das Bild in der Dunkelheit der Höhle enthüllt. Dann bringt er die Lampe zu dir und hält sie vor sich, so daß du das Licht mit den Händen nehmen und zu deinen Augen führen kannst. Das göttliche Bild wird vom Licht in der Dunkelheit der Höhle enthüllt.

Ähnlich haben in Europa viele mittelalterliche Kirchen und Kathedralen höhlenartige Krypten im Untergrund. Krypta heißt ja wörtlich die Verborgene. Diese Krypten sind gewöhnlich die ältesten und in vielen Fällen auch die geheimnisvollsten und mächtigsten Teile der Kathedralen, wie in Chartres. Krypten sind auch mit dem Tod verbunden, weil tote Menschen, Heilige, unter Kirchen oder Kathedralen begraben wurden, und in manchen Krypten gab es Nischen, wo Knochen untergebracht wurden. Die Assoziation der Krypta mit Tod und Dunkelheit ist ganz klar. Noch immer werden in manchen Krypten Gottesdienste abgehalten, zum Beispiel in der Kathedrale von Canterbury, aber nicht in der Dunkelheit – sie verwenden Bücher und lassen das Licht an.

MATTHEW: Sie sollten das Licht ausmachen. Ich wette, der Gottesdienst ist nicht anders als oben, sie machen sich das Dunkel nicht zunutze. Wenn wir die Kirchenarchitektur neu erfinden würden, dann würden wir nur noch Krypten bauen. Alle neuen Kirchen wären unterirdisch. Aber dann würden wir auch einige Künstler brauchen, die Rituale erfinden, welche wirklich das Dunkel respektieren und uns gewissermaßen zu jenen Höhlenaugenblicken zurückführen und die Menschen wieder in die Dunkelheit versetzen. Ich glaube, wir leiden heute unter Dunkelheitsentzug. Das meinst du ja mit deinem Hinweis auf die Schlaflosigkeit – wir hungern nach Dunkelheit. Vielleicht wäre das etwas, was die Religion für uns tun könnte: uns mit etwas Dunkelheit zu füttern.

Das wäre ein Geschenk, das die Religion uns machen könnte – und dies in einer Zeit, in der sie nur sehr wenig zu geben scheint. Die Psychologie hat ihre Rolle bei der Beichte übernommen, die Wissenschaft ihre Rolle bei der Schöpfungsgeschichte. Somit geht ihr irgendwie die Arbeit aus. Ich muß gerade an deine Formulierung von der «sensorischen Deprivation» denken. Das hat eine Menge mit dem zu tun, was ich die «mystischen Praktiken« nenne – der Zölibat, das Fasten, der Vegetarismus oder das Stillsitzen. Diese Taktiken werden als Wege in unser Bewußtsein empfohlen. Vielleicht beantwortet dies die Frage, warum wir nachts schlafen. Weil wir vielleicht eine gewisse sensorische Deprivation brauchen, da wir während zwei Dritteln des Tages all diesen sensorischen Input bekommen. Ja, vielleicht schläft Gaia ebenfalls nachts, weil auch sie eine gewisse sensorische Deprivation braucht, um am nächsten Tag ihren Sonnenaufgang vollkommen genießen zu können. Wir müssen leer sein, um voll zu sein, das ist doch das Muster, nicht wahr?

Ich möchte dir eine Geschichte erzählen, die mich sehr berührt. Wir haben ja gerade über die Dunkelheit und die Augen gesprochen. Ein Freund von mir, ein Student in unserem Programm am ICCS, starb vor ein paar Jahren an AIDS. Er wurde ins Krankenhaus gebracht und starb kurz danach. Alle waren überrascht, wie schnell das ging. Als ich mich von ihm verabschiedet hatte, verließ ich die Stadt für einen Tag und war sicher, ihn wiederzusehen. Nichts sprach dafür, daß er so rasch sterben würde. Wie sich herausstellte, hatte ich ihn da zum letztenmal gesehen. Aber ich werde nie vergessen, was ich sah, als ich mich über sein Bett beugte, bloß um ihm auf Wiedersehen zu sagen: Seine Augen – er war Ire und hatte strahlend blaue Augen –, seine Augen waren das Schwärzeste, das ich je in meinem Leben gesehen habe, und er zog mich in seine Augen wie in Strudel hinein, in schwarze Strudel. Rückblickend bin ich mir darüber klargeworden, daß dies sein Lebewohl war.

Die Vorstellung, daß unsere Augen sich von einem strahlenden, durchsichtigen Blau in totale Schwärze verwandeln können, hat mich nicht mehr losgelassen. Man sagt ja, die Augen zieren die Seele, und es soll irgendeine besondere Verbindung geben zwischen Bildsymbolik, Licht, Engeln, Photonen und unseren Augen. Die Tatsache, daß seine Augen bereits vor seinem Körper die Reise ins Dunkel angetreten hatten, ist sehr interessant für mich, und ich frage mich, ob uns dies irgend etwas lehrt.

RUPERT: Dein Erlebnis verweist auf das Paradox von Dunkelheit und Licht im Tod. Das Bild, das wir gewöhnlich vom Tod haben, ist geprägt von Dunkelheit, Schwärze – doch viele Menschen haben von ihren Nah-Todeserfahrungen berichtet: Sie seien durch einen Tunnel gegangen und dann ins Licht gekommen, in ein Licht von großer Intensität. Das *Tibetische Totenbuch* spricht in ähnlicher Weise vom Gang ins Licht, so daß die Dunkelheit des Todes mit dieser Reise ins Licht verbunden ist. Dieses Zusammenspiel von Dunkelheit und Licht im Tod muß doch irgendeine Beziehung zur mystischen Tradition haben. Wie siehst du das?

MATTHEW: Der Tod kommt den Lebenden wie Dunkelheit vor, weil es etwas mit Dunkelheit zu tun hat, wenn man bei einem Trauerfall jemanden in der Erde begräbt und ihn gehen lassen muß. Verlust und Trauer sind eine andere Reise in die Dunkelheit oder ins Leiden. Aber – und dieses Prinzip wird mir dank deiner Bemerkungen über die Physik des Lichts klarer – Licht und Dunkelheit treten miteinander auf. Was uns auf der Erde sehr dunkel vorkommt, zumindest den meisten Menschen, wenn jemand stirbt, den sie lieben, ist eigentlich ganz herrlich und leuchtend und lichterfüllt für jene, die die Erde verlassen. Das deckt sich nicht nur mit den Nah-Todeserfahrungen, sondern auch mit vielen religiösen Berichten, etwa von der Auferstehung Christi, und dem Gefühl der Glorie, der Doxa und des Strahlens, die die Geschichten um den wiederauferstandenen Christus begleiten, wie sie die Evangelien erzählen. Es geht um die Wiedergewinnung unserer ursprünglichen Strahlung.

Wenn Hildegard sagt: «Jedes Geschöpf ist ein funkelnder, glänzender Spiegel des Göttlichen» und «Jedes Geschöpf ist ein Strahl Gottes», benennt sie dieses Strahlen, diese Doxa, Shekhina und Glorie. Wir haben es hier wieder mit Polaritäten von Leben und Tod, Tod und Wiedergeburt oder Dunkel und Licht zu tun. Der Tod ist ein Entleeren, aber er kann auch das polare Gegenteil darstellen: daß der, der ihn erfährt, von tiefstem Licht und tiefster Schönheit erfüllt wird.

Eckhart spricht nicht viel über den Tod, doch da gibt es diese eine Stelle, die wohl alles sagt: «Das Leben stirbt, aber das Sein geht weiter.» Das kommt Thomas von Aquins, Walt Whitmans und Rilkes Lieblingsthema sehr nahe. Die Existenz ist das Wunder, sie ist das, was zählt und was weitergeht. Ich komme wieder auf dein physikalisches Modell zurück, die Muster aus Licht und Dunkelheit, Gegenwart und Abwesenheit, Leben und Tod. Schließlich kann ein Lebewesen nicht sterben, ohne zu sein, sonst wäre es nicht existent. Ich glaube, es kommt ziemlich selten vor, daß der Tod als nicht existent bezeichnet wird – die meisten Traditionen stellen ihn sich als eine andere Form des Seins vor. Man kann sich zwar über das Thema Reinkarnation kontra Wiederauferstehung oder sonst etwas streiten, aber ich sehe im Tod eine Art von Recyclingprozeß. Mir scheint, wir werden in gewisser Weise recycelt, in den Pool des Seins hinein.

Rupert: Die meisten christlichen Lehren über den höchsten Zustand der Glorie legen dar, daß die Reise im Licht endet.

MATTHEW: Das Licht hat das letzte Wort, könnte man sagen.

RUPERT: Das Licht hat das letzte Wort. *«Et lux perpetua luceat eis»* – möge ihnen das Licht ewig leuchten.

MATTHEW: Doch wir haben auch das *«Requiescat in pace»* – möge er oder sie in Frieden ruhen, und das heißt: Mögen sie einen wirklich guten, langen Schlaf haben. Und dabei würde man meinen, daß man am besten im Dunkeln schläft.

RUPERT: Es ist ein Paradox, weil beides miteinander gekoppelt ist, das In-Frieden-Ruhen und das Leuchten des ewigen Lichts.

MATTHEW: Also haben wir da vielleicht den Tanz zwischen der Rückkehr zu Gott und der Rückkehr zur Gottheit.

RUPERT: Vermutlich wäre dies die höchste Polarität. Der Zustand der Glorie wäre das Gegenteil der Dunkelheit der Gottheit.

MATTHEW: Bei Eckhart gibt es dieses wunderbare Gedicht über die Ruhe. Es ist zwar eine Predigt, aber es ist auch ein Gedicht: «Alle Dinge leben für die Ruhe.» Diese Ruhe ist vielleicht nur ein anderer Ausdruck für die ewige Ruhe, eine andere Möglichkeit, über die Beziehung zur Gottheit zu sprechen, im Unterschied zur Beziehung zu Gott. Dies ist ein weiterer Grund dafür, daß der kirchliche Gottesdienst im Untergrund stattfinden sollte, da dort mehr Ruhe herrscht als bei all diesem geschäftigen Bemühen, die richtige Seite aufzuschlagen, und bei dem, was sonst alles in oberirdischen Kirchen bei Licht stattfindet.

Ich denke bei Dunkelheit gern nicht bloß an visuelle Dunkelheit, sondern auch an akustische Dunkelheit, an Stille. Für diese Art von Dunkelheit, behaupte ich, haben die Quäker wahrscheinlich im Westen das Beste getan. Sie ehren die Stille und sind in der Stille gegenwärtig. Das ist für mich ein Teil der Dunkelheit. Für Eckhart auch. Wenn er uns sagt, wir sollen alle Bilder lassen, dann meint er nicht nur die visuellen Bilder, sondern auch die akustischen. Diese Rückkehr in die Dunkelheit, um entleert und geläutert zu werden, ist ein Teil der Dunkelheit. Wenn ich mir diese Höhlengottesdienste vorstelle, dann meine ich damit nicht das Herunterleiern banaler Gebete, sondern wirklich den Eintritt in die Dunkelheit und das Zusammensein dort, und dann wird man sehen, welche Gebete aus all dem hervorgehen. Ich finde wirklich, wir sollten das Ritual da unten wieder einführen.

RUPERT: Das wäre wunderbar. Wenn du das nächste Mal in Chartres oder in England bist, dann wäre eine dieser Krypten der richtige Ort, an dem du dieses Ritual in Dunkelheit oder fast in Dunkelheit wieder vollziehen könntest. Das wäre doch nicht so schwer.

MATTHEW: Aber es gibt noch eine andere Möglichkeit. Ich denke, als Naturforscher würde es dich mehr interessieren, einfach eine Schaufel zu nehmen und in die Erde hineinzugehen und deine eigene Höhle zu graben. Weil die Krypta ja diese gemischte Botschaft vermittelt und irgend jemand jederzeit das Licht anmachen oder dort hinunterkommen und uns in irgendeine Art von banalem Gebet verwickeln könnte. Also sollten wir einfach hergehen und uns ein Stück Erde aussuchen und damit anfangen, unseren eigenen Kirchenkeller auszuschachten, ohne die Kirche. Ich glaube, auch Katakomben sind faszinierend und voller Potential. Da fällt mir wieder eine Geschichte ein: Vor Jahren, als ich noch in Chicago lebte, traten irgendwelche kreativen Eltern an mich heran, deren Kinder sich beim Religionsunterricht in der Kirche, gelinde gesagt, nicht wohl fühlten. Das waren Fünftkläßler, etwa sechs Jungen. Ihre Eltern sagten zu mir: «Würden Sie unsere Kinder in Religion unterrichten?» Ich war einverstanden, und zu meinem Unterricht gehörte es auch, daß ich diese Jungen in meinem Keller Katakomben bauen ließ. Jeden Sonntag haben wir Katakomben gebaut. Dort gab es jede Menge Kleister und Kanthölzer und Maschendraht. Als wir diese Katakomben gebaut hatten, setzten wir uns hinein und erzählten Geschichten. Weil es Fünftkläßler waren, mußte es natürlich auch Skelette geben, und davon hatten wir da drin tatsächlich auch eine ganze Menge.

Als ich in diesem Jahr am Chicago Art Institute einen Vortrag hielt, kam ein junger Mann zu mir und sagte: «Erinnern Sie sich noch an mich?» Ich verneinte. Darauf er: «Ich war als Fünftkläßler in Ihrer Katakombenklasse.» – «Ach», sagte ich, «jetzt erinnere ich mich.» Er fuhr fort: «Heute lebe ich davon, daß ich nach Steinen suche und sie bearbeite. Ich bin schon im Himalaya gewesen und dort in eine Lawine geraten, ich war auch in der kanadischen Wildnis, und überall, wo ich bin, suche ich nach Steinen.» Er gab mir diesen wunderschönen Stein, in den er alle Kontinente geritzt hatte. «Das ist meine Arbeit, und alles hat in den Katakomben angefangen.» Ich fragte ihn: «Tatsächlich? Aber warum?» – «Sie haben uns Steine gegeben und uns gesagt, wir sollten uns dazu Geschichten ausdenken.» – «Daran kann ich mich nicht mehr erinnern», erwiderte ich. Das war eine wunderbare Begegnung. Ich hatte diesen jungen Mann zuletzt vor achtzehn Jahren gesehen, als er noch ein kleiner Junge war. Ich war verblüfft, daß seine Berufung in diesen fiktiven Katakomben begonnen hatte.

Zehn Minuten später kam ein anderer Mann zu mir und sagte: «Erinnern Sie sich noch an mich?» Und ich erwiderte: «Nein.» Darauf er: «Ich war vor achtzehn Jahren in Ihrer Katakombenklasse, und nun bin ich ein Künstler.» – «Das ist wundervoll! Sie sollten sich mal mit diesem Mann da unterhalten.» – «Ach», erwiderte er, «den habe ich seit achtzehn Jahren nicht mehr gesehen.» Und dann fügte er hinzu: «Meine Berufung fing in diesen Katakomben an – in dieser Klasse durfte ich meiner Phantasie freien Lauf lassen.»

Dazu kann ich nur sagen: Wenn so etwas mit Maschendraht und Tapetenkleister im Keller meiner Wohnung passieren kann – was könnte dann erst geschehen, wenn wir die Katakomben wieder ernst nähmen und an diesen interessanten höhlenartigen Orten wieder zu beten anfingen?!

RUPERT: Ich glaube, das ist eine großartige Idee.

MATTHEW: Ich will damit sagen, es ist an der Zeit, daß wir anfangen, mit der Gottheit zu beten statt nur mit Gott. Mit Gott sind die Ergebnisse eigentlich nicht gerade beeindruckend, da wir immer nur banale Gebete herunterleiern. Ist Gott nun banal, oder sind wir es? Vielleicht sollten wir von vorn anfangen, nämlich bei der Dunkelheit. Lassen wir alle Gebetbücher sein, und begeben wir uns ins Dunkel.

Über Licht und Dunkelheit können wir aber auch sprechen, wenn wir über die linke und die rechte Hirnhälfte sprechen. Wir haben, glaube ich, festgestellt, daß die rechte Hirnhälfte nicht genügend geehrt wird, bestimmt nicht in der modernen Kultur der Aufklärung.

Als die Liturgie noch auf lateinisch abgehalten wurde, war sie für die meisten Katholiken ein Geheimnis, und die linke Hirnhälfte hatte keine Ahnung davon. Was sich also wirklich im Gottesdienst abspielte, waren die Gerüche – der Weihrauch und die Wachskerzen – und die Gesänge. Damals gab es eigentlich sehr viel mehr Raum für die rechte Hirnhälfte, für die Stille und die Dunkelheit. Das ist immer so, wenn du in einer uralten Sprache betest, und ganz sicher ist dies einer der Gründe dafür, daß archaische Sprache in den Religionen der ganzen Welt so wichtig sind.

Und wie steht es mit dem Verhältnis von Ökumenismus und Dunkelheit? Im Dunkeln weißt du nicht, ob sich Kreuze an der Wand befinden oder Davidsterne oder eine Buddhastatue. Niemand weiß es, so daß jeder seinen Frieden hat. Dort werden wir einander nicht bekämpfen, sondern miteinander beten, damit sich etwas ändert. Das geschieht auch in Schwitzhütten. Sobald du drin bist, weißt du nicht mehr, wer ein Weißer oder ein Indianer, ein Christ oder was auch immer ist – einfach weil es dunkel ist. Dort kann es ein Zusammensein geben.

6 *Morphische Resonanz und Ritual*

Rupert: Zuerst einmal will ich über die Hypothese der morphischen Resonanz sprechen und dann zeigen, wie dadurch neues Licht auf die Rituale fällt. Dazu muß ich zunächst den historischen Kontext dieser radikalen Hypothese darstellen.

Den Background bildet der gegenwärtige Konflikt zwischen den beiden grundlegendsten Wirklichkeitsmodellen in der westlichen Wissenschaft. Da ist zum einen das Modell oder Paradigma der Ewigkeit, die Vorstellung, daß sich eigentlich nichts verändert. Zum anderen haben wir das Paradigma der Evolution, die Vorstellung, daß sich alles im Laufe der Zeit verändert und entwickelt.

Das Paradigma der Ewigkeit wurzelt im Denken der griechischen Antike, das sich seinerseits ableitet aus der mystischen Einsicht in eine zeitlose Wirklichkeit hinter der sich verändernden Welt, die wir erleben. Die antiken Philosophen haben nach Möglichkeiten gesucht, diese mystische Einsicht in Form von Theorien zu formulieren. Die Schule der Pythagoräer behauptete, die ewige Wirklichkeit sei mathematisch. Die Zahlen und die Verhältnisse zwischen den Zahlen haben eine merkwürdige Qualität von Ewigkeit, und die Pythagoräer glaubten, dies sei die zeitlose Basis der Welt des Wandels.

Die Materialisten glaubten, die Materie sei das ewige Prinzip. Ihrer Ansicht nach besteht die Materie aus Unmengen kleiner Teilchen, den Atomen, die sich nie verändern. Die Materialisten behaupteten, die Welt des Wandels, die wir erleben, entstehe durch die Permutationen und Bewegungen der Atome, die ja selbst unveränderlich sind.

Platon hat die pythagoräische Theorie in seiner bekannten Philosophie der Formen verallgemeinert: Die Welt, die wir erleben, sei eine Widerspiegelung von unveränderlichen Formen oder Ideen, die Raum und Zeit übersteigen. Alles auf dieser Welt sei eine Widerspiegelung eines ewigen Archetypus. Jedes Pferd beispielsweise sei eine Widerspiegelung einer Idee des «ewigen Pferdes».

Diese Philosophie wurde von Augustinus und anderen christianisiert, indem sie erklärten, die platonischen Formen seien Ideen im Geist Gottes. Der Platonismus und der Neuplatonismus hatten einen nachhaltigen Einfluß auf die Denker der Renaissance, und danach besonders auf Kopernikus, Kepler, Galilei, Descartes, Newton und die anderen Begründer der modernen Wissenschaft. Sie glaubten, sie würden mit Hilfe der Wissenschaft die wahren mathematischen Ideen und die Gesetze im Geist Gottes entdecken. Ihrer Meinung nach war Gott ein Mathematiker, und manche Mathematiker denken gern heute noch so.

Als Newton diese platonische Vorstellung von ewigen Gesetzen mit der atomistischen Vorstellung von ewigen Materieteilchen kombinierte, schuf er einen kosmischen Dualismus, auf dem die mechanistische Wissenschaft bis heute basiert: eine ewige Menge von Materie und Energie, die von ewigen Gesetzen reguliert wird, welche ihrerseits nichtmateriell und nichtenergetisch sind.

Dieses Paradigma hat das physikalische Denken nachhaltig geprägt. Die meisten Wissenschaftler halten es noch immer für selbstverständlich, daß die Natur von unveränderlichen Gesetzen regiert wird. Die Vorstellung, daß sich jedes Experiment überall wiederholen lassen muß, ist eine Konsequenz dieser Denkweise.

Im Gegensatz dazu stammt das evolutionäre Paradigma nicht aus dem griechischen Teil unseres kulturellen Erbes, sondern aus dem jüdischen. Es beruht auf der Metapher einer Reise, deren Prototyp der Auszug des auserwählten Volkes aus Ägypten durch die Wildnis ins Gelobte Land ist. Dies wurde überhöht zur Vorstellung einer Reise des auserwählten Volkes zu der Zeit, die in der Ankunft des

Messias kulminiert. Im christlichen Kontext wurde Geschichte als etwas verstanden, das zur Wiederkehr Christi und zum Millenium hinführt.

Diese Vision wurde im 17. Jahrhundert säkularisiert und mündete in die Vorstellung vom Fortschritt durch Wissenschaft und Technik. Durch die Eroberung der Natur werde ein neues Zeitalter anbrechen. Am Ende des 18. Jahrhunderts war die Philosophie vom menschlichen Fortschritt weit verbreitet. Die Natur indes wurde noch immer für statisch gehalten. Erst in der zweiten Hälfte des 19. Jahrhunderts verschaffte Darwin der Idee der Evolution wissenschaftliche Glaubwürdigkeit. Ja, erst 1966 entwickelte die Physik mit der Urknalltheorie endlich eine evolutionäre Kosmologie. Davor glaubten die meisten Physiker noch, das Universum sei ewig.

Inzwischen haben wir eine radikal evolutionäre Kosmologie, und der Konflikt der Paradigmen spiegelt sich in der gegenwärtigen grundlegenden Krise in der Wissenschaft wider. Wie steht es mit den ewigen Naturgesetzen, wenn das gesamte Universum evolutionär ist? Wenn sich das Universum entwickelt, warum sollten sich dann nicht auch die Naturgesetze entwickeln? Schließlich verändern sich auch menschliche Gesetze, und die Vorstellung von Naturgesetzen beruht ja auf einer Analogie zu den menschlichen Gesetzen. Offensichtlich spricht nichts für die Annahme, daß alle Naturgesetze im Augenblick des Urknalls eingeführt wurden, etwa wie ein kosmischer Code Napoléon.

Im Prinzip besagt die Idee der morphischen Resonanz, daß die Regelungen in der Natur eher Gewohnheiten als Gesetze sind und daß sie nicht von Anfang an für alle Zeit fixiert waren. Es sind Gewohnheiten, die sich innerhalb der Natur herausgebildet haben. Die Natur besitzt eher eine Art von innerem Gedächtnis als einen ewigen mathematischen Verstand. Salz kristallisiert so und nicht anders, weil Salz schon zuvor so oft kristallisiert ist. Je öfter dies geschieht, desto stärker wird die Gewohnheit, bis sich das Salz so verhält, *als ob es* von ewigen Gesetzen regiert würde.

Jedwedes Ding hat eine kollektive Erinnerung an frühere Dinge der gleichen Art. Die Grundlage meiner Hypothese besteht darin, daß dieses Gedächtnis auf dem Prozeß beruht, den ich morphische Resonanz nenne, auf dem Einfluß von Gleichem auf Gleiches durch Raum und Zeit hindurch. Aktivitäts- oder Schwingungsmuster greifen das auf, was mit gleichen Mustern vor ihnen geschehen ist.

Wenn du beispielsweise eine neue chemische Verbindung herstellst, läßt sich die Substanz beim erstenmal nur ganz schwer kristallin ausbilden, weil es noch nicht die Gewohnheit gibt, daß sie diese Art von Kristall bildet. Aber je öfter du das tust, desto leichter sollte es auf der ganzen Welt möglich sein. Tatsächlich wissen wir, daß sich Kristalle auf der ganzen Welt um so leichter bilden, je öfter wir welche herstellen. Chemiker versuchen das mit Anekdoten abzutun, die zum reichen Märchenschatz der Chemie gehören. Üblicherweise erzählt man sich, dies passiere, weil Fragmente früherer Kristalle in den Bärten herumziehender Chemiker von Labor zu Labor transportiert würden. Hat es keine herumziehenden Wissenschaftler gegeben, nimmt man an, daß mikroskopisch kleine Staubpartikel der früheren Kristalle in der Atmosphäre um die Welt geweht worden sind.

Niemand hat je diese konventionellen Theorien überprüft. Ich schlage vor, die Luft in den Labors zu filtern und herumziehende Chemiker auszuschließen. Ich glaube, daß sich die Kristalle, wenn diese Faktoren eliminiert werden, immer noch leichter bilden, und zwar aufgrund von morphischer Resonanz. Somit haben wir eine Möglichkeit, die Hypothese der morphischen Resonanz auf dem Gebiet der Chemie zu überprüfen. Eine andere Testmöglichkeit bietet die Entwicklung ungewöhnlicher Pflanzen- und Tierformen. Näheres dazu steht in meinen Büchern *Das schöpferische Universum* und *Das Gedächtnis der Natur.*

Die Hypothese läßt sich auch im Bereich des Verhaltens anwenden. Wenn beispielsweise Ratten in Sheffield einen neuen Trick erlernen, sollten Ratten auf der ganzen Welt in der Lage sein, ihn rascher zu erlernen. Je mehr Ratten ihn in Sheffield erlernen, desto leichter sollte er überall anderswo erlernt werden können. Experimente mit Laborratten haben bereits den Beweis erbracht, daß es diesen bemerkenswerten Effekt tatsächlich gibt.

Auch auf Menschen sollten sich diese Prinzipien anwenden lassen. So müßten Menschen leichter lernen, was andere Menschen bereits gelernt haben. Je mehr diese lernen, desto leichter sollte es allen fallen. Auch hier läßt sich beweisen, daß dies tatsächlich geschieht. Diese Idee ist bereits vielen Menschen in Form von Jungs Theorie des kollektiven Unbewußten vertraut. Der Schweizer Psychologe Jung glaubte, daß alle Menschen auf ein kollektives Gedächtnis zurückgreifen, das er das kollektive Unbewußte nannte. Seine Beweise beruhten auf kulturellen Parallelen sowie auf Träumen, die an Mythen in fremden Kulturen erinnerten, von denen der Träumende noch nie gehört hatte. Jung hielt diese Gewohnheitsmuster für Archetypen im kollektiven Unbewußten. Für mich sind das morphische Felder, und damit bezeichne ich die Muster, die durch morphische Resonanz aufrechterhalten werden.

In der Natur wie beim Menschen läßt die morphische Resonanz Dinge auf eine zunehmend gewohnheitsmäßige Weise durch Wiederholung geschehen. Der Schlüssel zur morphischen Resonanz ist die Gleichheit, und üblicherweise bewirkt sie, daß sich Gleichheiten verstärken, wenn sich Gewohnheiten ausbilden. Normalerweise werden Gewohnheiten zunehmend unbewußt. Aber manchmal tun Menschen bestimmte Dinge gezielt und bewußt genauso wie zuvor. Dies gilt besonders für Rituale.

Alle menschlichen Gesellschaften haben Rituale. Wie auch immer das Ritual, die Gesellschaft, der jeweilige Kontext beschaffen sein mögen – Rituale haben eine sehr starke konservative Tendenz. Die Menschen glauben, sie sollten das Ritual genauso ausüben, wie andere es zuvor getan haben. Warum? Weil sie glauben, daß sie dadurch in gewisser Weise mit den Menschen verbunden sind, die es zuvor ausgeübt haben. In Stammesgesellschaften glaubt man, daß durch Rituale die Ahnen für die jetzigen Teilnehmer gegenwärtig werden. Ähnliche Ansichten findet man in allen Religionen. Ein Beispiel ist das jüdische Passahfest. Jahr für Jahr, seit unzähligen Generationen, gibt es bei jedem Passahfest die gleichen rituellen Mahlzeiten, die gleichen Lesungen, die gleiche Erinnerung an das erste Passahfest in Ägypten.

In allen Traditionen ist die rituelle Sprache in hohem Maße konservativ. In Indien vollziehen die Brahmanen ihre Rituale in Sanskrit, weil das die alte rituelle Sprache ist. In der römisch-katholischen Kirche wurden die Rituale einst in Latein abgehalten. In der russisch-orthodoxen Kirche gibt es noch immer das alte Kirchenslawisch. Es ist weit verbreitet, daß alte Sprachen in rituellen Formen bewahrt werden. Oft haben die Menschen die Gründe dafür vergessen, aber sie glauben, das Ritual sollte auf traditionelle Weise vollzogen werden, damit es wirkt.

Der Zweck des Rituals besteht darin, die gegenwärtigen Teilnehmer mit dem ursprünglichen Ereignis zu verbinden, zu dessen Gedenken das Ritual abgehalten wird, und sie auch mit all denen zu verknüpfen, die in der Vergangenheit an diesem Ritual teilgenommen haben. Das Ritual hat etwas mit einem Durchqueren der Zeit, einer Aufhebung der Zeit zu tun, indem es die Vergangenheit in die Gegenwart hereinholt. Das christliche Abendmahl beispielsweise erinnert an das ursprüngliche Abendmahl Christi und verbindet die jetzigen mit den damaligen Teilnehmern ebenso wie mit all denen, die seither beim Abendmahl anwesend waren – es verbindet sie mit der sogenannten Gemeinschaft der Heiligen.

Von einem weltlichen, rationalistischen Standpunkt aus betrachtet, ergibt all das keinen Sinn. Das Ritual ist dann nur ein weiteres Beispiel für den Aberglauben, zu dem die Menschen leider neigen, bis diese irrationalen Überbleibsel aus der Vergangenheit durch eine aufgeklärte Erziehung ausgemerzt werden können. Aber Rituale sind bemerkenswert zählebig, sogar in weltlichen Gesellschaften. Offenbar haben die Menschen ein Bedürfnis danach, und wenn man ihnen die traditionellen Rituale nimmt, erschaffen sie sich ihre eigenen. Banden beispielsweise denken sich oft bestimmte Initiationsrituale aus, weil man ihnen gesellschaftlich gebilligte Durchgangsriten vorenthält.

Unter dem Aspekt der morphischen Resonanz sind Rituale absolut sinnvoll. Indem die Teilnehmer rituelle Handlungen möglichst auf die gleiche Weise vollziehen, wie sie zuvor schon vollzogen worden sind, begeben sie sich in eine morphische Resonanz mit jenen, die das Ritual in der Vergangenheit praktizierten. Wir haben es da mit einem Zusammenbruch der Zeit zu tun. All jene, die das Ritual bereits praktizierten, bilden eine unsichtbare Gegenwart, eine überzeitliche rituelle Gemeinschaft.

MATTHEW: Ich denke, die morphische Resonanz ist ein ergiebiges Konzept und hat weitreichende Konsequenzen für diejenigen, die am Ende des 20. Jahrhunderts Rituale praktizieren.

Eine Definition der Liturgie ist die Feier als Erziehung. Als ich klein war, erklärte man uns ziemlich verlegen, die Liturgie habe etwas mit Erziehung zu tun. Und dann hat sie niemand mehr erwähnt. Inzwischen sehe ich, wie untauglich unsere Erziehung ist, wie sehr sie uns oft eher verletzt als aufklärt. Heute ist die Frage so wichtig wie nie zuvor, wie wir die Erziehung wiederbeleben können, wie sie sich neu gestalten läßt. Ich fühle mich zu dieser ursprünglichen Erklärung hingezogen, wonach die Liturgie oder das Ritual eine Form der Erziehung ist.

Wie sonst können wir wirklich die Universität durchlaufen, sofern Universität einen Ort meint, an den du gehst, um deinen Platz im Universum zu finden? Das kann man heutzutage nur selten an einer westlichen Universität erleben. Aber im Ritual ist dies möglich, weil das Ritual auf kollektive Erinnerungen und Mythen und uraltes Wissen zurückgreift, indem es Bilder in uns wachruft, durch die wir uns mit dem Ganzen verbinden können. Mir scheint, es gibt keine Feier ohne dieses Sichverbinden mit dem Ganzen, mit dem großen Bild.

Das morphische Feld, die Gemeinschaft der Heiligen, die Ahnen und die Zukunft – all diese Kräfte kommen an einem Ort zusammen, wenn wir das Ritual auf die richtige Weise miteinander vollziehen. Man könnte sogar sagen, daß dabei viele morphische Felder angezapft werden: die unserer Vorfahren, die der Engel, die unserer Jugend und sogar die der Zukunft.

Mir scheint, daß es bei der Erziehung, die im Ritual stattfindet, um die neue Kosmologie geht. Wie du gesagt hast: Die neue Kosmologie stellt eine radikal neue Sicht dar. Wie bekommen wir diese radikal neue Sicht rasch ins Blut, in unsere Träume? Ich meine, der kürzeste Weg dürfte das Ritual sein. Das Ritual läuft genauso ab, wie alte Völker immer schon ihrer Jugend die großen Geschichten vom Universum erzählt haben. Im Ritual geht es darum, daß wir die Quelle unserer Existenz und damit die Grundlage unserer Moral kennenlernen. Sobald wir wissen, woher wir kommen, können wir uns darauf verständigen, wohin wir gehen und wie wir dorthin gelangen, und das heißt Moral.

Unsere neue Kosmologie, mit ihrer neuen Schöpfungsgeschichte, bringt an sich Wissen zurück, weil Wissen aus dem Gefühl einer Verbindung mit Anfängen entsteht. Wenn es Wissen und eine Verbindung mit diesen Anfängen gibt, dann gibt es eine Moral. Ein neues Gefühl für Werte und Moral wird sich auf diese Weise einstellen. Gewiß findet unser Gemeinschaftserleben seine Feier, sein Benennen und seinen Höhepunkt im Ritual. Indem wir eine innere Verbundenheit erfahren, bewegen wir uns mit diesem Empfinden des Universums. Es ist eine alte Schöpfungsgeschichte, die aber von Wissenschaftlern in unserer Zeit neu erzählt wird.

Und dann ist da noch die Neugier. Thomas von Aquin sagt, ohne Neugier gebe es kein Wissen. Doch wo ist in unseren präfabrizierten und ans Buch gebundenen Gottesdiensten im Westen noch Raum für Neugier oder die Inspiration dazu? Nur selten darf es heutzutage im westlichen Ritual zu Überraschungen kommen. Sogar der Heilige Geist ist in einen Kasten eingesperrt. Ebenso wie die Engel und unser größeres Selbst, unsere Seele. Wo und wann auch immer ich die Bemerkung fallenlasse, wie langweilig doch der Gottesdienst ist und daß es eine Sünde sei, Menschen zu langweilen und das Gottesdienst zu nennen, ernte ich einen Lacherfolg. Überall auf der Welt, von Neuseeland und Australien bis nach Amerika, denken die Menschen so über den Zusammenhang von Gottesdienst und Langeweile. Was ist das Gegenteil von Langeweile? Nun, ein Gegenteil ist die Neugier. Das Ritual muß irgendwie unsere Neugier wecken. Vielleicht ist das mit *interessant* gemeint. Wenn du Ritualen von Eingeborenen beiwohnst, dann gibt es da verschiedene Rasseln und unterschiedliche Klänge und diverse Trommeln und Bekleidungen und

Gerüche – das ist alles andere als uninteressant. Für jeden, für ein Baby oder einen Teenager oder einen alten Menschen, ist das immer interessant, da gibt es stets etwas Neues. Wie das Universum selbst ist auch das gesunde Ritual immer schön und interessant.

Eine andere Dimension des Zusammenhangs von Erziehung und Liturgie ist die *Teilnahme.* Wir lernen, indem wir Dinge tun, indem wir Hand anlegen. Daher ist jedes gesunde Ritual eine Aufforderung, Dinge miteinander zu tun, nicht Zuschauer zu sein, die jemand anderer beobachten, wie er etwas tut, sondern sich mit dem eigenen Körper, den eigenen Bildern, dem eigenen Atem und den eigenen Visionen wahrhaft zu beteiligen. Dies ist eine Möglichkeit, das morphische Feld zu erwecken und noch mehr in es einzutreten.

Eine weitere Dimension von Ritual und Liturgie ist das *Gedenken.* Dies ist das Herzstück jeder jüdischen Liturgie und all ihrer Rituale. Aber sie handeln nicht bloß vom Gedenken an menschliche Ereignisse wie das Passah und den Exodus und die Befreiung der Menschen. Es geht darin auch um die Erinnerung an die Schöpfungsereignisse – den Neumond, die Äquinoktien, die Sonnenwende, die Jahreszeiten und die Sonne, die Geburts- und Todestage der Galaxien, Planeten und Sterne. Rituale und Feste sind um Schöpfungsbewegungen herum angelegt, weil auch das ein Gedenken ist. Wir haben ja schon davon gesprochen, daß die Mystik nichts als selbstverständlich hinnimmt. Mit anderen Worten: Sie vergißt nicht. Beim Abendmahl soll Jesus laut der Bibel gesagt haben: «. . . das tut zu meinem Gedächtnis.» Hier (in Lukas 22,19) gebraucht er eine durch und durch jüdische Formulierung, nämlich daß das Wesen der Religion und das Wesen des Rituals gesundes Erinnern ist.

Ich würde lieber vom Erinnern und vom Verbinden sprechen, als das Wort «konservativ» zu verwenden, wie du das immer tust, Rupert. Ich meine, konservativ ist so ein politischer Begriff – er gesteht jenen zuviel zu, die tatsächlich aus dem Ritual eine politisch konservative Angelegenheit machen oder die es auf nostalgische Weise zu dem religiösen Phantasieleben in Beziehung setzen, das sie als

Kinder gehabt haben. Das nährt nur die religiöse Unreife, die wir überall in unserer Kultur antreffen.

Als ich vor vielen Jahren in Paris lebte, wohnte ich bei einer Integristenfamilie. Die Integristen sind Fundamentalisten, extrem rechte Katholiken und sehr gewalttätige Menschen. Ich wußte all das nicht, als ich bei ihnen einzog, aber eines Tages sagte die Dame des Hauses zu mir: «Seit dem Vatikanischen Konzil habe ich meinen Glauben verloren.» Ich fragte sie: «Nun, woran glauben Sie denn?» Darauf sie: «An den Papst und meinen Katechismus.» Da sagte ich: «Haben Sie denn nicht gewußt, daß der Papst das Konzil einberufen und alle Dokumente unterzeichnet hat?» – «Nein», erwiderte sie. «Dann glaube ich bloß an den Katechismus.»

Sie ließ den Papst einfach so fallen, er hatte nicht die geringste Chance. Sie war etwa fünfundsechzig Jahre alt. Ich sagte: «Ich würde gern Ihren Katechismus sehen, könnten Sie ihn bitte mal holen?» – «Ach», meinte sie, «er ist seit 1928 vergriffen.»

Genau das habe ich gemeint. Das ist nicht die Art von Religion, die ich fördern möchte, wenn ich von dieser Dimension namens Ritual spreche. Ich würde also lieber das Wort «Verbundenheit» verwenden. Wir sind mit der Vergangenheit verbunden. Wir bringen die Tradition mit, und wir öffnen uns ihr.

Ich möchte auch betonen, daß das Ritual ein Gedenken nicht nur der Vergangenheit, sondern auch der Zukunft ist. Thomas von Aquin hat ein wunderschönes Gedicht über die Eucharistie geschrieben, in dem er davon spricht, daß er die eschatologische Nahrung schmecke, den Himmel erfahre und so weiter. Das Ritual hat eine eschatologische Dimension. Eschatologie bedeutet Zukunft und deren Auswirkungen auf die Gegenwart. Im Ritual gedenken wir auch dessen, was noch nicht geschehen ist. Wir projizieren uns nach vorn, um eine Gerechtigkeit zu erfahren, die wir noch nicht erfahren haben, um eine Lust zu erleben, die noch nicht erlebt wurde, und um die Feier zu erfahren, die in unserem persönlichen oder in unserem gesellschaftlichen Leben noch nicht angebrochen ist.

Es ist sehr wichtig, daß das Ritual sowohl vorausschauend als auch rückblickend ist. Eckhart sagt: «In den Tiefen der Seele erschafft Gott den gesamten Kosmos, Vergangenheit, Gegenwart und Zukunft.» Wenn das Ritual und das Eintreten in die morphischen Felder ein Eintreten in unsere Tiefen sind, dann wird alle Zeit – Vergangenheit, Gegenwart und Zukunft – dort zusammenkommen, und infolgedessen können sich einige erstaunliche Dinge ereignen.

Eine Frage: Können Computer, Multimedia und Technokunst die Echos und die Stimmen unserer Ahnen und der Engel in unsere Zeit hereinrufen? Wie tun sie das, oder warum tun sie es nicht? Kann Christus, der sich selbst das Licht in allen Dingen nennt, auf den Strahlen des Lichts kommen, weil wir in diesem Jahrhundert gelernt haben, die Strahlen des Lichts zu nutzen? Können wir sie den Fernsehbossen wieder wegnehmen? Für mich läuft all das auf eine ganz einfache Frage hinaus: Wie klinken wir uns in die morphischen Felder ein? Gestattet uns das das Ritual, und sind in unserer Zeit neue Mittel hierfür entdeckt worden? Die Theologie des Lichts ist so großartig, und wenn du dich in unserer Generation in die Technik des Lichts einklinkst, dann bewahrst du nicht bloß, sondern stellst Zusammenhänge her und führst eine mächtige Revolution herbei.

Auf der gleichen Ebene gefragt: Wie bringen uns die Stille und die Dunkelheit ins morphische Feld, und wie gelingt ihnen dies in neuen Ritualen, die heute geschaffen werden? Wie kann die Dunkelheit eine Quelle sein? Die Dunkelheit beeinflußt unser Leiden. Wie können wir Rituale erschaffen, die das Leiden recyceln oder – weil das Leiden ja eine Geschichte hat – uns mit dem morphischen Feld all jener verbinden, die gelitten haben? Dies ist der Archetypus des Christus am Kreuz. Was steckt da doch für eine ungeheure Energie drin, die nicht nur das Leben und das Licht recycelt, sondern den Tod und die Wiederauferstehung Christi und sogar aller leidenden Wesen.

Wie läßt sich das persönliche Ritual in all seinen Zusammenhängen mit den morphischen Feldern verbinden? Ich meine nicht bloß das Gemeinschaftsritual, das gewiß der Höhepunkt des Rituals ist, sondern jene persönlichen Rituale, die uns auf das Gemeinschaftsritual vorbereiten.

Wenn das morphische Feld wirklich ein Feld ist, dann erhält der Vergleich Jesu mit den Schäfern vielleicht einen neuen Sinn. Dann hüten wir das Lamm in uns, das kosmische Christkind in uns allen, und zwar auf den Feldern, wo die Erinnerungen liegen, die unserer Ahnen und unsere eigenen besten Erinnerungen.

Der Physiker David Bohm hat gesagt, Materie sei gefrorenes Licht. Dieses Bild fasziniert mich. Das Fernsehen, scheint mir, ist keine Materie, es ist kein gefrorenes Licht. Ich würde eher sagen, es ist flüssiges Licht. Es ist Licht, das fließt, Lichtbilder, die fließen. Eins haben wir in diesem Jahrhundert jedenfalls gelernt, nämlich, Licht flüssiger und fließender zu machen.

Mechthild von Magdeburg, die im Deutschland des 13. Jahrhunderts eine wunderbare Schöpfungsmystikerin und -aktivistin war, hat sich für die Frauenbewegung der Beginen engagiert und vom «fließenden Licht der Gottheit» gesprochen. Sie sagt, wir sollten uns «im fließenden Licht der Gottheit niederlegen». Wie können uns neue Rituale dazu bringen, in diesem Licht ebenso wie in der Dunkelheit zu tanzen und uns im Licht niederzulegen und dadurch das Feuer der Gottheit aufzunehmen? Das sind nur so ein paar Gedanken.

RUPERT: Du hast recht, was die unseligen Implikationen des Wortes «konservativ» betrifft. Die Begriffe Verbindung, Gedenken und Tradition drücken besser aus, was ich sagen wollte.

In diesem Zusammenhang ist es interessant, daß Menschen, die sich für eine Reform des Rituals stark machen, gewöhnlich behaupten, was sie da täten, sei gar keine richtige Erneuerung, sondern vielmehr eine Rückkehr zu irgendeiner älteren Form. Was beispielsweise die liturgischen Reformen seit dem Zweiten Vatikanischen Konzil und in der anglikanischen Kirche angeht, so haben die Reformer gesagt, daß die vertrauten Rituale seit ein paar hundert Jahren praktiziert würden, während die Reformen zu den ursprünglichen Formen der frühen Kirche zurückkehren würden. Sie konnten viele überzeugen, als sie behaupteten, sie seien traditioneller als die Traditionalisten.

Das Problem ist nur, daß wir sehr wenig über die tiefen Wurzeln von Ritualen wissen. Wir sind zwar recht gut informiert über die Menschheitsgeschichte der letzten zweieinhalbtausend Jahre. Die großen Pyramiden wurden vor etwa viereinhalbtausend Jahren gebaut. Wir kennen Höhlenmalereien in Frankreich, die fast dreißigtausend Jahre alt sind und von Menschen gefertigt wurden, die sich tief in dunkle Höhlen zurückzogen und diese Malereien beim Licht von flackernden Fackeln betrachteten. Man könnte sogar sagen, daß diese flackernden Bilder im Dunkel der Höhle Vorläufer des Fernsehens oder des Kinos waren.

Aber davor hat es ja schon Menschen gegeben, bis zu einer Million Jahre oder noch früher. Wir wissen fast nichts über das, was sie gemacht haben. Nur, daß sie Steinwerkzeuge herstellten und das Feuer hatten. Nachts um ein Feuer herumzusitzen, muß eine extreme Urerfahrung gewesen sein, und das Flackern der Flammen dürfte die Entwicklung des menschlichen Bewußtseins tief geprägt haben. Aber wir wissen so gut wie nichts über die Rituale dieser Menschen, auch wenn wir vermuten können, daß sie mit schamanischen Praktiken zusammenhingen und daß das Bild des Feuers im Mittelpunkt stand.

Für mich ist es wichtig, zu alten Wurzeln vorzudringen, bevor ich irgendwelche neuen rituellen Praktiken ernst nehmen kann, und das will ich jetzt tun. Die elektronischen Medien, auch die Fernsehbildschirme, könnten sich mit ihrem flackernden, flüssigen Licht in sehr alte rituelle morphische Felder einklinken, während sie gleichzeitig durch und durch modern sind. Mit Hilfe dieses Gedankens kann ich sie in einem positiven Licht sehen, obwohl ich nicht gerade ein sehr eifriger Fernsehzuschauer bin, und der Gedanke, das Fernsehen zu sakralisieren, ist für mich neu. Bislang habe ich im Fernsehen ein gottverlassenes, säkulares Medium gesehen.

Was mich unter anderem beeindruckt hat, als ich in Indien lebte, war die Art und Weise, wie die Inder das Neue ins Alte integrierten. Das wurde mir anschaulich klar, als ich am Festtag von Durga-Puja zur Arbeit in mein Labor ging. An diesem Tag der Opfer für die Göttin Durga bitten die Menschen sie, die Instrumente und Geräte ihres jeweiligen Berufs zu segnen, die Schreiber beispielsweise ihre Federn, die Handwerker ihre Werkzeuge, die Busfahrer ihre Busse und so weiter. Als ich im Forschungsinstitut eintraf, sah ich zu meinem Erstaunen, wie das Labor mit Bananenblättern geschmückt war, wie sich Girlanden aus Jasminblüten um die Trockenöfen und Waagen rankten und Limonen unter den Rädern unseres Pritschenwagens lagen und zerdrückt werden sollten, wenn er langsam anfuhr.

Im Rechenzentrum waren die Monitore mit Girlanden behängt, Räucherstäbchen brannten, und vor dem Rechner befand sich ein Steinblock. Darauf lag eine Kokosnuß, die der amerikanische Leiter der Computerserviceabteilung aufbrechen sollte, als rituelles Opfer zur Sicherung des Segens der Göttin für den Computer für das kommende Jahr. Ich hätte nie gedacht, daß die moderne Technik in den Rahmen des Rituals integriert werden könnte. Das war für mich eine ganz überraschende Erkenntnis.

Wenn wir diese vollkommen säkulare Welt, in der wir leben, verwandeln wollen, dann müssen rituelle Formen irgendwie die Technik einbeziehen und durch sie wirken. Am Licht und an der Elektrizität ist ja nichts Neues. Sie sind von fundamentaler Bedeutung für die gesamte Struktur des Kosmos seit der Zeit der urschöpferischen Bewegung, dem Urknall.

Für all die Dinge, die es in der modernen Technik gibt, lassen sich unglaublich alte Wurzeln finden. Die Art und Weise, wie sie verwendet werden, ist zwar neu, aber die Wurzeln sind sehr alt. Indem man in diesen Kategorien denkt, kann man, glaube ich, erkennen, wie das Neue ins Ritual zu integrieren ist.

MATTHEW: Nun, da gebe ich dir recht, und dabei ist mir aufgefallen, daß du ein paarmal das Wort «Tradition» gebraucht hast.

Im Zusammenhang mit dem Thema morphische Resonanz und Computer muß ich daran denken, wie ich vor ein oder zwei Monaten eine Frau über dreißig kennenlernte, die mir gestand, daß Computer für sie noch immer ein Buch mit sieben Siegeln seien, während ihre vierzehnjährige Tochter ganz selbstverständlich damit umgehe. Sie würde sich einfach hinsetzen und alles mögliche damit machen. Für mich ist das eine Bestätigung deiner Idee der morphischen Resonanz. Die jüngere Generation, die mit dem Computer groß geworden ist, ist damit völlig vertraut.

Deine wunderschöne Geschichte über das Segnen der Technik in Indien scheint mir sehr gut dazu zu passen. Warum sollten wir nicht auch einmal unsere Computer und Medien und Mikrophone segnen? Wenn sie ein Werkzeug für unsere Liturgie werden sollen, müssen wir sie vielleicht ins Ritual selbst aufnehmen und sie zu einem Teil davon machen.

Ich möchte gern noch einmal den Terminus «Gewohnheit» aufgreifen, denn wenn ich dieses Wort höre, muß ich immer daran denken, daß Thomas von Aquin die Tugend als Gewohnheit definiert. Mir scheint, daß das Ritual eine Tugend der Tugend ist, daß es alle möglichen Gewohnheiten zusammenbringt und sie gleichsam zu recyceln oder zu ordnen versucht und sie im Kontext der ganzen Gemeinschaft harmonisiert. Aber wie steht's mit der Dialektik von Tradition, die wir aus der Vergangenheit einbringen, und dem Augenblick der Schöpfung, in dem neue Gewohnheiten entstehen? Was findest du als Wissenschaftler in der Matrix, aus der neue Gewohnheiten hervorgehen?

RUPERT: Wenn du den Kontext für die Schöpfung im biologischen Sinn in der Evolution betrachtest, dann entstehen neue Gewohnheiten, weil alte Gewohnheiten blockiert werden. Die meisten Lebewesen sind Gewohnheitstiere, auch wir. Und wenn wir in der Lage sind, mit unseren alten Gewohnheiten weiterzumachen, dann tun wir das gewöhnlich auch – das ist der Weg des geringsten Widerstands. Mit Gewohnheiten kann man nur sehr schwer brechen, selbst wenn man es will. Normalerweise ist man sich ihrer gar nicht bewußt. Gewohnheiten zeichnen sich dadurch aus, daß sie unbewußt vollzogen werden. Das ist praktisch, da wir gewöhnlich nur an eine Sache auf einmal denken können – es ist einfach notwendig, daß wir die meiste Zeit den Großteil unserer Tätigkeiten automatisch verrichten.

Allgemein gesagt, wird mit Gewohnheiten nur gebrochen, wenn es etwas gibt, was ihre Aufhebung erzwingt. Die Dinosaurier-Gewohnheit wurde durch irgendeine ungeheure Katastrophe beendet, die dafür sorgte, daß vor etwa fünfundsechzig Millionen Jahren die Spezies größtenteils ausgelöscht wurde. Daraus ging nichts Größeres als ein Huhn hervor. Dann gab es im Laufe der nächsten fünf Millionen Jahre einer – geologisch gesehen – kurzen Zeit, eine rapide Säugetierrevolution. Die meisten heutigen Säugetierarten haben sich in dieser schöpferischen Periode entwickelt.

Zur Evolution gehört ein Zusammenspiel von Gewohnheit und Kreativität. Die Kreativität kann neue Gewohnheiten hervorbringen. Aber im Bereich der Biologie, der Kultur und der Religion unterliegen Neuerungen einem Prozeß der natürlichen Auslese. Die meisten Neuerungen überleben nicht. Doch einige sind erfolgreicher als andere und werden wiederholt, und dadurch werden sie zunehmend zur Gewohnheit, und ihr morphisches Feld wird stärker.

Auch beim Menschen ändern sich Gewohnheiten in der Regel deshalb, weil die alten Gewohnheiten nicht funktionieren. Die meisten von uns geben alte Gewohnheiten nicht freiwillig auf. Normalerweise sind wir dazu gezwungen, und zwar aufgrund einer Krise, eines Konflikts oder einer Katastrophe. Dieser Bruch mit unseren alten Mustern kann einen Raum für Kreativität öffnen.

Im Kontext der Liturgie können alte Formen offensichtlich zur Gewohnheit werden und einschläfernd wirken. Auch hier entsteht die Notwendigkeit von Kreativität dadurch, daß die alten Gewohnheiten nicht funktionieren. Keiner verweist so nachdrücklich wie du darauf, daß die kirchlichen Rituale überholt sind. Wenn sie es nicht wären, gäbe es kein so großes Bedürfnis nach liturgischer Erneuerung. Die Zeiten haben sich eindeutig geändert.

Wir sollten uns darüber im klaren sein, daß der Gewohnheitstrieb in menschlichen Angelegenheiten die Norm ist. Viele traditionelle Kulturen sind über Jahrtausende hinweg stabil geblieben, und es hat darin nur wenige Neuerungen gegeben. Heute glauben wir, ein rascher Wandel sei ebenso wünschenswert wie notwendig, aber das ist anormal, ja, pathologisch im Hinblick auf die Menschheitsgeschichte.

Das gleiche gilt für die Biologie. Eine typische Art taucht relativ rasch auf, lebt mehr oder weniger unverändert über Jahrmillionen und wird dann ausgelöscht. Im Falle von lebenden Fossilien, Pflanzen oder Tieren, folgt praktisch über hundert Millionen Jahre oder länger unverändert eine Generation auf die andere.

MATTHEW: Der Kakerlak ist zweihundert Millionen Jahre alt und hat sich nicht verändert.

RUPERT: Er hat allerdings sein Verhalten so erfolgreich angepaßt, daß er in New Yorker Wohnblocks leben kann.

MATTHEW: Wie siehst du eigentlich in unserer Zeit, der Postmoderne, die Rolle des Wissenschaftlers in der Liturgie?

RUPERT: Die meisten Wissenschaftler denken wohl, diese Rolle sei gleich null, weil sie sich kaum oder gar nicht für Religion interessieren. Der Großteil meiner Kollegen ist ganz auf einen weltlichen Humanismus und eine antireligiöse Rhetorik eingeschworen. Unter Wissenschaftlern, selbst unter denen, die sich für Religion interessieren, werden diese Fragen kaum diskutiert.

Eine Verbindung könnte am ehesten entstehen auf der Basis der erstaunlichen neuen Vorstellungen über die Natur, die die Wissenschaft uns vermittelt hat: die Entdeckung von Milliarden von Galaxien, die Ausdehnung des Kosmos und die moderne Schöpfungsgeschichte vom Urknall an. Brian Swimme und Thomas Berry haben sich eingehend damit beschäftigt, aber normalerweise gehen naturwissenschaftliche Entdeckungen über den Rahmen der Religion hinaus, nicht zuletzt aus historischen Gründen. Der Deal, den Wissenschaft und Religion im 17. Jahrhundert abschlossen, sah vor, daß sich die Wissenschaft mit der ganzen Natur befassen sollte, einschließlich des Himmels und aller Formen des Lebens und des menschlichen Körpers, während der Religion die menschliche Seele sowie Fragen von Erlösung und Moral vorbehalten blieben.

Die Religion kam bei diesem Handel schlechter weg, und seither ist die Wissenschaft so vorgegangen, als ob die gesamte Natur völlig weltlich wäre, frei von jedem spirituellen Inhalt. Wir müssen wieder einen Sinn bekommen für die tiefere Bedeutung und die spirituellen Dimensionen der Natur, und dies gerade im Lichte der erstaunlichen Entdeckungen, die wir im Hinblick auf die Entwicklung des Kosmos, die biologische Evolution und die strukturellen Ebenen und Schichten gemacht haben, die wir in Zellen, Geweben, Organismen und Atomen vorfinden. Ich glaube, auf diesem Gebiet liegen enorme Chancen.

Zum zweiten haben wir außer dem neuen Bild von der Natur, das uns die Wissenschaft vermittelt hat, auch noch die neuen Techniken. Wie wir bereits festgestellt haben, sind diese in ihrer Konzeption, ihrer Produktion und ihrer Anwendung völlig weltlich. Hier stehen wir vor der Herausforderung, ausfindig zu machen, wie wir ihre spirituellen Dimensionen entdecken können. Bislang sind die meisten Techniken aus den traditionellen Formen des Gottesdienstes herausgehalten worden, als unwillkommene Einmischung von seiten der modernen säkularen Welt.

Zum dritten ist es für die Wissenschaftler selbst wichtig, zu erkennen, daß das, was sie tun, eine rituelle Dimension hat. Gleich in den Anfängen der Naturwissenschaft, wie wir sie kennen, nämlich im frühen 17. Jahrhundert, hat Sir Francis Bacon sich die Wissenschaftler als eine neue Priesterschaft vorgestellt, deren Tätigkeitssphäre die gesamte Natur sein sollte und die durch die Technik der Menschheit großen Nutzen bringen würde. Im 19. Jahrhundert wurde dieser Prozeß weiter vorangetrieben unter der Führung von Leuten wie T. H. Huxley, die bestrebt waren, die Naturwissenschaft zu professionalisieren, indem sie Amateure und Naturforscher hinausdrängten, um eine säkulare Priesterschaft – in Opposition zur traditionellen Religion – zu installieren. Die meisten Wissenschaftler glauben, sie hätten diesen Kampf mit der Religion gewonnen.

Die Wissenschaft hat die moderne Welt im Griff. Jedes Land auf der Welt hat die gleiche Art von Wissenschaft, die gleiche Art von Technik, aber es gibt eine Menge unterschiedlicher Religionen. Wann auch immer Wissenschaft und Technik die Oberhand gewinnen, werden die Religionen früher oder später das Nachsehen haben. Das ist das Standardmodell.

Aber heute befindet sich diese säkulare Priesterschaft in einer Krise. Sie ist dabei, rasch an Popularität zu verlieren. Sie spricht die Phantasie nicht an, sie hat keinerlei öffentliche Rituale, sie vermag kaum ein Gefühl der Teilnahme zu wecken. Die Öffentlichkeit fühlt sich zunehmend der Wissenschaft entfremdet, und das bedeutet, daß die Wissenschaftler inzwischen in einem noch nie dagewesenen Ausmaß demoralisiert sind.

Wir müssen wieder ein Gefühl für die rituellen Aspekte der Wissenschaft gewinnen. Einige von ihnen sind sehr unangenehm – Tieropfer beispielsweise. Jährlich werden Millionen von Tieren, wie wir sagen, «auf dem Altar der Wissenschaft geopfert». Ich halte auch die Erkenntnis für hilfreich, daß wissenschaftliche Experimente eine moderne Form der Befragung von Orakeln sind. Bei einem echten Experiment weißt du nicht, was passieren wird. Du betreibst Forschung ja nur auf Gebieten, die unbestimmt oder unbekannt sind. Wenn du weißt, was passieren wird, machst du dir doch nicht die Mühe, ein Experiment durchzuführen. In Experimenten befaßt man sich immer mit dem Unbestimmten, da ist man stets am Rande dessen, was man wissen kann. Dies aber ist das traditionelle Reich von Orakeln. Manche Menschen betrachten die Eingeweide von Tieren, andere lauschen dem Klang des Windes in Eichen, wieder andere fielen in Trance, wie in Delphi, und verkündeten dunkle Dinge.

Traditionelle Orakel mußten von Priestern oder Wahrsagern interpretiert werden. Auch bei den meisten wissenschaftlichen Experimenten sind die Daten, die du bekommst, zweideutig und verwirrend und müssen interpretiert werden. Wissenschaftler sind insofern wie Priester, als sie die Orakel der Natur deuten. Es würde der Wissenschaft unendlich guttun, das Rituelle in ihren Aktivitäten wiederzuentdecken. Aber das ist weit entfernt von allem, was ich je in wissenschaftlichen Diskussionen gehört habe.

MATTHEW: Ich habe einmal einen Physiker an der University of Pennsylvania kennengelernt, der über sechzig war. Wir gehörten zu einer Diskussionsrunde, und er stellte mir eine ganz komplizierte Frage über Religion und Wissenschaft. Meine Antwort lautete: «Wissen Sie, die meisten Wissenschaftler, denen ich in den letzten fünfzehn Jahren begegnet bin, haben mir erzählt, sie seien zur Wissenschaft aufgrund eines mystischen Erlebnisses gekommen, das sie als Kind gehabt hätten, als sie die Sterne oder Würmer oder sonst etwas betrachtet hätten.»

Sein Gesicht veränderte sich – er sah nicht mehr wie ein Mittsechziger aus, sondern wie ein achtjähriger Junge, als er rief: «Das ist es! Genau aus dem Grund bin ich Wissenschaftler geworden!» Und dann änderte sich seine Stimmung völlig, er wurde kindlich, und so etwas wie Ehrfurcht breitete sich im Raum aus. Ich mußte seine komplizierte Frage nicht mehr beantworten.

Die Frage, wie Wissenschaftler am Ritual teilnehmen, hat im Kern etwas mit ihrer Biographie zu tun. Was hat dich zur Biologie hingezogen? Wie alt warst du, als du wußtest, daß du Biologe werden wolltest? Hast du da ein mystisches Erlebnis gehabt, etwas, was dich in Staunen versetzte? Du hast das Wort «erstaunlich» gebraucht, Rupert. Thomas von Aquin hat gesagt, der Philosoph und der Dichter fingen mit dem Staunen an. Ich würde noch weitergehen und sagen, der Philosoph, der Dichter *und der Wissenschaftler* fangen mit dem Staunen an. Aber der Wissenschaftler verliert das Staunen genauso wie der Theologe und der Priester und alle anderen, weil sie die Akademie absolvieren, wo es dir ausgetrieben wird und du für viele andere Dinge belohnt wirst, aber nicht fürs Staunen.

Er ist allen gemeinsam, dieser Sinn fürs Staunen. Jeder Wissenschaftler, der ihn noch hat, ist bei einer Liturgie willkommen, und die, die ihn nicht mehr haben, sollten recycelt werden und ihre Sünden beichten. Sie haben das Staunen irgendwann verlernt. Vielleicht ist die Erinnerung an das Staunen die Funktion des Rituals als Gedächtnis. Hat deine Berufung damals mit dem Staunen begonnen?

RUPERT: Aber ja. Wenn ich zurückblicke, bin ich mir da ganz sicher. Ich habe lange gebraucht, um mich daran zu erinnern, denn Wissenschaftler sprechen nur selten darüber, wie sie zur Wissenschaft gekommen sind. In meinem Fall war es ein Erlebnis, das ich mit fünf Jahren hatte. Meine Familie pflanzte Weiden in Nottinghamshire an, und neben dem Farmhaus sah ich eine Reihe von Weidenbäumen, die durch einen rostigen Draht miteinander verbunden waren, und ich fragte, warum der Draht dort sei. Man sagte mir, dies sei ein Zaun, der zum Leben erwacht sei. Als ich sah, daß diese scheinbar toten Pfosten lebendig werden konnten, vermittelte mir dies ein gewaltiges Gefühl für die Kraft der Regeneration in Lebewesen.

In Cambridge schrieb ich meine Doktorarbeit über die Regeneration von Setzlingen einer Auswahl von Pflanzen, darunter auch von Weiden. In Indien entwickelte ich ein neues landwirtschaftliches System, das auf dem Rückschnitt von Taubenerbsenpflanzen basierte und sie neue Keime entwickeln ließ. Wenn ich so zurückblicke, ist meine wissenschaftliche Karriere, auch mein Buch *Die Wiedergeburt der Natur*, von einer Affinität zu dieser Urepiphanie geprägt. Als mir das klar wurde, fragte ich meine wissenschaftlichen Kollegen, wie sie zu ihrem Beruf gekommen seien. In beinahe allen Fällen konnten sie das zunächst nicht beantworten, doch später fiel ihnen irgendein Augenblick des Staunens ein, den sie völlig vergessen oder zumindest tief in sich begraben hatten.

Viele Wissenschaftler gelangen also zur Wissenschaft tatsächlich durch ein Gefühl des Staunens, aber dann kommen die Jahre der Ausbildung. Man lernt wie ich, daß es sinnlos ist, sich zu fragen, was Tiere denken oder fühlen, oder zu versuchen, sich in sie hineinzuversetzen. Man muß sie aufschneiden und herausfinden, wo der Nervus vagus verläuft, und solche Sachen. Besonders in der Biologie kommt es zu einem Prozeß der emotionalen Distanzierung. Zuerst schneidet man tote Tiere auf, und dann geht man dazu über, in Vivisektionsexperimenten lebendige Tiere aufzuschneiden. Der natürliche Widerwille, den man dagegen empfindet, ist etwas, wogegen man sich abhärten muß. Das gehört zum Initiationsritual eines angehenden Biologen.

Wenn man dann die Weihen erhalten, das heißt, seinen Doktor gemacht hat, sind durch die Ausbildung die emotionalen Reaktionen ausgelöscht worden, zumindest wenn man im Laboratorium ist. Dies bedeutet, daß die Urinspiration, die Menschen zur Wissenschaft gebracht hat, unterdrückt und nicht mehr zugänglich ist. Und dann wird der professionelle Wissenschaftler angetrieben von persönlichem Ehrgeiz und Konkurrenzdenken: Man will die Ergebnisse als erster vorlegen, Stipendien bekommen und so weiter. Machtstreben und ähnliche Dinge kommen hinzu, kurz – die Untugenden, die nicht bloß Untugenden der Wissenschaft sind, sondern auch die von so vielen Institutionen und Berufen.

Matthew: Ich sehe in vielerlei Hinsicht im Ritual die Möglichkeit, unsere Berufe zu beleben. Was du von Wissenschaftlern gesagt hast, die ihr Staunen verlieren und sich verkaufen, läßt sich eigentlich auf uns alle anwenden – das gilt für Anwälte und Politiker und Geschäftsleute ebenso wie für Priester und Erzieher. Dieses Staunenkönnen fehlt überall.

Wie ist es wiederzugewinnen? In erster Linie durch das Ritual. Was diese Blockade oder dieser Zusammenbruch, dieses Versagen des Rituals in seiner gegenwärtigen Form für die anderen Berufe bedeutet, ist kaum zu beschreiben. Wir brauchen eine Wiederbelebung all unserer Arbeitswelten, indem wir die neue Kosmologie und Spiritualität in unsere Tätigkeit einbringen. Wie kann dies geschehen, wenn nicht durch das Geschichtenerzählen, das dem Ritual innewohnt? Sicher läßt es sich nicht rascher als auf diese Weise erreichen.

Und dann ist da ja noch die ökologische Krise. Das Versagen unserer Ökosysteme beruht offensichtlich auf Gewohnheiten – das ist ein Element der morphischen Resonanz, über das wir noch nicht geredet haben, Rupert, nämlich über die schlechten Gewohnheiten. Das Konsumdenken ist heutzutage viel weiter fortgeschritten als vor hundert Jahren. Das gilt auch für die Dinge, die wir für selbstverständlich halten – du mußt einen Kühlschrank haben, ein Auto, eine Klimaanlage und viele andere Dinge, die unsere Großeltern nie für notwendig gehalten hätten, um auf diesem Planeten zu überleben. Deine Theorie ist auch dafür überaus wichtig, indem sie nämlich Licht wirft auf Suchtformen und schlechte Gewohnheiten und uns hoffentlich darüber hinausführt.

RUPERT: Du sagst es – die morphische Resonanz erhält schlechte Gewohnheiten ebenso aufrecht wie gute, und sie trägt auch zu ihrer Verbreitung bei. Ich will damit sagen, daß Gewohnheiten zum Wesen der Natur, zum Wesen der Gesellschaft und der menschlichen Natur gehören.

Schlechte Gewohnheiten können überall ein Problem sein. Jede Gewohnheit, auch eine gute, tendiert dazu, unbewußt zu werden. Wenn Rituale völlig gewohnheitsmäßig werden, dann werden sie langweilig, machen die Menschen apathisch, lassen ihre Gedanken abschweifen. Aber in den schöpferischen Augenblicken der Religion sind die Gewohnheiten noch nicht erstarrt und haben nicht diese abstumpfende Wirkung. Das schöpferische Prinzip ist in diesen kreativen Augenblicken per definitionem äußerst stark.

Wird das Ritual richtig angewendet, kann es Menschen dazu bringen, mit diesen ursprünglichen schöpferischen Augenblicken mitzuschwingen und sich mit dieser ursprünglichen Zeit der Erkenntnis zu verbinden, sie gegenwärtig zu machen, so daß es eine ständige Erneuerung des schöpferischen Potentials geben kann. Das ist auch ihr Ziel, nehme ich an. Das Problem ist nur, daß die rituellen Formen zwar geklont werden können, nicht aber die Offenheit und die Inspiration. Dies trifft wahrscheinlich nicht nur auf die Religion zu, sondern auch auf viele andere Zusammenhänge und Institutionen.

MATTHEW: Ganz bestimmt. Dieser ursprüngliche Augenblick ist

ganz wichtig. Aber es ist unvermeidlich, es gehört zum Gesetz der Evolution, nicht wahr, daß du den charismatischen Augenblick nicht festhalten kannst. Ist das nicht auch so bei Beziehungen? In der Ehe etwa? Oder wenn es um Kinder geht. Ich höre meine Eltern noch davon schwärmen, wie niedlich wir doch als Babys waren.

Aber das ist ja das Problem – die Versuchung, das Neue und die Neuheit erstarren zu lassen, statt immerzu Neues zu erfinden. Und darin sind die Mystiker so stark. So, wenn Eckhart sagt, Gott sei *novissimus*, das Neueste im Universum.

Darum fängt die Bibel mit den Worten «Im Anfang» an. Gott ist immer «im Anfang». Und nachdem Jesus auf dem Berg der Verklärung zum kosmischen Christus erleuchtet worden war, riet er seinen drei Freunden, es nicht weiterzusagen und zur Stadt zurückzukehren. Auch da ist der Augenblick des Durchbruchs nicht stehengeblieben.

Unsere mystische Tradition fordert uns auf, ständig dieses Gefühl der Neuheit wiederzugewinnen, damit jeder Tag für uns alle ein neuer Tag ist. Auf diese Weise schwindet das Kind nicht im Erwachsenen dahin und wird ein Kakerlak, der sich damit begnügt, über zweihundert Millionen Jahre lang aus reiner Gewohnheit zu leben. In diesem Sinne ist nach meinem Verständnis unsere Spezies einzigartig. Vergleiche mal einen jungen Schimpansen mit einem Menschen. Als Baby ist ein Schimpanse dem Menschenkind überlegen, aber sobald er älter wird, hört er auf zu spielen. Menschen dagegen haben die Fähigkeit, sogar als Erwachsene zu spielen. Das ist für mich Mystik. Was du sagst, ist wirklich wichtig. Können wir Institutionen oder Traditionen schaffen, die imstande sind, jung zu bleiben? Wenn sie jung sind, dann sind sie, um es mit Eckhart zu sagen, in Gott und gottgleich.

Aber wenn unsere Traditionen institutionalisiert und zu Fossilien und alt in jedem Sinne des Wortes werden, dann müssen sie den neuen Kräften des Geistes weichen. Eckhart sagt: «Das erste Geschenk des Geistes ist Neuheit.» Der Geist ist voreingenommen – und ich glaube, die Evolution unterstützt dies wirklich –, er ist voreingenommen zugunsten des Neuen.

7 *Die Wiederbelebung von Bildung und Erziehung*

MATTHEW: Mir hat es eine Bemerkung Thomas Kuhns in seinem klassischen Werk über Paradigmenwechsel angetan, nämlich die, daß Bildung und Erziehung in einer Zeit des Paradigmenwechsels überaus wichtig seien. Ich glaube, das stimmt. Den einzigen Ausweg aus der katastrophalen Lage der Menschheit bieten Phantasie, Vernunft und Kreativität – wir müssen einen klaren Kopf behalten. Wir müssen intelligent erziehen.

Wenn die Erziehung so überaus wichtig ist, dann stellt sich für mich auch die Frage: Welche Erziehung? Welches Erziehungsmodell? Die Erziehung ist ein Teil des Paradigmenwechsels. Wir können diesen nicht mit den alten Erziehungsmodellen bewältigen. Und wenn du dir die Stagnation unserer Arbeitswelt und ihrer Berufe ansiehst, sei es im Bereich der Gesundheitsfürsorge oder der Pfarrer, der Künstler oder Politiker, der Geschäftsleute und der Wirtschaftswissenschaftler, dann wird dir aufgehen, daß sie alle etwas miteinander gemein haben: Sie sind alle zur Schule gegangen. Sie alle haben das gleiche System durchlaufen. Vielleicht stimmt ja irgend etwas an diesem System nicht. Wenn du bis zu dieser Frage gelangst, dann liegt ein Paradigmenwechsel im Bereich des Möglichen. Ein mit mir befreundeter Priester wurde vor ein paar Jahren von der medizinischen Fakultät in New York eingestellt. Seine Aufgabe bestand darin, sich in den Schlafsälen aufzuhalten, um Selbstmorde zu verhindern. Im Jahr zuvor hatten vier Medizinstudenten Selbstmord begangen, und zahlreiche Studenten hatten es versucht.

Es ist doch interessant, daß der Beruf, der sich auf die Mythologie des Heilens bezieht, die Menschen tötet, die er ausbilden soll. Dann muß man sich fragen, warum viele andere zwar nicht wirklich Selbstmord verübt haben, ihn aber im übertragenen Sinne begehen, zum Beispiel als Workaholic oder durch Habgier. Wenn wir die Kostenexplosion in unserem Gesundheitswesen in den Griff bekommen wollen, müssen wir damit anfangen, über das Bildungsmodell in unseren medizinischen Fakultäten und über die Art von Ärzten zu reden, die es hervorbringen soll. Wird jemand habgierig, weil ihm die spirituelle Seite der Erziehung gefehlt hat? In allen Traditionen der Welt gilt das Heilen als eine Kunst des Geistes. Die Worte «Heil» und «Wohlbefinden» bedeuten in allen Sprachen das gleiche.

Wenn wir uns mit der Gesundheitsfürsorge befassen, dann haben wir es mit einer uralten spirituellen Praxis zu tun, und unsere Kultur hat es geschafft, sie zu verweltlichen. Das hat zum einen zur Folge, daß dieser Bereich finanziell aus dem Ruder gelaufen ist, und zum anderen, daß er seine Aufgabe nicht erfüllt. Vor kurzem ist eine Studie über Ärzte in Amerika erschienen. Man hat normale amerikanische Bürger befragt, wieviel ihrer Meinung nach Ärzte verdienen und wieviel sie eigentlich verdienen sollten. Wie sich herausstellte, glauben die meisten Amerikaner, Ärzte würden im Durchschnitt 125 000 Dollar pro Jahr verdienen. Tatsächlich verdienen Ärzte im Durchschnitt 250 000 Dollar im Jahr, und der Durchschnittsamerikaner meint, sie sollten nur 100 000 Dollar verdienen. Gefragt wurde auch, wieviel die Chefs von Pharmakonzernen nach Meinung der Befragten verdienen. Einer der Pharmabosse verdiente 1994 13 Millionen Dollar. Die amerikanische Öffentlichkeit hat geschätzt, dieser Betrag liege um etwa 12 850 000 Dollar niedriger.

Das läßt sich bis zum Bildungssystem zurückverfolgen. Wo sollte es auch sonst herkommen? Andere Kulturen haben früher nicht dieses Problem der Habgier in ihren Berufen gehabt. Die Ärzte sind da nur ein Beispiel – auch Anwälte können ein Lied davon singen.

Wir unterschätzen einfach, wie mächtig Erziehung sein kann, wie leicht sie eine ganze Zivilisation zu verbiegen vermag. Warum?

Weil sie sich mit dem mächtigsten Wesen auf diesem Planeten befaßt, und das ist der menschliche Geist. Eigentlich sollte man meinen, wir wären kritischer und würden uns fragen: Bilden wir den ganzen Geist aus oder nur einen Teil davon, den Verstand? Wie würdest du denn die Erziehung des ganzen Geistes anpacken?

RUPERT: Geist und Körper sollten zusammen ausgebildet werden.

MATTHEW: Genau. Geist, Herz, der ganze Mensch. Ich möchte pauschal sagen, daß unsere Berufe im Prinzip an der Habgier zugrunde gehen. Daher geht auch die Kultur zugrunde, weil jene, die die spirituelle Arbeit der Erziehung des Geistes für sich beanspruchen, die sogenannten Erzieher, oder jene, die die spiritiuelle Arbeit der Heilung des Körpers für sich beanspruchen, die sogenannten Ärzte, oder jene, die die spirituelle Arbeit der Verteidigung der Armen für sich beanspruchen, die sogenannten Anwälte, eigentlich ihren Job nicht erledigen. Sie haben zwar die spirituellen Titel für sich gepachtet, tun aber mit ihrer Macht ganz andere Dinge.

Thomas von Aquin analysiert die Habgier auf folgende Weise: Sie sei kein Materialismus, sondern eine Sünde des Geistes. Er sagt: «Die Habgier neigt zur Unendlichkeit und kennt keine Grenzen.» Was also ist Unendlichkeit? Sie ist Geist – der Geist ist das, was unendlich ist. Wir befassen uns hier mit einer geistigen Frage. Die Menschen suchen nach dem Geist, und man hat ihnen beigebracht, ihn in der Macht des Geldes, im Ruhm, im Prestige, im politischen Einfluß oder in dem, was sie sonst haben, zu finden.

Daher lautet die Frage: Wie kann man diese Habgier heilen? Indem man authentische Erfahrungen des Geistes oder des Unendlichen anbietet, weil nämlich die Habgier in jeder Sucht steckt. Wenn man Alkoholiker ist, hat man nie genug Alkohol, bis der Körper nicht mehr mitmacht und man stirbt. Wie können wir dies heilen? Wir alle erleben das Unendliche oder den Geist auf dreierlei Weise als authentisch. Zuerst mit dem Verstand. Der menschliche Verstand kann potentiell alles wissen, wie Thomas sagt. Daher ist es durch die Erziehung des Verstandes möglich, den Menschen wirklich befriedigende Erfahrungen zu vermitteln. Die unbefriedigenden, Habgier genannt, sind unendlich in ihren Ansprüchen, können einen aber nicht zufriedenstellen.

Zweitens erfahren wir das Unendliche mit dem Herzen, das nie genug liebt. Das menschliche Herz ist unendlich in seiner Liebesfähigkeit, aber es hängt vom Verstand ab, ob es tagtäglich mit liebenswerten Dingen genährt wird. Wenn der Verstand aussetzt oder sich verschließt, dann erstarrt das Herz, weil es keine neuen Objekte der Freude geboten bekommt, die es regelmäßig preisen kann.

Drittens, sagt Thomas, erzeugen die menschlichen Hände in Verbindung mit der menschlichen Phantasie eine unendliche Vielfalt von Artefakten – das ist Kreativität. Von den ersten Höhlenmalereien an bis zum heutigen Tag haben keine zwei Künstler dasselbe Bild geschaffen, keine zwei Musiker dasselbe Lied komponiert, keine zwei Tänzer denselben Tanz choreographiert und keine zwei Töpfer denselben Gegenstand getöpfert. Hier haben wir es also mit einem Modell der Erziehung zu tun, das die Habgier bekämpfen und uns eine ganz neue Richtung weisen wird. Es wird den Geist mit all seinen Fähigkeiten entwickeln, die rechte und die linke Hirnhälfte, und damit auch den Körper und das Herz. Das Herz zu entwickeln bedeutet Körperarbeit, die Phantasie zu entwickeln bedeutet Kunst oder Kreativität. Ich glaube nicht, daß das kompliziert ist. Schulen auf allen Ebenen der Gesellschaft müssen sich nach diesem Modell richten, da diejenigen Modelle, die immer noch maßgebend für uns sind, den Planeten und uns alle gefährden.

Rupert: Du willst also damit sagen, daß wir ein durch und durch säkularisiertes Erziehungs- und Bildungssystem haben. Es lehrt Techniken, die angeblich moralisch neutral sind. Seit Generationen tun Wissenschaftler so, als ob die Wissenschaft moralisch neutral wäre – demnach wäre die Herstellung einer Atombombe weder gut noch schlecht. Wenn Politiker sich dafür entscheiden, sie auf eine bestimmte Weise einzusetzen, dann ist das ihre Schuld, nicht die der Wissenschaftler.

Nun, dieses Argument ist äußerst fadenscheinig, was sich am

deutlichsten beim Star-Wars-Programm gezeigt hat, als Wissenschaftler die Initiative ergriffen, um mit vielen Dollarmilliarden die Etats von Laboratorien aufzubessern, die an der Forschung für moderne Waffensysteme arbeiten. Das ging allein von Wissenschaftlern aus. Diese Standardargumente in bezug auf Neutralität der Wissenschaft sind nicht stichhaltig. Gleichwohl tun Wissenschaftler so, als wäre die Wissenschaft rein objektiv und moralisch neutral, und die Moral wäre etwas anderes. Sir Francis Bacon hat als erster diese Unterscheidung zwischen Tatsachen und Werten gemacht. Die Tatsachen seien das Reich der Wissenschaft, und er setzte sie mit dem ursprünglichen Wissen über die Natur vor dem Sündenfall gleich, als Adam den Tieren Namen gab. Dies geschah, bevor er die Frucht vom Baum der Erkenntnis aß, vom Wissen um Gut und Böse, bevor die Moral ins Spiel kam. Dieses theologische Argument war Bacons Hauptbeweisstück. Seither stützt sich die Wissenschaft auf diesen Unterschied. Die gottgegebene Fähigkeit des Menschen, die Schöpfung zu benennen und zu kennen, komme an erster Stelle und sei unschuldig. Die Moral trete später hinzu. Das Gebiet der Moral sei das Reich der Religion, die Kenntnis der Natur das der Wissenschaft.

MATTHEW: Da hast du ja ein ganz schönes Stück Kuchen für dich selbst abgeschnitten. Werden Wissenschaftler dadurch weniger menschlich oder übermenschlich?

RUPERT: Sie befinden sich bloß in einem paradiesischem Zustand der Unschuld, der leider später von Politikern und Priestern befleckt wird. Die unschuldige Kenntnis der Natur war das Ideal. Es spricht zwar einiges dafür, daß es sich tatsächlich um ein Ideal handelt, nämlich in bezug auf die reine Erforschung der Natur. Aber für Bacon gab es natürlich nicht nur die pure Wissenschaft, sondern das Studium der Natur diente auch deren Manipulation, Kontrolle und Ausbeutung.

Diese Zweideutigkeit war von Anfang an vorhanden, und bei der Erziehung in der Wissenschaft geht es um das Erlernen von Fakten,

Techniken und so weiter, als wären sie alle moralisch neutral. So müssen zum Beispiel bei der medizinischen Ausbildung die Namen von Knochen und Muskeln gelernt werden, die Arten von Erregern, die Krankheiten hervorrufen, die Arten von Medikamenten, die die Erreger abtöten, die Art und Weise, wie das Herz schlägt, die Physiologie des Nervensystems und so fort.

Weil die Naturwissenschaft ein so hohes Ansehen genießt, ist sie zum Modell für andere Formen der Erziehung geworden. Das gilt selbst für die Literaturwissenschaft und die Kunstgeschichte. Da lernt man dann Fakten und Techniken, und es geht nicht darum, ob einige Arten von Kunst moralisch oder unmoralisch, inspirierend oder erniedrigend sind, sondern nur um die Frage, welcher Maler wen beeinflußt hat und welche Art von Technik er für seine Pinselstriche verwendete, welchen Schirmherrn er hatte, dem wiederum welche Bilder gehörten, und so weiter.

Dieser säkularisierte Erziehungssystem begibt sich der Moral oder der Werte und weist sie einem kleinen Teil des Lehrplans in Schulen zu, den man Religionsunterricht nennt und der in der Praxis, zumindest in Großbritannien, gewöhnlich zum unverbindlichen Vergleich der Religionen verkommt. Die Grundbotschaft, die damit vermittelt wird, ist nicht eine Feier des Reichtums der verschiedenen religiösen Traditionen, sondern die Überzeugung, daß jede Religion nichts weiter sei als ein kulturell determinierter Set von Mythen und Geschichten, die sich der Mensch ausgedacht hat. Demnach unterscheiden sich alle voneinander und haben keinerlei objektive Gültigkeit, im Unterschied zur Wissenschaft, da es ja, so heißt es, nur eine Art von Wissenschaft gibt. Die Wissenschaft ist somit eine Art von monotheistischem System geworden. Es gebe, sagen die Befürworter, weltweit nur eine Art von Wissenschaft, während viele Arten von Kulturen und Religionen existieren würden, die die Eigenheiten der menschlichen Natur und der menschlichen Subjektivität widerspiegeln würden. Die Wissenschaft hingegen stellt angeblich das wahre, objektive Wissen über die Natur dar.

Diese Trennung von Fakten und Werten führt zu vielen Problemen. Rechte Politiker denunzieren die moderne Erziehung oft auf wirre Weise, weil es ihr nicht gelinge, der Jugend Moral einzuimpfen, und geben ihr die Schuld an der zunehmenden Kriminalität und so weiter. Aber ich meine, wir haben es hier mit einem viel größeren Problem zu tun, wie du schon angedeutet hast. Es fehlt nicht nur ein moralischer Inhalt, sondern auch die spirituelle Seite, die emotionale und die körperliche Seite, außer in dem kleinen Bereich namens Leibeserziehung, der oft dann verschwindet, wenn die jungen Menschen auf die Universität gehen.

MATTHEW: Das hat jedenfalls viel mehr mit Wettbewerb zu tun als mit der Entwicklung des ganzen Menschen.

RUPERT: Da gibt es diese Verengung von Erziehung auf ein ziemlich begrenztes Gebiet von Fakten und Techniken, das auf höherer Ebene mit der Initiation in eine professionelle Liga oder Gilde verbunden ist, die fast unvermeidlich von einem etablierten Paradigma beherrscht wird. Wie Kuhn gesagt hat: Jeder Beruf hat ein dem Kollektiv gemeinsames Paradigma. Ich würde darin eher ein morphisches Feld sehen, eine Denkgewohnheit. In all dem gibt es keinen Widerstand gegen Stolz, Gier und Neid, lauter Todsünden. Ja, Stolz, Gier und Neid sind die Motoren, die unsere moderne Wirtschaft antreiben.

MATTHEW: Und wir erziehen die Menschen sehr effizient dazu.

RUPERT: Ja. Während der Ära Thatcher in England lobte man die Dinge, die die Wirtschaft voranbrachten, und das waren der Wettbewerb und das Verlangen, immer mehr zu kriegen und weiterzukommen. Natürlich kann der Wunsch, sich vor anderen hervorzutun, leicht zu Stolz führen oder von Stolz motiviert sein.

MATTHEW: Ich mag das Wort Arroganz. Ich glaube, es ist ein besseres Wort als Stolz und sagt uns heutzutage mehr.

RUPERT: Also Arroganz. Natürlich führt die Erziehung zu der arroganten Vorstellung, wenn man ein höheres Bildungsniveau habe, sei man besser als jemand, der dies nicht hat.

MATTHEW: Und dann spricht man seine eigene Sprache.

RUPERT: Dann hat man eine spezielle Sprache, die andere Menschen nicht verstehen können, wie den Medizinerjargon oder jeden anderen Berufsjargon. Und das haben wir auch in die Dritte Welt exportiert. Nicht, daß man den Menschen irgendwo die Arroganz beibringen müßte, aber in Indien fällt das besonders auf. Wenn jemand einen BA hat, kann er von den Eltern seiner Braut eine höhere Mitgift verlangen; ein MD bekommt eine noch höhere Mitgift und so weiter. Sogar ein «BA nicht bestanden» zählt etwas. Und man kann gefälschte BA- und MA-Diplome auf den Straßen von Bombay in der Nähe der Universität für etwa fünf Pfund kaufen.

Die Arroganz ist eines der Dinge, gegen die die Erziehung sicher nicht nur nicht ankämpft, sondern die sie im Gegenteil noch begünstigt. Die Gier beherrscht einige Berufe, zum Beispiel die juristischen. Zum Glück gibt es andere Berufe, in denen sie nicht das vorherrschende Prinzip ist, wie die Lehr- und Pflegeberufe, Berufe also, die eine hohe Frauenquote aufweisen.

Neid ist die wahre Grundlage der konsumorientierten Gesellschaft. Jedes Jahr werden Milliarden von Dollars für die Werbung ausgegeben, um Neid zu erwecken und zu erhalten. Fast jede Kultur ist dafür empfänglich. Exportiere das westliche Konsumdenken in eine beliebige Kultur auf dieser Welt, und innerhalb von einer Generation wird man es dort verinnerlicht haben. Dann will man auch dort McDonalds, Videos, Fernsehen und so weiter.

MATTHEW: Ich meine, das Ressentiment ist eine Art Subkategorie des Neides.

RUPERT: Aber wie könnte man ein Erziehungssystem bekommen, das sich mit allen Aspekten der Persönlichkeit befaßt und nicht bloß mit verschiedenen Arten einer mehr oder weniger losgelösten geistigen Aktivität? Wie läßt sich ein Erziehungssystem verändern, wenn man davon ausgeht, daß es seiner «Natur» nach die Orthodoxie vertritt?

MATTHEW: So funktioniert Ideologie, das ist Politik.

RUPERT: In einer Stammeskultur bedeutet dies natürlich, daß die Kinder im Sinne der Fähigkeiten und Gebräuche der Gesellschaft erzogen oder vielmehr in diese initiiert werden: In einer mehr oder weniger stabilen Gesellschaft ist es notwendig, daß die Kinder aufgezogen und in die Gesellschaft integriert werden, so wie sie ist, um ihre besonderen sozialen, kulturellen und religiösen Systeme aufrechtzuerhalten.

Aber wir leben in einer instabilen Gesellschaft, die so ausgerichtet ist, daß Konkurrenzdenken, Gier, Neid und Stolz für gut oder zumindest für notwendige Übel gehalten werden, weil sie der Motor des Wirtschaftswachstums sind. Als ich in Ländern der Dritten Welt, wie Malaysia und Indien, gelebt habe, sah ich Dörfer, in denen die Menschen noch auf die ältere, traditionelle Weise lebten, mit eingebauten sozialen und religiösen Einschränkungen von Neid, Gier und Stolz. Aber wenn das Erziehungssystem ins Spiel kommt, beginnen sich sogleich moderne Einstellungen auszuwirken. Als erstes steigert man die Erwartungen junger Menschen und sorgt dafür, daß sie mehr wollen und ehrgeiziger werden. Dann können sie dazu motiviert werden, all die Dinge zu tun, die sich entwickelnde Wirtschaftssysteme brauchen: Menschen, die bereit sind, an übelriechenden, übervölkerten Orten zu leben, sich bei der Arbeit stundenlang einer aufgezwungenen Disziplin zu unterwerfen, morgens regelmäßig zur Arbeit zu erscheinen und so weiter. Die Schulen verkörpern diesen Disziplinierungsprozeß, indem sie sowohl die Spontaneität als auch die lokale Tradition einem standardisierten Muster unterordnen, das in Unterrichtsministerien festgelegt wird – die wiederum von ausländischen UNESCO-Experten beraten werden – und dem Diktat der Uhr unterliegt.

Als ich mich einmal in einem malaiischen Dorf, einem *kampong*, aufhielt, lebte in einer Nachbarhütte ein alter Mann, der überaus liebenswürdig war und fast immer lächelte. Stets hatte er Zeit für ein Schwätzchen. Eines Tages trafen meine Gastgeber und ich ihn an, wie er gerade mit seinem Fahrrad zum heimischen Markt fahren wollte, um ein paar Bund Zwillingspflaumen zu verkaufen, eine köstliche Frucht aus der Litschifamilie. Als wir uns mit ihm unterhielten, sagte er, es sei ein ungewöhnlich gutes Jahr für seine Bäume, es gebe eine gute Ernte, und das zu einer Zeit, in der die Marktpreise für Zwillingspflaumen ungewöhnlich hoch waren. Er erklärte uns, wie froh er darüber sei, weil er nicht soviel zum Markt bringen müsse – er könne genügend Geld für weniger Arbeit bekommen. Ein halbgebildeter junger Mann wies ihn ziemlich überheblich darauf hin, daß er viel mehr Geld als sonst bekommen könne, wenn er mehr zum Markt bringe. Aber der alte Mann erwiderte: «Wozu brauche ich viel mehr Geld? Ich hab genug, wenn ich diese Früchte verkaufe.» Er sah in der ungewöhnlich guten Zwillingspflaumenernte nicht etwa eine gute Gelegenheit, mehr Geld zu verdienen, sondern weniger zu arbeiten und das Leben mehr zu genießen. Er dachte qualitativ, während der junge Mann quantitativ dachte, ganz im modernen Stil.

Für die moderne Mentalität heißt mehr besser – Quantität rangiert vor Qualität. Das ist die Kultur, in der wir leben, und ich nehme an, daß sich das zwangsläufig im Erziehungssystem widerspiegelt. Aber wenn wir uns einmal eine andere Art von Erziehung vorzustellen versuchen, wie lassen sich dann neue Paradigmen erkunden, wenn schon ein bestimmtes Paradigma in Kraft ist? Offenbar gibt es nur eine Möglichkeit, nämlich, ein alternatives Modell zu entwickeln. Mir scheint, daß wir bereits ein alternatives Erziehungsmodell haben, das besser ist als das meiste, was in Schulen und an Universitäten geschieht, und das wird in Workshops angeboten. Du kannst Workshops und Seminare zu vielen verschiedenen Themen besuchen und alle möglichen Fertigkeiten erlernen, aber der Unterrichtsstil ist ganz anders als in den herkömmlichen Bildungseinrichtungen.

Meine Frau Jill beispielsweise hält Gesangsworkshops ab, und die Leute gehen da hin, weil sie wirklich singen wollen. Sie möchten durch die praktische Erfahrung und nicht bloß intellektuell lernen. Die meisten Menschen, die in Workshops gehen, werden richtig sauer, wenn jemand ihnen bloß Vorträge hält. In Workshops gibt es ein immanentes partizipatorisches Element, ein Erfahrungselement und ein Interesse an Gruppendynamik, das in den meisten Klassenzimmern und Hörsälen fehlt. Workshops sind zwar nicht vollkommen, aber ich glaube, mit ihnen haben wir bereits eine aktive alternative Art von Erziehung. Doch dieser Typus funktioniert hauptsächlich bei Menschen mittleren Alters – in den meisten Teilen der westlichen Welt gibt es da nur wenig Kontakt zu Teenagern oder Twens.

MATTHEW: Oder zu den Armen – das ist halt ein Mittelschichtphänomen.

RUPERT: Richtig, das auch. Aber immerhin ist es ein mögliches Modell dafür, etwas anders zu machen.

MATTHEW: Ein anderer Durchbruch könnte im Rahmen der neuen Technik stattfinden. Jüngere Menschen, die einen Computer haben, bilden sich selbst durch Dialoge und Diskussionen im Internet. Auch CD-ROMs sind eine faszinierende Form des Lernens. Hier sind die Werke großer Denker auf einer Scheibe gespeichert, und die Menschen können dann mit diesen Ideen spielen. Die Frage lautet also: Können junge Menschen sich heute, da wir über soviel Technik verfügen, selbst bilden?

Eins ist klar: Junge Menschen spielen gern mit dieser Technik. Das können sie einfach – sie lernen es ganz rasch. Das ist wie ein morphisches Feld: Da entwickelt sich ein Gedächtnis, und mit jeder Generation wird es immer einfacher. Brauchen wir denn wirklich dieses ganze Brimborium in unseren Schulsystemen? Es ist furchtbar teuer, denn im Grunde ist das Lernen etwas, nach dem sich unser Verstand sowieso sehnt. Für mich ist das eine Frage der Ideologie. Hier steht die Mentalität der Ursünde gegen die Mentalität des Ursegens. Wenn du glaubst, du müßtest den Menschen das Lernen aufnötigen, dann benötigst du vielleicht diese Systeme, die in vielerlei Hinsicht Gefängnissen gleichen. Du brauchst Aufseher und Direktoren und all das.

Aber wenn du glaubst, daß der menschliche Geist die Urgnade oder der Ursegen ist und daß sich der Geist nach Wissen sehnt und sich darum bemüht, wenn er zu den richtigen Quellen geführt wird, dann, meine ich, könnten wir wirklich das ganze Verfahren, das wir Erziehung nennen, vereinfachen. Zum Teil ist es wohl Peer-Group-Arbeit, das heißt, man läßt die Menschen einander auf gleicher Ebene erziehen. Auch das spielt in Workshops eine große Rolle. Das findet nach den Sitzungen und dazwischen statt, in Gesprächen mit den Leuten.

Sicher geht das Modell, das wir seit achtzehn Jahren am ICCS praktizieren, bewußt in diese Richtung. Auch ich habe immer geglaubt, daß diese Seminar- und Workshopmodelle wirklich eine Alternative sind. Aber wir versuchen auch, innerhalb des herrschenden Systems zu arbeiten, damit wir noch anerkannt sind. Workshops sind ja nicht staatlich anerkannt, sie vermitteln keine echten Abschlüsse und Titel, und Titel sind für die Menschen aus finanziellen und anderen Gründen äußerst wichtig. Es ist also notwendig, daß wir innerhalb des Systems arbeiten, zugleich aber bieten wir etwas an, was ich «krumme» statt «geradlinige» Erziehung nennen würde.

Die Art von Arbeit, die wir machen, mit Kunst als Form der Meditation, mit Körperarbeit und Ritualen, zusammen mit intellektueller Arbeit, ist ein kombiniertes Training der rechten und der linken Hirnhälfte. Es ist sehr effektiv. Da gibt es eine Menge Energie. Für die Menschen ist es ein Wandlungsprozeß, und ich wäre froh, wenn sich alle auf allen Ebenen daran beteiligen würden. Ich muß oft daran denken, daß unsere Kinder, sogar die Kleinsten, noch immer Buntstifte bekommen und aufgefordert werden, zu malen und irgendwie ihre bildnerischen Fähigkeiten einzusetzen. Aber wenn sie in der Pubertät sind und diese Erfahrung am meisten bräuchten, dann nehmen wir ihnen die Buntstifte wieder weg und zwingen sie, sich ernsthaft aufs College vorzubereiten und nur noch mit der linken Hirnhälfte zu arbeiten.

Es wäre töricht von uns, wenn wir uns jetzt nicht einmal die Urvölker genauer betrachten und uns fragen würden, wie ihre Erziehung ausgesehen hat. Ihre Kulturen haben Zehntausende von Jahren bestanden. Unsere dagegen war schon nach dreihundert Jahren bereit, die Welt in die Luft zu sprengen. Wir sollten auf das zurückgreifen, was von den Urvölkern noch da ist. Natürlich erziehen sie die Jungen in erster Linie durchs Ritual. Es ist unmöglich, ein gesundes Erziehungssystem ohne Ritual zu haben, und mit Ritual meine ich nicht etwa, daß man Kinder zwingen sollte, sich Gebete von einer Kanzel anzuhören. Ich meine damit, daß sie die großen Mythen und die großen Geschichten in sich aufnehmen sollen, die bedeutender sind als der Industriekapitalismus – mit anderen Worten: unsere Schöpfungsgeschichten.

Dies kann durch die Mythologie ebenso geschehen wie durch das, wovon wir bereits gesprochen haben: durch den Lobpreis. Vielleicht wären ja die Schulen ein angemessenerer Ort als die Kirchen, um das Lobpreisen zu unterrichten. Dann würden womöglich die Elefanten, wie die berühmten in Indien, eine größere Bedeutung haben. Wie du gesagt hast: In der Erziehung geht es großenteils darum, den Elefanten auseinanderzunehmen, die Fakten über den Elefanten herauszufinden. Aber selten wird uns die Gelegenheit geboten, Ehrfurcht vor dem Elefanten zu haben. Das kann die Aufgabe des Rituals sein. Ich meine, eine Conditio sine qua non ist das Ritual, weil wir die Herzen und Geister mit etwas ganz Großem erfüllen müssen. Wir müssen wieder zur Ehrfurcht erziehen. Genau das ist der Mythos, er ist eine Sprache für das, was zu groß ist, um in die Schubladen des bloß Faktischen zu passen.

RUPERT: Dann wäre da noch das Problem, welche Art von Ritual dies sein müßte. Einige Kinder kommen aus christlichen Familien, andere aus jüdischen, wieder andere haben militante Atheisten als Eltern und so fort. In England sind fast alle Schulen verpflichtet, jeden Tag eine Morgenandacht abzuhalten, die einen religiösen Inhalt haben soll – also das genaue Gegenteil der Verhältnisse in den USA. Aber in den meisten Schulen weiß man nicht, wie man diese

Zeit inhaltlich füllen soll. Hier gibt es also eine Leere und zugleich auch eine großartige Chance. Und diese Chance ist heute größer denn je, weil die Einsparungsmaßnahmen dazu führen, daß die Schulen zunehmend auf die Mithilfe von Eltern und Freiwilligen angewiesen sind. In der Schule unseres Sohnes in London hält Jill inzwischen regelmäßig die Morgenandacht in Form von Sprechgesängen ab. Die Kinder mögen das. Das ist eine sehr gute Möglichkeit, über Religionsunterschiede hinwegzugehen. Aber wie kann man Rituale praktizieren, ohne daß sie verwässert und inhaltsleer werden?

MATTHEW: Die Schöpfungsgeschichte steht über jeder Konfession. Sie verbindet uns miteinander. Dieser Geschichte, dem Feuerball und den Galaxien und der Sonne sind Atheisten genauso unterworfen wie alle anderen. Ich meine, dies ist eine andere Art, Naturwissenschaft zu unterrichten. Wir bräuchten mystische Wissenschaftler wie dich, um einfach nur die Schöpfungsgeschichte zu erzählen, und dann Künstler, die uns dabei behilflich sind, sie noch einmal durch Drama und Teilnahme zu erzählen – mit Masken, Kostümen, Multimedia, Tänzen. Das meine ich mit Ritual.

Mir ist klar, warum wir uns nicht auf das Gebiet der speziellen, konfessionellen Rituale begeben wollen. Wir brauchen dies auch gar nicht zu tun. Das Ritual, dessen die Menschen heutzutage bedürfen, handelt von der Heiligkeit dieses Planeten, davon, wie er entstand, wie wir ihn erhalten können und wie er uns segnet. Ich meine, die Anzahl der Rituale kennt keine Grenze: die Geschichte der Bäume, die Geschichte der Tiere, die Geschichte der Menschen, die Geschichte der Nahrung, die Geschichte von Gaia.

RUPERT: Aber da gibt es ein Problem: Die Neodarwinisten haben die Schöpfungsgeschichte des Lebens übernommen. Und wenn du diese Geschichte so erzählst, daß damit irgendein höherer Zweck, das Bewußtsein, der Verstand, die Seele, der Geist, verbunden ist, denn nur auf diese Weise wäre ein Ritual sinnvoll, dann widersprechen sie dir sofort mit der Begründung, alles sei nur eine Frage des blinden Zufalls. Sie würden dir vorwerfen, du würdest ein anthropozentrisches und mystisches Denken vermitteln und die Jugend verderben wollen. Wie würdest du damit umgehen? Die Physiker sind da nicht so schlimm. Der Urknall liegt so weit zurück, daß diese Emotionen keine große Rolle spielen. Die Biologie ist da viel engagierter, weil sie uns viel nähersteht.

MATTHEW: Aber wenn wir uns die Mentalität zu eigen machen, auf der die Schulen gründen, müßten dann nicht die Biologen im Biologiesaal bleiben? Wenn diese Morgenandacht etwas mit Religion zu tun hat, dann brauchten ihr die Biologen ja bloß fernzubleiben. Jede Religion hat doch eine Schöpfungsgeschichte.

RUPERT: Richtig, aber ich glaube, die meisten Kinder würden sich nicht sehr für die Schöpfung ferner Galaxien interessieren. Schließlich haben sie ja auch noch nie eine gesehen. Nirgendwo verlangt ihre Erziehung, daß sie sich die Sterne anschauen.

MATTHEW: Sie müßten sich wenigstens einen ansehen, darum geht es doch! Stell ihnen ein Teleskop hin, zeig ihnen Saturn.

RUPERT: Das gehört zur Reform des naturwissenschaftlichen Unterrichts. In England habe ich mit einer Gruppe von Lehrern der Naturwissenschaften zusammengearbeitet und mit ihnen über bessere Möglichkeiten der Vermittlung von Wissenschaft nachgedacht. Dabei hat sich unter anderem herausgestellt, daß es mehr direkte Erfahrung geben muß. Gegenwärtig erfahren die Kinder von Sternen und Planeten aus Büchern, nicht, indem sie zum Nachthimmel aufschauen. Wenn es dunkel wird, sind alle Lehrer und Kinder längst zu Hause. Es müßte also einen Nachtunterricht geben, der von jemandem abgehalten wird, der die Sterne und Planeten gut kennt.

MATTHEW: Fangen wir also bei der Erfahrung an. Wie in Eckharts Analyse in seinem Gedicht über das Universum. Er sagt: «Wir können über den Grund des Universums streiten» (und ich würde hinzufügen: Wir können über den Ursprung des Universums streiten), «und wir können über den Sinn des Universums streiten – aber nicht über seine Schönheit.» Darauf also können wir uns einigen. Man fängt bei der Schönheit an, und das heißt, mit Ehrfurcht und Lobpreis. Man geht mit den Kindern hinaus, um dies zu erleben. Als man uns durch Teleskope die ganze Pracht des Saturn gezeigt hat, vielen von uns zum erstenmal in ihrem Leben, haben alle darüber geredet. Wie aufregend! Aber das sollte man erleben, wenn man noch ganz klein ist – so sollte die Wissenschaft anfangen. Und dann sollte sie es durchs Ritual am Leben erhalten. Mit Hilfe der neuen Technik könnten wir Videos vom Saturn herstellen.

Ein anderes Beispiel sind die Bilder der Organe unseres Körpers und wie wir damit Rituale erzeugen müssen. Jeder hat einen Körper, aber man bringt uns bei, daß er uns unangenehm ist. Wir können durch das Ritual das Herz und die Leber und die Lunge und so weiter ehren. Manche Menschen könnten sich wie eine Lunge kleiden, und Wissenschaftler könnten uns erklären, wie die Lunge funktioniert, und dann könnten Dichter Gedichte über die Lunge vortragen und Tänzer Tänze für die Lunge vollführen. Dies ließe sich leicht bewerkstelligen, und da wir eine Menge Organe haben, könnte das das ganze Jahr so weitergehen.

RUPERT: Man könnte das auch in einzelnen Stufen machen. Im ersten Jahr oder in den ersten beiden Jahren könnte man mit der Blase und dem Rektum anfangen . . .

MATTHEW: Okay. Das interessiert sie! Und in der sechsten Klasse etwa könnte man sich mit den Sexualorganen befassen. Unsere sexuelle Erziehung ist so total verweltlicht, sie handelt von nichts anderem als von Pumpen und Kolben und Geboten und Verboten und der Vorbeugung gegen Infektionen. Aber wenn man die sexuelle Erziehung in einen Kontext von Staunen und Mystik stellt und darauf hinweist, daß jede Weltreligion die Sexualität in diesem Kontext ehrt, dann ist sie gesund. Ich bin sicher, daß deine Erlebnisse in Indien das bestätigt haben. Wir besitzen das Hohelied in der Bibel und schenken ihm keine Aufmerksamkeit.

Das ist eine gute Idee: entsprechend den Stufen der kindlichen Entwicklung vorzugehen, auf denen die jeweiligen Organe für sie am faszinierendsten sind. Statt so zu tun, als gebe es sie nicht (was ja unsere übliche Reaktion als Eltern ist), könnten wir uns ihnen richtig zuwenden und sie in den Kontext der Kosmologie stellen, der Spiritualität und Staunen ist. Das hätte zur Folge, daß es viel gesündere Menschen gäbe und unsere Heilkosten im mittleren Alter stark zurückgingen. Vielleicht würde es sogar andere Dinge nicht mehr geben, wie Scheidungen und Beziehungsprobleme, wenn die Menschen sich selbst besser kennen würden.

RUPERT: Das hieße, Erfahrungsdimensionen einzubringen, die gegenwärtig ignoriert werden. Unser älterer Sohn geht auf die örtliche staatliche Grundschule, und in diesem Jahr hat die ganze Schule Projekte zum Thema Wasser gemacht. Sie haben alles mögliche über den Wasserkreislauf, über Dämme, Brücken und Schiffe gelernt. Sie haben Fotos gemacht, Modelle von Wasserrädern gebastelt, und das war alles ziemlich gut. Aber es gab absolut kein spirituelles oder mythisches Element.

Doch im Keller der Schule, einem großen edwardianischen Gebäude, gibt es einen Brunnen, die Quelle des Fleet River. Die meisten Kinder haben sie noch nie gesehen, viele wußten nicht einmal, daß sie dort ist. Wir haben sie gesehen, weil wir uns für die Quellen der unterirdischen Flüsse von London interessierten. Das ist ein geheimnisvoller Ort. Man geht ein paar Stufen hinunter, und hinter einer Tür, die normalerweise verschlossen ist, blickt man in eine große gewölbte Kammer hinunter, auf deren Boden rund ein Meter hoch klares Wasser steht.

Jill und ich haben die Direktorin gefragt, ob sie den Kindern den Brunnen gezeigt habe. Das hatte sie nicht. Man hatte ihnen alles über Wasser und die Wasserquellen beigebracht, und da hatten sie nun eine Quelle direkt unter dem Gebäude, aber niemand hatte daran gedacht, den Kindern davon zu erzählen. Und dann hatte Jill die Idee, ihnen nicht nur den Brunnen zu zeigen, sondern dabei auch zu singen und eine Zeremonie abzuhalten. Der Direktorin gefiel das. Also hielten wir am Ende des Schuljahres eine Zeremonie ab, bei der die Kinder Lieder an die Wassergeister sangen und der Brunnen mit Kerzen beleuchtet wurde. Wir gaben allen einen Penny, bevor sie hinuntergingen, auch den Lehrern. Sie zogen bei Kerzenlicht hinunter, nachdem sie im Andachtszimmer gesungen hatten, und jedes Kind stellte sich dann vor den Brunnen, warf seinen Penny hinein und sprach einen Wunsch aus. Das war eine wunderbare Zeremonie, und alle, die daran teilnahmen, waren sehr bewegt.

MATTHEW: Und werden es wohl nie vergessen.

RUPERT: Merkwürdigerweise hatte sogar der Naturkundelehrer, von dem ich angenommen hatte, daß er das Ganze problematisch fände, großen Respekt vor diesem Brunnen und sich sehr um ihn bemüht. Aber der Brunnen war noch nie öffentlich anerkannt worden. So wurde durch diese einfache Zeremonie eine neue Dimension eingeführt, aber erst, nachdem man sich ein ganzes Jahr lang mit dem Wasser ohne jeden mythischen oder spirituellen Aspekt beschäftigt hatte. Kleine Schritte wie diese sind also möglich, doch sie müssen stärker in den Unterricht integriert werden, und noch ist schwer zu erkennen, wie sie sich in den gegenwärtigen naturkundlichen Lehrplan einbringen lassen.

MATTHEW: Das gehört in den Zuständigkeitsbereich der Religion. Es gibt diesen Andachtsraum oder diesen leeren Raum in Schulen und Kirchen, weil die Religion heutzutage den Leuten offenbar nichts mehr zu sagen hat – und sie weiß das auch. Zumindest hält sie sich heraus. Aber dadurch ist ein Vakuum entstanden, in das man eintreten kann. Jill hat dies instinktiv erkannt.

Ich erinnere mich noch an einen Workshop, den ich vor ein paar Jahren in Evanston, Illinois, an einem Methodistenseminar namens

Garret Theological Seminary abgehalten habe. Ich ließ die Teilnehmer Ringelreihen tanzen und Sprechgesänge anstimmen. Anschließend kam eine Frau zu mir und sagte: «Ich mag Sprechgesänge viel mehr als Singen, denn als ich noch klein war, hat man mir immer gesagt, ich könnte nicht singen. Und wenn ich in die Kirche gehe, fühle ich mich gar nicht wohl, weil alle singen und ich nur piepse. Aber hier, bei diesem Sprechgesang kann ich wirklich alles rauslassen.»

Jeder kann solche Gesänge anstimmen – man braucht nur Atem in sich zu haben. Der Sprechgesang ist viel weniger elitär als das Singen und entfernt einen von der Augenarbeit. Wenn man singt, muß man Noten haben. Beim Sprechgesang ist das ganz anders. Er ist etwas, das wir in uns tragen. Die Idee, wieder zum Sprechgesang zurückzukehren, ist der Ursprung jeder rituellen Erfahrung. Wir müssen zu diesen einfachen Ausdrucksformen zurückkehren und sie verkörpern. Wie ich hörte, haben die Kinder immer geklatscht, wenn Jill den Raum betrat, weil sie den Sprechgesang verkörperte und sie dazu bereit waren.

Wir wollen damit nicht sagen, daß man den Leuten etwas aufzwingen sollte. Wir wollen vielmehr an die Natur des Menschen appellieren. In der Zeremonie, im Ritual und im Drama ist Freude. Alle Kinder, besonders Teenager, sind gern Schauspieler. Sie bekommen keine Chance, weil sie nur fernsehen, statt zu agieren. Die Kinder in den Schulen müßten ihre eigenen Programme, ihre eigenen Nachrichten machen. Kreativität zu erzeugen – das fehlt dort. Und der beste Ort dafür in dem System, das du schilderst, ist der Religionsunterricht.

Eine gesunde Religion befördert solche Dinge. Sieh dir daraufhin die bunten Glasfenster in der Kathedrale von Chartres an – die seinerzeit so etwas wie Farbfernsehen waren –, dann erkennst du, daß sich darauf etwas Interessantes abgespielt hat. Es gibt also einen Vorläufer, eine Geschichte.

Vor ein oder zwei Jahren wurde an den New Yorker High Schools wegen finanzieller Schwierigkeiten der Kunstunterricht eingestellt. Daraufhin erklärte die Kunstszene der Stadt: «Das ist unerträglich.» Also organisierten sich die Kunsterzieher und begannen Spendengelder außerhalb des Schulsystems zu sammeln, so daß sie völlig unabhängig waren. Inzwischen bieten sie ihre Dienste diesen Schulen an. Aber heute betreiben sie ihren Unterricht ganz anders, weil sie nicht mehr den Schulen unterstehen. Ich glaube, ehrlich gesagt, wenn man sie nur ein bißchen unterwiese, könnten sie in den Schulen mit Ritualen und mit Kunst als Meditation einiges bewegen.

Der Zusammenbruch, den wir um uns herum erleben, auch der der Erziehung, ist potentiell zugleich ein Durchbruch. Ich meine, wir sollten dem viel mehr Aufmerksamkeit widmen. Es liegt eine echte Chance darin, in die Schulen eine umfassendere Definition von Lernen einzubringen, die den Körper und den ganzen Geist einbezieht.

RUPERT: Zur traditionellen Erziehung gehört auch die Lehrzeit, und in Indien erhält sie ihre höchste Form im Aschram, wo der Student mit dem Lehrer, dem Guru, lebt. In Familien innerhalb der Berufskasten, wie Töpfern und Webern, leben die Kinder automatisch mit Menschen zusammen, die eine bestimmte Tätigkeit ausüben – sie sehen, wie ihre Eltern ihre Arbeit machen, und helfen ihnen schon von früh an. Eine nützliche Arbeit zu verrichten, ist ein Teil der Kindheit. Unsere Kinder sind in ökonomischer Hinsicht überflüssig, bis sie erwachsen sind. Dagegen ist die Ansicht, daß Kinder nützliche Arbeit leisten, ein Bestandteil der meisten traditionellen Kulturen.

MATTHEW: Man lernt durch Arbeit.

RUPERT: Man lernt durch Arbeit, und die Lehrzeit ist die Form, in der dieses traditionelle System im Westen übernommen wurde. Sie existiert noch im Erlernen von Handwerken wie dem Installateur- oder Tischlerhandwerk. Am besten erlernt man das Handwerk des Installateurs, indem man bei einem solchen arbeitet.

Dieses Prinzip könnte durchaus ausgeweitet werden und alle Gebiete abdecken, die normalerweise auf akademische Weise in Schulräumen unterrichtet werden. So lernt man am besten alles über Pflanzen nicht durch Schulbücher, sondern durch Gartenarbeit. Man lernt Pflanzen wirklich kennen, wenn man sie selbst draußen anpflanzt. Es gibt genügend fähige Gärtner, einschließlich der Rentner, die auf jahrzehntelange Erfahrung zurückblicken können und Zeit haben. Es interessieren sich zwar nicht alle Kinder für die Gartenarbeit, aber einige schon, und die würden ungeheuer viel über Botanik lernen, wenn man ein System einrichten würde, in dem Leute, die etwas von Gartenbau verstehen, mit Kindern arbeiten könnten und vielleicht sogar ihren eigenen kleinen Garten hätten.

Sogar der konventionelle naturkundliche Unterricht ist mit einer Menge praktischer Arbeit im Laboratorium verbunden, und das ist eine seiner Stärken, denn das Erlernen einer Wissenschaft erfordert eine Art Lehrzeit. Doch leider hat vieles von dem, was man da macht, nichts mit dem Herstellen oder Anbauen von Dingen zu tun, sondern mit dem Zerlegen. Wenn man Botanik in der Schule oder am College betreibt, beginnt man normalerweise nicht damit, Pflanzen anzubauen, sondern damit, sie zu zerschneiden. Alles Praktische, und damit auch das Learning by Doing, kann man in einer Lehre erlernen. Unser Erziehungssystem legt ungeheuer viel Gewicht auf das Lesen und Schreiben und auf rein mentale Fähigkeiten.

MATTHEW: Das ist der Schlüssel: die Praxis. Was wir selbst erschaffen, was wir selber machen, werden wir nie vergessen. So hat beispielsweise mein Bruder, ein sehr kreativer Lehrer, vor Jahren Fünft- und Sechstkläßler unterrichtet, und als sie den Körperbau durchnahmen, ließ er sie Skelette basteln. Einmal rief ihn ein Vater einer seiner Schülerinnen an und sagte: «Ich bin Medizinprofessor und habe gerade meine Tochter abgefragt. Sie weiß mehr über den menschlichen Körper als meine Medizinstudenten nach einem Jahr Studium. Was machen Sie bloß in Ihrer Klasse?» – «Nun», erwiderte mein Bruder, «wir haben Skelette gemacht!»

Um ein Skelett zu machen, muß man einiges wissen. Für seinen Geschichtsunterricht hat er das Klassenzimmer in die Kathedrale von Chartres verwandelt – von einem Team ließ er Strebebögen anfertigen, von einem anderen Buntglasfenster, von einem dritten Pfeiler und so fort. Er hat dieses Experiment gemacht, ohne den Kindern etwas davon zu sagen: Er hat einfach einen Stapel Bücher über Strebebögen mitgebracht und sie ohne Kommentar auf dem Tisch liegenlassen. Das Team, das die Strebebögen anfertigte, mußte etwas darüber lernen, und als die Kinder die Bücher sahen, haben sie sie genommen und verschlungen. Zwei Wochen später hat mein Bruder sie abgefragt, ohne ihnen vorher etwas davon zu sagen. Er erklärte mir, er sei davon überzeugt, daß diese Kinder mehr über Strebebögen wüßten als irgendein Ingenieur im Lande. Seine These lautete: Der Verstand eines Kindes wird alles aufnehmen, wenn es an einem Projekt Spaß hat. Wenn man dafür verantwortlich ist, etwas aus seinem Wissen zu machen, dann wird das funktionieren.

Ein Teil der Lehre ist die Beziehung zum Mentor, ein anderer die praktische Erfahrung. Wir müssen uns fragen: Wie läßt sich mehr von unserem Wissen in praktische Dinge übersetzen? In diesem Geschichtsunterricht, in dem die Kinder die Kathedrale von Chartres nachbauten, gab es eine Methode, die ich Kunst als Meditation nenne. Sie ist durch und durch praktisch. Die Massage beispielsweise unterrichtet dich über den Körper, und wenn sie in einem Kontext der Spiritualität vollzogen wird, unterrichtet sie dich auch über das Heilige. Alle Kunst ist praktisch, und daher muß die Kunst als Meditation das Zentrum jedes Lehrplans sein.

Wenn du darüber nachdenkst: Ist es nicht möglich, daß alles Wissen in irgendeiner Weise Kunst und darum mit praktischer Arbeit verbunden ist und daß all das ein Machen oder Erschaffen auf die eine oder andere Weise einschließt? Wir erweisen dem nicht genügend Ehre.

Schlußbemerkung

Im Vorwort haben wir von der Wiedergewinnung «eines Sinns für das Heilige» gesprochen und davon, wie sich damit etwas gegen die Verzweiflung und Ohnmacht unternehmen ließe, die so viele Menschen in unserer Zeit empfinden. Können diese Diskussionen über Natur und schöpferische Spiritualität, über Gnade und Lobpreis, über die Seele, das Gebet, die Finsternis, das Ritual, die morphische Resonanz und die Wiederbelebung von Bildung und Erziehung uns tatsächlich dabei helfen, den Sinn für das Heilige wiederherzustellen? Ist ihnen das in unserem Fall gelungen?

Ja. So haben sie uns beispielsweise gezeigt, daß die Einsichten, die uns die Wissenschaft vermittelt, getrennt werden von den Bereichen der Intuition und der Imagination. Ein Großteil dessen, was die Wissenscahft über die Natur herausgefunden hat, verbleibt in einem sterilen Zustand, isoliert von der Welt des Geistes. Mit den Reichtümern der Natur, die die Wissenschaft erschlossen hat, bieten sich neue Gelegenheiten zur Danksagung, zum Lobpreis und zum Staunen über die Schöpferkraft, die allen Dingen zugrunde liegt. In diesem größeren Kontext können die Wahrheit des Verstandes und die Wahrheit des Herzens zusammenkommen. Ein wirkungsvoller Lobpreis hängt von unserer Aufmerksamkeit ab, und die Wissenschaft stellt uns sowohl ein neues Bild des schöpferischen, sich entwickelnden Kosmos zur Verfügung als auch einen erstaunlichen Detailreichtum, durch den unser Lobpreis gespeist wird. Darüber hinaus bildet eine gemeinsame Kosmologie die Basis für eine gemeinsame Moral. Gemeinsames Staunen und Ehrfurcht vor der

Schöpfung sind ein Substrat für echte Gemeinschaft. Die Seelen der jungen Menschen erweitern sich, wenn sie erfahren, daß ihr Leben nicht trivial ist, sondern Teil einer uralten Geschichte. Aus diesen Gründen haben uns diese Dialoge Hoffnung gemacht. Eine neue Sicht unserer Vergangenheit wie unserer Zukunft erhebt uns und regt unsere Phantasie an. Hoffnung beruht auf dem, was möglich ist, Verzweiflung auf dem, was unmöglich ist.

Wir sind uns bewußt, daß diese Dialoge nur einen ersten Schritt zu einer neuen Konvergenz von Wissenschaft und Spiritualität darstellen. Wir hoffen, daß sie dazu beitragen werden, andere anzuregen und in ihnen Hoffnung zu wecken, so, wie sie es in uns getan haben.

Literaturhinweise

Berry, T. und Swimme, B.: *The Universe Story,* San Francisco 1994.

Cardenal, E.: *Cántico cósmico,* Madrid ²1993 (deutsch: *Gesänge des Universums)* 2 Bde., Wuppertal 1995).

Fox, M.: *On Becoming a Musical Mystical Bear,* New York 1972.

–: *Breakthrough: Meister Eckhart's Creation Spirituality in New Translation,* New York 1980.

–: *Original Blessing. A Primer in Creation Spirituality,* Sante Fé 1983.

–: *The Coming of the Cosmic Christ,* San Francisco 1988 (deutsch: *Vision vom kosmischen Christus,* Stuttgart 1991).

–: *A Spirituality named Compassion,* San Francisco 1990 (deutsch: *Mitfühlen, Mitdenken, Mitfreuen,* Bern, München, Wien 1994).

–: *Sheer Joy: Conversations with Thomas Aquinas on Creation Spirituality,* San Francisco 1992.

–: *Confessions. The Making of a Post-Denominational Priest,* San Francisco 1996.

Hildegard von Bingen, *Wisse die Wege,* Basel 1991.

Kuhn, T. S.: *The Structure of Scientific Revolutions,* Chicago ²1970 (deutsch: *Die Struktur wissenschaftlicher Revolutionen*), Frankfurt a. M. 1967).

–: *Der Aufbau der Wirklichkeit beim Kinde,* Stuttgart 1974.

Rifkin, J.: *Beyond Beef: The Rise and Fall of the Cattle Culture,* New York 1992 (deutsch: *Das Imperium der Rinder,* Frankfurt a.M. 1994).

Rumi, übers. v. J. Star und S. Shiva: *A Garden Beyond Paradise: The Mystical Poetry of Rumi,* New York 1992.

Sheldrake, R.: *A New Science of Life. The Hypothesis of Formative Causation,* London 1981 (deutsch: *Das schöpferische Universum, München 1985).*

–: *The Presence of the Past: Morphic Resonance and the Habits of Nature,* London 1988 (deutsch: *Das Gedächtnis der Natur. Das Geheimnis der Entstehung der Formen in der Natur,* Bern, München, Wien 1990).

–: *The Rebirth of Nature. The Greening of Science and God,* London 1990 (deutsch: *Die Wiedergeburt der Natur. Wissenschaftliche Grundlagen eines neuen Verständnisses der Lebendigkeit und Heiligkeit der Natur,* Bern, München, Wien 1991).

–: *Seven Experiments That Could Change the World: A Do-It-Yourself Guide to Revolutionary Science,* London 1994
(deutsch: *Sieben Experimente, die die Welt verändern könnten. Anstiftung zur Revolutionierung des wissenschaftlichen Denkens,* Bern, München, Wien 1995).

Spretnak, C.: *States of Grace: The Recovery of Meaning in the Postmodern Age,* San Francisco 1991.

Teresa von Ávila. *Die innere Burg.* Hrsgg. u. übers. v. Fritz Vogelsang, Stuttgart 1966.

Whyte, L. L.: *The Unconscious Before Freud,* London 1979.

Westermann, C.: *Blessing in the Bible and the Life of the Church,* Philadelphia 1978.

Personen- und Sachregister